ŒUVRES COMPLÈTES DE J. MICHELET

HISTOIRE
DE FRANCE

ÉDITION DÉFINITIVE, REVUE ET CORRIGÉE

TOME QUINZIÈME

LOUIS XV

PARIS
ERNEST FLAMMARION, ÉDITEUR
26, RUE RACINE, PRÈS L'ODÉON

Tous droits réservés.

HISTOIRE
DE FRANCE
xv

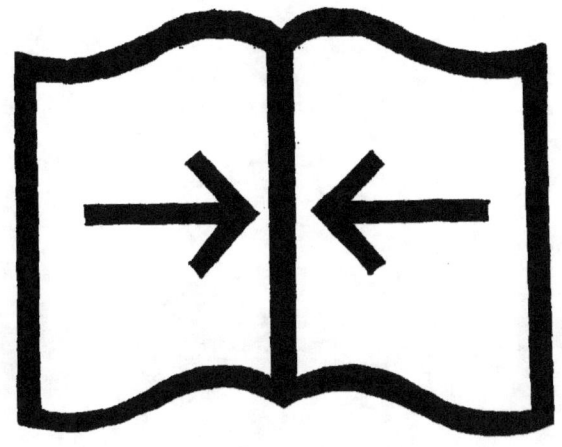

**Reliure serrée
Absence de marges
intérieures**

VALABLE POUR TOUT OU PARTIE DU DOCUMENT

IMPRIMERIE E. FLAMMARION, 26, RUE RACINE, PARIS

ŒUVRES COMPLÈTES DE J. MICHELET

HISTOIRE
DE FRANCE

ÉDITION DÉFINITIVE, REVUE ET CORRIGÉE

TOME QUINZIÈME

LOUIS XV

PARIS
ERNEST FLAMMARION, ÉDITEUR
26, RUE RACINE, PRÈS L'ODÉON

Tous droits réservés.

PRÉFACE

Passer de la Régence à Fleury et à Louis XV, c'est, ce semble, passer de la pleine lumière aux arrière-cabinets de Versailles, cachés dans l'épaisseur des murs, sans air ni jour que ceux des petites cours qui sont des puits. — Grand changement. Tout était en saillie. Tout gravitait autour d'un fait très public, le *Système*. Tout entrait dans le drame, et paraissait au premier plan, le mal surtout. Ce temps ne voilait rien.

Il en est autrement de Fleury et de Louis XV. Les gouvernements successifs ont cru devoir cacher cette histoire de prêtre et de roi. C'est un mystère d'État. Deux personnes en ce siècle ont seules eu la faveur d'en ouvrir les archives diplomatiques, l'historien de la Régence Lemontey, et celui de la Chute des Jésuites. Les quarante années qui s'étendent de l'une à l'autre époque n'étaient guère connues jusqu'à nous que dans les événements qu'on peut dire extérieurs, militaires, littéraires, les anecdotes de Paris. Pour le centre réel de l'action, du gouvernement, l'intérieur de Versailles, qui le savait? personne. Porte close. On n'y entrait pas. C'était trop haut pour les simples mortels. *Affaire de Cabinet!* Grand mot qui fermait tout. Ce n'était pas figure. Le Cabinet n'est pas le salon des ministres et de la table verte, mais le petit trou noir où le roi écrivait, souvent contre son ministère, à sa famille, à ses parents, amis, Espagnols, Autrichiens.

L'extrait de d'Argenson donné en 1825 ne nous révélait guère que la politique extérieure de cet homme excellent dans son court ministère. En 1857, heureusement son très digne neveu, honnête et courageux, averti que l'on préparait une édition de son grand-oncle, et craignant la prudence timide que l'on pourrait y mettre, cassa les vitres, et publia lui-même, nous donna le vrai Louis XV (édition Jannet, in-douze). Puis vint l'édition in-octavo, très ample et fort utile à consulter.

Là, en pleine lumière, éclate le secret de ce règne : *la conspiration de famille*. On voit parfaitement que le roi ne fut point aussi flottant qu'on l'avait cru, mais sous l'empire d'une idée fixe. Si les ministres ou les maîtresses influèrent, ce fut en suivant cette idée, servant uniquement l'intérêt de famille.

Le témoignage de d'Argenson est d'autant plus grave qu'il a un culte ardent et sincère de la royauté. Il s'obstine à aimer le roi, à espérer en lui, à croire qu'un jour ou l'autre il vaudra quelque chose. La vérité, malgré lui, lui échappe, s'arrache de sa bouche. Il la dit à regret, à son corps défendant. Même après sa disgrâce, il est le même. Sa foi robuste n'en est pas ébranlée. Il garde encore longtemps son *credo* monarchique : *l'espoir du salut par le Roi*. D'autant plus il est accablé quand manifestement tout est perdu (1756) et la France livrée à l'Autriche. Alors il succombe et il meurt.

Des lueurs singulières éclataient par ce livre, mais courtes, brèves, des lumières incomplètes. Enfin un secours est venu qui nous aide à lire d'Argenson, qui donne Versailles jour par jour. C'est l'immense et consciencieux *Journal* de M. de Luynes, qui, de chez la reine, voit tout, note tout à sa date, en termes ménagés, mais clairs le plus souvent. La reine, quoique si dévote, les amis de la reine, entrèrent très peu dans le mouvement de Versailles, restèrent à part du Dauphin, de Mesdames. M. de Luynes est un témoin honnête, triste, respectueux, dont certes le respect n'est nullement de l'approbation.

Sa chronologie simple, mais infiniment détaillée, sans le savoir, sans le vouloir, confirme les faits graves donnés par d'Argenson et autres. Il explique Barbier, la Hausset, etc. Il prouve que Soulavie fut souvent très bien informé.

Le secours admirable que je trouve dans M. de Luynes, c'est qu'autour d'un grand fait qui me vient de quelque autre, il me donne une infinité de faits accessoires qui l'amènent, l'expliquent, qui se lient avec lui par la force des choses. Le grand fait passe ; mais la trace en continue longtemps ; mille détails le rappellent encore. Encadré dans la multitude de ses précédents, de ses conséquents, — prévu *avant*, suivi *après*, — ce fait offre un ensemble de faits qui se supposent, se tiennent, se prouvent les uns les autres. Voilà un fait solide, alors, et il n'est pas facile d'y toucher et de l'ébranler. Il repose dans la certitude, — une certitude telle que nulle science d'observation ou de calcul ne donne de preuve plus forte.

Pour les temps antérieurs à ce *Journal*, très laborieusement j'ai moi-même construit mon fil chronologique, l'ai suivi en toute rigueur. Aux temps tragiques surtout de Mme de Prie, un seul fait hors de date eût rendu tout obscur. Là et partout (ainsi que je l'ai dit ailleurs), je suis le serf du temps. Je m'interdis ces tableaux généraux où l'on rapproche pour l'effet littéraire des faits d'époques différentes. Qu'ils soient brillants, ces tableaux, il n'importe. Leur éclat obscurcit, faisant perdre de vue la vraie lumière profonde de l'histoire, *la causalité*.

Par ce respect du temps, il s'est trouvé que même où ce volume ne s'appuie pas de documents nouveaux, il n'en donne pas moins une histoire absolument neuve. Ceux qui croyaient savoir l'histoire de Louis XV, seront un peu surpris. Ils n'y reverront rien qui réponde à leurs souvenirs. Pour les rassurer, j'ai cité beaucoup, et dans le texte même (non pas au bas des pages). Par là, dans les moments critiques qui les inquiéteraient, ils sentiront la base ferme que l'histoire leur met sous les pieds.

J'ai poussé ce scrupule (pour le procès de Damiens) jusqu'à citer de ligne en ligne. Les nuances infinies du règne de Mesdames, les variations que subit dix ans la Pompadour du plus haut au plus bas, avant son règne de la Guerre de Sept-Ans, tout cela est daté, précisé par les textes.

Saint-Simon m'a servi encore dans ce volume. Quoique la fin de ses *Mémoires* reste cachée toujours aux secrètes archives des Affaires étrangères, il donne, dans ce que nous avons, des faits capitaux sur Fleury : — sa profonde ignorance (avouée de son ami Walpole), — sa niaise confiance aux Anglais, — sa connivence honteuse à la vie pitoyable du petit roi, et le soin qu'il eut d'éloigner de lui les honnêtes gens qu'avaient choisis Louis XIV et le Régent. Sur tous ces points, il autorise, confirme Soulavie, et aussi sur le point très grave qui contient tout : *Fleury fut le mannequin d'Issy*, de Saint-Sulpice, des Rohan, des Tencin. Ils ne le lâchèrent pas, le firent rester, même idiot, nous tinrent liés sous ce cadavre.

D'Argenson et autres nous prouvent qu'il ne rétablit pas la France. Il la livra aux Fermiers généraux.

Tout le monde se jouait de lui, même l'Espagne, ce qu'établit Montgon (qu'on ne lit pas assez).

M. d'Haussonville a fourni la preuve de ses deux trahisons, de ses faiblesses pour l'Autriche, à qui il dénonçait nos ministres et nos généraux, à qui il immola l'armée infortunée, gelée dans le retour de Prague.

Noailles que j'ai ailleurs admiré, défendu, ici me tromperait par son adresse à embrouiller les choses, sans d'Argenson qui donne naïvement le dessous des cartes, l'asservissement de Noailles aux dévots, à Mesdames et à l'intérêt de famille (1746).

Voltaire me sert fort par ses lettres, peu par son *Louis XV,* sa triste *Histoire du Parlement.* Il est dans ces ouvrages injuste et léger, très flatteur, spécialement pour Richelieu.

L'homme de Richelieu, Soulavie, est trop décrié. Bavard et mauvais écrivain, ne sachant pas trop bien les affaires générales, il sait très bien Versailles. Il avait sous la main et Richelieu vivant, et les papiers de Richelieu, les papiers Maurepas, le *Journal* de M. de Luynes. Avec tant de secours, il pouvait marcher droit. Pour la cour, il est bon le plus souvent, et on le trouve exact en ce qu'on peut vérifier.

Duclos, fort inutile pour les temps antérieurs, est tout à coup en 1756 très important, très grave. Dans sa position singulière, à part des philosophes, familier chez la Pompadour, et surtout ami de Bernis, il a vu de très près à ce moment. Il y donne deux faits capitaux : 1° La Pompadour a seulement *influé* jusqu'en 1756; mais alors elle *règne* (par la grâce de Marie-Thérèse); 2° l'ordre de Rosbach partit de Vienne, de notre ambassadeur Choiseul, le valet de l'Autriche.

La Hausset est fort curieuse, mais elle fait un roi bonasse, et une douceâtre Pompadour. Elle ignore que sa maîtresse a rempli les prisons d'État. Elle ignore (chose plus étonnante) que par trois fois (1747, 1752, 1755) la Pompadour fut très près de tomber. — Elle sait des choses importantes : le petit Parc-aux-Cerfs intérieur près de la chapelle, l'inceste simulé par les seigneurs pour plaire au roi, sa vive jalousie à l'égard de ses filles, sa haine pour Bernis, quand il le sut amant de sa fille l'Infante, etc., etc.

Elle réduit ce qu'on avait dit sur la haute faveur de Quesnay et de son école auprès du roi. Il avait plu sans doute par la doctrine économiste qui fait le roi co-propriétaire en tout bien du royaume. Mais il resta toujours isolé, à distance. Même en voiture, et l'emmenant comme médecin, la Pompadour ne daignait lui parler.

L'excellent *Journal* de Marais, qui nous a révélé la honteuse enfance du roi, le fangeux Versailles de ce temps, malheureusement nous quitte de bonne heure. — Et il s'en faut que Barbier le remplace. Très prolixe pour le Parlement et riche pour l'histoire de Paris, Barbier ignore profondément la Cour, le lieu étroit où tout se décidait. En 1738, à peine, il commence à savoir les faits de 1732 (l'avénement de la Mailly). Il ne sait pas un mot du règne de Mme de Vintimille, un des grands moments de l'histoire.

Même son Parlement, il le sait assez mal. Il n'en marque pas bien la dualité intérieure (jansénistes et politiques), les tendances opposées qui ôtaient toute force à ce corps, guerroyant à la fois contre la Bulle et l'*Encyclopédie*. Utile cependant, très utile, ce *Journal* ne me quitte pas; il me donne (en regard de De Luynes et de d'Argenson) la chronologie de Paris.

Le témoin capital du siècle est certainement d'Argenson. Il n'est pas sans talent (voir le sinistre bal de décembre 1751), et il a un grand cœur, un violent amour du peuple et de la France. Je comprends qu'aujourd'hui tous les petits esprits tombent sur lui, relèvent soigneusement ses contradictions.

Oui, oui, c'était un simple. Cela n'empêche pas qu'il ne fût un voyant, ne devinât cent choses qui depuis se sont faites. On dirait qu'il est membre de l'Assemblée Constituante. Il voit toute la France nouvelle, l'Italie libre, la naissance des États-Unis.

Sans accuser, il est terrible. Il ressort partout de son livre que Versailles ne cesse pas un seul jour de trahir la France.

Du reste *innocemment*, en grande sécurité de conscience. Quand Louis XV reçut l'égratignure de Damiens, il dit : « Eh! pourquoi me tuer? Je ne fais de mal à personne. »

Il aurait pu être encore pire, avec l'éducation qu'il eut, avec les petits corrupteurs auxquels l'abandonna Fleury. Il aurait pu être un Néron. Au fond, ce fut un gentilhomme, timide, hautain et sec, dissolu, aimant la famille, mais du plus bas amour, amour de chat; très hostile à son fils, beaucoup trop tendre pour ses filles. Si on qualifie cet amour moins sévèrement que les contemporains, il restera toujours incontestable que Mesdames eurent sur lui une énorme influence. L'une sauva les biens du Clergé;

il n'y eut de ruiné que la France. L'autre fut la cause directe des guerres principales de ce règne.

Croyant solidement que le royaume était un simple patrimoine, ni le roi ni ses filles n'eurent le moindre scrupule. Pour l'une, on tue deux cent mille hommes, pour lui donner le Milanais (1741-1748). On ne réussit pas. Alors, pour elle encore, pour lui donner les Pays-Bas, commence la grande Guerre de Sept-Ans, qui coûte un million d'hommes (si l'on compte tous ceux qui moururent de misère).

M. de Luynes, dans son détail immense des choses publiques, officielles, à son insu, appuie merveilleusement d'Argenson. Il nous donne *le temps* et *le lieu*, les petits voyages, le changement des appartements. Avec lui et Blondel, et le savant M. Soulié, le conservateur de Versailles, je vois tout, je suis tout, de jour, de nuit. Un plan ingénieux, par de petites cartes qu'on lève à volonté, donne la superposition des étages, des entresols même coupés dans la hauteur des pièces, l'infinie subdivision du vaste labyrinthe (*Bibl. du Louvre*, vol. in-quarto). Rien de plus instructif. Tel cabinet, tel escalier, expliquent les grands événements.

En ce palais impur, le seul lieu un peu propre où puisse s'arrêter le regard, c'est l'appartement de la reine. Elle était née charmante de cœur et de douceur modeste. Faible, bigote, parfois intolérante, quand elle y est poussée par ses Jésuites polonais, d'elle-même elle n'est pas intrigante. Sa petite société resta à part de la cabale du Dauphin, de Mesdames. Je n'aime guère son président Hénault, mais beaucoup ses de Luynes, rares courtisans, qui, loin de demander, dépensaient leur fortune à nourrir leur maîtresse, infirme, abandonnée. Cet honnête intérieur m'a reposé les yeux. M. de Luynes, par le portrait sévère qu'il a fait du Dauphin, par des traits innombrables relatifs aux filles du roi, fait sentir fortement combien la reine est loin de ses enfants, de Madame Henriette et de Madame Adélaïde, les deux *Chefs du Conseil*, pour dire comme d'Argenson. Au volume suivant, en mars 1767, on verra la fille et la mère se disputer directement l'éducation de Louis XVI.

J'ai profité souvent des *Nouvelles ecclésiastiques*, — fort peu des livres de Hollande, *Histoire de la cour de Perse*, *Vie privée*, et autres sottises, d'écrivains faméliques, ignorants et mal informés, qui écrivaient pour les libraires les mystères de la Cour dont ils ne savaient pas un mot.

Dans le labeur ingrat, mais nécessaire, de bien tenir, sans le lâcher, le fil central qui mène tout, je ne m'écarte guère ni vers les affaires protestantes, ni vers nos colonies. Je dois les ajourner. Mais je ne puis pas ajourner un spectacle admirable et de lumière immense, qui m'a consolé, soutenu, dans mon sombre Versailles où j'étais enfermé : — l'essor de la pensée au dix-huitième siècle.

Plus l'autorité tombe et descend dans la honte, plus le libre esprit monte, allume le fanal immortel qui nous guide encore.

C'est de la Régence à Rosbach, dans ces trente-trois années, que ce siècle a été fort, original et lui-même. La décadence en tout commence en 1760 [1].

Aux neuf années de paix entre les guerres (1748-1757), la France étonna le monde d'une fécondité inouïe. Jamais tant de grands livres ne parurent en même temps. On vit surgir coup sur coup, comme aux époques antiques des soulèvements de la terre, des masses énormes et colossales, des Alpes et des Pyrénées.

L'*Esprit des Lois*, splendide exposition de tant de faits curieux, de tant de vues ingénieuses, fut un coup de théâtre immense (1748).

Et à l'instant (1749), surgit, comme une autre montagne, la grande *Histoire naturelle* de Buffon, sa *Théorie de la terre*, qui le mènera en trente ans aux *Époques de la nature*.

Bientôt (1753) apparaît, incomplète encore, cette histoire qui fit toute histoire, qui nous engendra tous (et critiques et narrateurs), le vaste *Essai sur les mœurs des nations* (complet, 1757).

Cependant, année par année, par l'effort titanique de Diderot, d'Alembert, Voltaire, tant d'autres qui si

---

[1]. Ce volume s'arrête à l'entrée de la Guerre de Sept-Ans. — Helvétius, Holbach, viennent plus tard, ainsi que *Candide*, cette fâcheuse éclipse de Voltaire. — La réaction pleureuse de Diderot (le *Père de famille*) et de la *Nouvelle Héloïse* (1759), ne me regardent pas encore. — L'art est encore entier. Cet *art de la Régence* subsiste. Il va faiblir, et peu à peu faire place au pauvre *art Louis XVI*. — Le style aussi s'altère vers 1760. Un grand maître l'a dit : « Dans Voltaire, la forme est l'habit de la pensée, — transparent, — rien de plus. Avec Rousseau, l'art paraît trop, et l'on voit commencer le règne de la forme, par conséquent sa décadence. »

généreusement y jetèrent leurs travaux, s'entassait l'*Encyclopédie*, livre puissant, quoi qu'on ait dit, qui fut bien plus qu'un livre, — la conspiration victorieuse de l'esprit humain.

Victorieuse. — Je le dis en deux sens.

On pourra voir dans ce volume l'hommage étrange que l'Autriche elle-même, pour entraîner la France, fut obligée de rendre à l'opinion dominante : on verra la cabale autrichienne se dire philosophe, — Kaunitz, Choiseul, courtisans de Ferney, — et la grosse Marie-Thérèse, quatre heures par jour à son prie-dieu, autant le soir aux pièces de Voltaire, qu'elle fait jouer lâchement par ses filles les archiduchesses.

On y verra aussi comment un encyclopédiste, l'ami et l'allié de Diderot et de d'Alembert, poursuivi à la fois par les rois et par les dévots, leur livra en un an cent combats, sept batailles, fit face à leur sept cent mille hommes. — C'est la plus grande lutte pour la disproportion des forces qu'on ait vue depuis Salamine. — La même année, 1757, on proscrivit ensemble Frédéric, l'*Encyclopédie*; on mit au ban du monde et la philosophie et le roi des penseurs. — La Pensée vainquit à Rosbach.

Trois empires et cent millions d'hommes ne purent rien sur quatre millions. — Le fer, le feu, la mort, mollirent contre l'Idée.

L'Idée forte et paisible. — Le soir de ces grands jours, ayant couché par terre vingt, trente mille Croates ou Cosaques, Frédéric, immuable, écrivait à Voltaire, ou faisait un chapitre de ses admirables *Mémoires*.

Napoléon semble avoir peu goûté que les *idéologues* aient eu un si grand capitaine. Il est fort dur pour lui. Il tient trop peu de compte des circonstances spéciales, vraiment uniques, d'une telle crise.

La France, en général, n'a pas rendu encore tout ce qu'elle doit à l'homme qui l'a le plus aimée, qui vécut d'elle, ne parla que sa langue, à ce Français, si grand par l'*action* et par la pensée.

Le dix-huitième siècle avait posé sa foi, son *credo*, son symbole (par Voltaire, Vauvenargues, etc.) : *Le but de l'homme est l'action*. Il restait de montrer et de prouver cela, comme fit Frédéric, par toute activité, dans la paix, dans la guerre, administration, lois, combats, avec ce calme souverain, qui, par-dessus le trouble des affaires, des dangers, planait dans la culture des arts.

L'*action !* On verra combien ce simple mot fut fort pour rallier le siècle avant la décadence de 1760. — Il est très faux qu'on ait erré, flotté. Non, l'Europe a marché très droit.

Leibnitz posa la *force vive*, premier élément d'action. — Vico dit que l'homme est créateur, père et fils de son action (1726). — Montesquieu, aux *Lettres persanes*, que le principe *inactif* et stérile du Moyen-âge allait mourir (1720). — Voltaire proclame en ses *Lettres anglaises* : « L'action est le but de l'homme. » (1734). — « L'action libre (1738) — et sous la même règle morale. » (1751).

Diderot enfin entreprend d'évoquer l'action, la force vive, en tous les êtres, fait jaillir de chacun le Dieu qui est en lui. Il s'écrie : « Élargissez Dieu ! » Mot fécond qui lança, avec nous, l'Allemagne, et les sciences de la nature.

Celles de l'homme l'étaient par l'*Essai sur les mœurs*, et la grande enquête historique sur l'action universelle de l'homme, sur sa concordance morale.

Montesquieu et Voltaire avaient pressenti l'Orient, regardé vers la Perse. Au moment où l'*Essai* parut, un héros de vingt ans, Anquetil, sans moyens ni ressources, va au fond de l'Asie (1754) chercher les livres de la Perse, la tradition sainte de la morale antique, l'accord du genre humain (du présent au passé), — *la foi de l'action*, du travail créateur à l'image de Dieu, qui nous fait dieux aussi.

Hyères, 1ᵉʳ mai 1866.

HISTOIRE
DE FRANCE

CHAPITRE PREMIER

Fleury et Monsieur le Duc. (1724.)

Un simple précepteur avait transféré le royaume. Fleury avait d'un mot (que le roi ne dit même pas, approuva seulement), créé Monsieur le Duc. Et cela sans conseil. Nulle délibération. Les ministres ignorèrent qu'on faisait le premier ministre.

Un seul témoin, le gnome, le nain familier, La Vrillière, celui que le Régent nommait « le bilboquet ». Le petit homme avait le serment dans sa poche, de sorte que Monsieur le Duc put le prêter à l'instant même.

Ce nain était un personnage, de terrible importance. En lui et sa lignée fut pour soixante années l'arbitraire monarchique, la Terreur papale et royale. Ministre des lettres de cachet et des prisons d'État, il les remplit de jansénistes. Par son petit parent, l'espiègle Maurepas (le chansonnier farceur), il avait la marine, les galères et les bagnes des forçats protestants.

La Bulle, étendant son royaume, avait énormément gonflé cet avorton. Il voulait pour son fils une fille naturelle du roi d'Angleterre ! Et pour cela d'abord il fallait le faire duc. Le Régent n'osait refuser. Il était dangereux par un côté obscur, le pied qu'il avait pris dans les profondeurs de Versailles, aux secrets cabinets où la royale idole vivait avec trois camarades. Là de bonne heure il eut son Maurepas, bouffonnant, folâtrant, malgré les rebuffades, écouté cependant et souffert comme un Triboulet.

Auguste lieu. Deux fois s'y décide le sort de la France (août 1722, juin 1726), au profit de Fleury. L'autorité est là, le pouvoir part de là. Celui qui y est maître, sans souci du Régent, de son vivant, pactise avec Monsieur le Duc. Fleury n'en fait mystère (*Saint-Simon*). Son parti a déjà par Dubois la royauté religieuse. A la mort du Régent, il prend la royauté.

Monsieur le Duc n'eut qu'un pouvoir borné. Il croyait former le Conseil. Mais le Conseil, en trois personnes, n'en fut qu'une réellement, Fleury. Avec le petit roi, Fleury fort aisément subordonnait Monsieur le Duc, qui, seul de son côté, n'avait qu'à obéir.

Désappointé, il demanda du moins qu'il y eût un quatrième membre, qu'on appelât un homme bien connu de Fleury, et point désagréable, le vieux

Villars. Ce qui ne servit guère. Ce fastueux bonhomme, très faible au fond, ne fut qu'un comparse bavard.

Fleury fit deux parts du travail. D'abord tout seul avec le Roi, une bonne demi-heure, il donnait les grâces et les places, tout ce qui fait aimer (*Villars*). Pour le Duc restaient les affaires, tout ce qui fait haïr. S'il s'agissait d'impôts, le sensible Fleury s'en allait tout doucement.

Le Régent laissait tout dans un état terrible, désespéré. Celui qui succédait était perdu d'avance. Monsieur le Duc, avec ses acolytes, sa Mme de Prie et Duverney, ne pouvait (quoi qu'il fît) que se précipiter « et passer comme un feu de paille » (*Argenson*), en laissant à Fleury le terrain nettoyé.

Mais quel était Fleury? et par quel ensorcellement un homme de soixante-dix ans tenait-il à ce point un enfant de quatorze? quels étaient donc les charmes du vieux prêtre? son talisman mystérieux?

« Heureux les doux! car ils posséderont la Terre. » Saint Matthieu prédisait Fleury. Il était doux. Et tout lui fut donné. Il était patient, souriant. Au fond très peu de chose, un agréable *rien*.

C'était un fort bel homme, fort grand, d'un peu moins de six pieds, d'une mine douceâtre. Il était du Midi, mais sans vivacité, au contraire lent et paresseux, et surtout (comme sont volontiers ces hommes longs) souple, pliant. Né à Lodève (1653), fils d'un receveur des tailles, il était pourtant gentilhomme. Ayant des frères, il dut alléger sa famille, fut fait d'Église. A quoi il n'avait pas grande vocation. Il fit chez les Jésuites d'assez bonnes études, en surface et légères, resta un aimable ignorant.

Les rois ont un faible secret pour les hommes de décoration. Le favori de Louis XIII, on l'a vu, était un géant. Louis XIV, à qui Bossuet donna Fleury, pour sa belle figure le fit aumônier de la reine, plus tard un de ses aumôniers. Quand il maria sa fille au duc d'Orléans, pour soutenir dignement le poêle, on prit Fleury. Il n'était cependant que diacre. Fort peu pressé de se faire prêtre, il ne s'y décida qu'à trente-neuf ans. C'était le temps où l'archevêque Harlay, la nuit, courait les filles dans les rues de Paris. Fleury, sans faire autant de bruit, entre Paris, Versailles, menait la vie douce et légère. Pucelles, le fameux janséniste, homme violent, mais très véridique, a toujours affirmé qu'alors jeunes tous deux ils avaient même maîtresse par économie.

Le roi aimait les détails de police. Il fut instruit sans doute, et un matin Fleury eut la faveur inattendue du plus sec évêché de France, Fréjus, à deux cents lieues, un désert, un marais, d'où il ne put se débourber. Quinze ans durant, il resta là inconsolable et l'avouant. Il signait : « Évêque de Fréjus, *par l'indignation divine.* »

Lorsque le prince Eugène, apportant dans sa poche le démembrement de la France, fit avec le duc de Savoie son invasion provençale, Fleury alla à eux, leur plut et figura parmi leurs courtisans.

Cela le coulait à Versailles. Désespéré, en 1714, il tourna brusquement, se donna aux Jésuites. Mais ils ne l'acceptèrent qu'en exigeant un gage, une très pesante garantie. C'est que de leur main il prendrait un confesseur, un guide, un témoin de sa vie, qui aurait l'œil à tous ses actes. On le savait très mou. On lui donna un magister terrible, certain Pollet, de Saint-Sulpice, qui sous sa verge avait (dans la plus sale rue de Paris) le séminaire Saint-Nicolas. C'était un cuistre, un mouchard et un saint, fort sincère, zélé jusqu'au crime. Quand on viola Port-Royal, qu'on brisa les cercueils, la police frémit elle-même, mais n'osa reculer, se voyant regardée par une autre police, ce sauvage et cruel Pollet.

Sous cette influence violente, Fleury, en une année, du plus bas au plus haut est relancé, mis au pinacle, précepteur de l'enfant qui est tout l'espoir de la France. Et cela malgré le vieux roi, qui résista. Ce ne fut qu'au dernier moment, dans le funèbre *Codicille*, que, gagné de gangrène et la mort dans les dents, il se laissa arracher par Tellier cette dernière obéissance.

Le Régent n'osa rien changer. Il conserva Fleury. Mais à côté de ce bellâtre qui ne servait à rien, il mit un tout autre homme et des plus estimés de France, nommé aussi Fleury, l'illustre auteur de l'*Histoire ecclésiastique*. Solitaire dans Versailles, ce pieux savant avait été *sous-précepteur* du Duc de Bourgogne. Et le *lecteur* du même prince, l'abbé

Vittement (l'honneur et la probité même) se trouvait être *instituteur* du petit roi, lui apprenait à lire.

L'éducation était fort difficile. Le roi, qui s'était vu si cher, si précieux, objet d'amour pour tous, n'écoutait plus que sa petite bande, fort gâtée, d'enfants dangereux. Stylé par eux, il savait dire : « Je veux. » On lui avait appris que ses gouverneurs, précepteurs, n'étaient que ses valets. Dans une telle situation, Fleury aurait dû conserver ceux qui avaient un peu de prise, le vénérable confesseur et le sage instituteur Vittement, que l'enfant écoutait assez. Loin de là, quand l'affaire d'août 1722 l'établit tout-puissant, il écarta justement ces deux hommes. Il rendit aux Jésuites le privilège de confesser le roi. Le Père Linières fut confesseur, moins d'effet que de nom pourtant. Fleury vraiment demeura seul.

Et seul il dut rester par l'excès de la complaisance. N'enseignant rien, il ne venait à la leçon qu'en apportant un jeu de cartes. L'*Alexandre* de Quinte-Curce était sur table, mais si peu regardé que le signet resta six mois à la même page (*Argenson*).

Le roi, sans autre forme, quand il voulait, mettait son Fleury à la porte (*Marais*). Fleury avalait tout. A ce prix il restait, même était désiré à tels moments officiels où l'occasion commandait, où l'enfant roi avait à dire un mot.

Il fallut le trouver, ce mot, à la mort du Régent. Mais toute chose était prête. Fleury, Pollet et les

Jésuites, voyant chez le jeune Orléans que le futur ministre serait Noailles, un demi-janséniste, traitèrent avec Monsieur le Duc.

Des deux côtés, on se tint mal parole. Fleury gardait les grâces, le meilleur du pouvoir, travaillait seul d'abord avec le roi, tenant ainsi Monsieur le Duc en crainte, et sous une épée suspendue. Monsieur le Duc, de son côté, loin de presser à Rome le chapeau de Fleury, l'entravait secrètement. Il s'était engagé contre les jansénistes. Il y était très froid, et même à Rome négociait la paix de l'Église.

Contre les protestants, le clergé avait compilé un Code général de toutes les ordonnances du dernier règne. Monsieur le Duc devait le promulguer. Il l'imprima, le publia (mai 1724), mais non dans la forme ordinaire des actes du pouvoir, et sans rapport préliminaire. De plus, secrètement, il en neutralisa l'article essentiel, article meurtrier qu'on avait ajouté, et qui, appliqué à la lettre, eût pu frapper de mort (comme relaps) tous les protestants.

Chantilly n'était guère dévot. Les sœurs de Monsieur le Duc, galantes et fort légères, dans leurs fêtes à la Rabelais, riaient volontiers du clergé. Voltaire rimait pour elles. Il leur fit Bélébat (*curé de Courdimanche*). Il eut de Mme de Prie une pension, et plus tard Duverney fit sa fortune en lui donnant part dans les Vivres. Fort unis avec l'Angleterre, Mme de Prie et Duverney voulaient (en renvoyant l'infante, brisant le mariage espagnol) faire épouser au Roi une fille de Georges, chef des protestants de l'Europe.

Duverney, le vainqueur de Law, le chiffreur obstiné, le maître de Barême, le rude chirurgien de l'opération du Visa, n'était pas un homme ordinaire. Avec ses trois frères, les Pâris, il remplit tout un siècle de son activité. Montagnard, soldat, fournisseur, il eut toute sa vie l'air d'un grand paysan, sauvage et militaire. La Pompadour l'appelait : « Mon grand nigaud. » Au fond il aimait les affaires pour les affaires bien plus que pour l'argent. Il mania des milliards et laissa une fortune médiocre. Nul souci des honneurs. Il ne prit d'autre titre que celui de secrétaire des commandements de Monsieur le Duc.

Enfant il avait vu la rouge figure de Louvois, idéal de Terreur, et il en avait gardé la tradition violente. Les quatre frères (aubergistes des passages des Alpes) partent du grand service qu'ils rendent à Louvois lorsqu'en un tour de main ils passent notre armée par-dessus les Alpes. Leur probité vaillante les fait commanditer par l'habile Samuel Bernard[1], qui les remet en avant dans les scabreuses affaires des Vivres. Chaque printemps l'armée à l'étourdie, mal pourvue, entrait en campagne. Chaque

---

1. L'histoire de ces grands financiers, plus curieuse que celle des rois, est malheureusement bien difficile. — Leur patriarche, Samuel Bernard, a parfaitement réussi à dérober sa vie et les sources de sa fortune énorme. Homme agréable, très discret, fils d'un peintre de cour, et *nouveau converti* en 1685 (V. Haag, *France protest.*), il vit très froidement que la Révocation était une *affaire*. Ceux qui fuyaient ne savaient comment vendre, mais ils trouvèrent Bernard, intermédiaire des puissants acquéreurs; du peu qu'il leur donna, ils furent ravis, l'acclamèrent le *Sauveur*. Bernard se mit alors à *sauver* les armées, avec ses prête-nom, les Pâris. Le plus miraculeux, c'est qu'il *sauva* sa caisse. Du naufrage de 1710, il émergea plus riche. Dès lors, dans un repos princier, n'agissant que sous main et par son bouillant

année elle était sauvée, nourrie, grâce aux Pâris, par un coup révolutionnaire, miracle d'argent, d'énergie. L'homme d'exécution était ce Pâris-Duverney, toujours sur la frontière, et souvent entre les armées, déguisé pour mieux voir. Il payait comptant, sec et fort, donc était adoré des marchands, et suivi. Il trouvait tout ce qu'il voulait. Une fois, pour l'armée de Villars, il fit sortir de terre quarante mille chevaux à la fois. Le dernier coup du Rhin, qui fit la paix du monde, appartient à Villars, mais aussi au grand fournisseur qui le transporta, le nourrit.

De cette vie d'aventures, de miracles et de coups de foudre, Duverney garda une tête fort chaude, et n'en guérit jamais. Sa joie aurait été de pousser toujours des armées. Et presque octogénaire il s'y remit encore dans la Guerre de Sept-Ans. En attendant il menait les affaires militairement, fit la guerre contre Law, contre ses théories, ses rêves. Mais à peine vainqueur de l'utopie, il devient utopiste, disons même, révolutionnaire.

Ce qui est curieux et vraiment de la France, c'est que ce grand souffle orageux qui fut en Duverney,

---

Duverney, avec Crozat et autres, il mina le *Système*, fit le *Visa* pour n'être pas visé. — Il savait parfaitement la puissance de l'opinion. Chez son amie, Mme de Fontaine-Martel, il accueillait et protégeait les brillants et hardis penseurs. Ce fut le salon de Voltaire, de même que ses filles ou parents (les Dupin, d'Épinay, Francœur, etc.) furent la société de Diderot, Rousseau, etc. — On connaît les Pâris un peu plus que Bernard. Leur histoire, celle de Pâris-Duverney, a été esquissée par Luchet, Rochas et autres. Elle va nous être donnée, d'après des actes de famille, par le savant et consciencieux professeur de Grenoble, M. Macé. Quant à leur origine d'aubergistes des Alpes et aux services qu'ils rendirent en faisant passer l'armée, Saint-Simon date mal, mais, je crois, ne se trompe nullement sur le fond des faits.

de projets, de réformes, de brusques changements, change aussi Mme de Prie. Elle est gagnée, grisée. Elle le soutient et le suit avec cette fureur qu'elle a jusque-là mise aux intérêts de Bourse. Elle se précipite aux périlleux essais de politique hardie où va sombrer demain cette fortune à peine élevée.

J'ai dit ses origines et sa terrible avidité. Elle procédait de la famine. Le contraste d'une grande misère et d'un orgueil royal, d'une haute éducation (sur laquelle spéculait sa mère) l'avait aigrie, envenimée. Au retour de Turin où elle avait langui avec M. de Prie, un famélique ambassadeur, elle fut produite ici par une habile agioteuse, Mme de Verrue[1], qui y trouva son compte. Elle avait l'attrait diabolique que Satan donne à ses élus. Elle était enjouée, et tout à coup tragique; d'allure timide et serpentine, puis brusquement hardie. Volontiers les cheveux au vent, et quelque chose d'égaré. Mme de Verrue (comme elle, à moitié italienne), connaisseuse en beauté, y vit une sibylle de Salvator.

D'un coup de sa baguette, cette fée de la Bourse la mit juste au centre de l'or pour en prendre tant

---

1. La femme agioteuse ne date pas de la Régence. Avant la Tencin, la Chaumont, déjà Mme de Verrue, agiote sous Louis XIV. Au fond, c'était un homme, et fort émancipé, ayant su, vu, enduré tout. Née de Luynes, au dévot Versailles, mariée dans le dévot Piémont, elle vit bien le dessous des cartes. Son mari trouvait fort mauvais qu'elle ne voulût pas être maîtresse du duc de Savoie. Elle obéit, fut reine (et captive du tyran jaloux). Enfin, ennuyée, excédée, elle s'enfuit, rentra au bien-aimé Paris, non pas dans l'ennui des de Luynes, mais dans une vie large d'affaires, de spéculations, de plaisirs. Elle devint un centre. Son hôtel était un musée. La première, elle osa admirer, acheter les Rubens, les Rembrandt (que méprisait tant le grand Roi). Elle sentit vivement la De Prie, un charmant César Borgia,

qu'elle voudrait. Elle n'en fut pas plus heureuse. On le sent bien au portrait de Vanloo, où elle nous regarde de face, d'un si terrible sérieux. Elle a alors sa plénitude. Ce n'est plus la fine Italienne, mais la forte beauté romaine. Est-ce Agrippine ou Messaline? L'une et l'autre peut-être, avec un vide immense que l'or n'a pas rempli. Qui comblera l'abîme? les vices mâles, fureur et vengeance? les grands bouleversements? ou Vénus furieuse, l'extermination du plaisir?

Elle passa, sinistre météore, ne fondant rien, ne laissant guère, jetant par la fenêtre au besoin du combat tout cet or amassé (*d'Arg.*), n'ayant pas moins manqué, raté sa royauté. Pour elle la fortune est moqueuse. Elle l'a fait attendre longtemps, puis gorgée tout à coup, mise au pouvoir. « Allez! marchez! » dit-elle. Et tout est impossible. Tout est obstacle et précipice. Plus l'obstacle se dresse, plus Duverney et la De Prie se lancent contre, comme ces chevaux furieux qui se jettent sur les épées. Du premier coup, réforme universelle. Ils déclarent hardiment la guerre à tout le monde.

effréné, intrépide, mais sans le froid, le faux des vrais scélérats italiens. Il ne fallait pas moins pour mordre sur Monsieur le Duc, qui était bien usé, qui aimait peu les femmes, qui s'ennuyait déjà de Mme de Nesle. Alors, c'était la baisse. Mais la De Prie paraît, et la hausse est lancée (juillet 1720), le vertige, la furie, la trombe. Dès que Monsieur le Duc possède ce magique diamant, la Fortune elle-même vient s'engouffrer dans Chantilly. — Lieu dangereux, charmé, et propre à faire des fous. Les Condé étaient tous bizarres. Et Mme de Prie fut Condé. D'abord comme eux, avide. Puis féroce (pour eux contre Orléans). Enfin, mortellement libertine. Le tout à la romaine. Point bourgeoise (à la Pompadour). Point vulgaire (à la Du Barry).

L'idée fixe de Duverney avait été la Comptabilité, la lumière dans les chiffres. L'ordre et l'exactitude qui avaient fait la fortune des Pâris, il s'obstinait à l'introduire dans la fortune de l'État. « Colbert le voulut, dit Barême, ne put, ne trouvant pas alors de gens capables. » Duverney le tenta (1721). En 1724, il osa davantage. Au grand effroi de la Maltôte, il livra son grimoire au jour, commença l'œuvre colossale de réunir et publier les ordonnances de finances (Fermes, Gabelles, Monnaies, Domaines, Charges, Rentes, Colonies) en vingt volumes in-folio. L'antre de Cacus en frémit, et les écuries d'Augias se troublent horriblement. Les hauts banquiers, protecteurs des Pâris, le grand Samuel Bernard, leur père et créateur, durent s'indigner. « Et toi aussi, mon fils ! »

D'autre part, que pensa la cour, lorsque ce Duverney fit un état des *Grâces et pensions* — et ce dans l'ordre alphabétique, de sorte qu'à chaque nom on trouva et on sut. Lumière désagréable. Jusque-là un chaos protecteur couvrait tout cela, si bien que tel touchait plusieurs fois avec un seul titre.

Duverney durement ferma aux seigneurs la source aisée des dons du roi, les forêts de l'État. Bien plus aisément que l'argent, le roi donnait des bois (sans trop savoir ce qu'il donnait). Plus de *permission de couper les futaies* (25 mars 1725).

La noblesse de cour cria. Mais quelle stupeur quand Duverney supprima la noblesse de ville, l'oligarchie municipale qu'avait créée Louis XIV ! Il soumit à l'impôt quatre mille petits rois de clochers. Ils avaient acheté presque pour rien une mine d'or. Réglée par eux en famille, à huis clos, dans une obscurité profonde, la fortune des villes était la leur. État doux et commode, et vraiment respectable par une durée de quarante ans. La foudre tombe. Duverney les rembourse en rentes, et rend au peuple son droit d'élection.

Révolution immense, et qui eût changé les mœurs même, recréé une nation. Hélas! c'était bien tard. Celle-ci n'était guère en état d'en user. On ne savait plus même ce que c'était qu'élection. La ville, si paisible, se trouvait dérangée. Ennuyeux mouvement. Heureusement, le sage Fleury dix ans après rétablit le repos, les municipalités héréditaires, le gâchis et l'obscurité. Ils purent tout à leur aise tripoter le présent, engager l'avenir, tellement qu'en 1789 la seule ville de Lyon devait trois cents millions.

Nous dirons tout à l'heure les autres imprudences de Duverney, l'essai d'égalité d'impôt, le bureau des blés et farines (imité par Turgot), l'organisation des milices (copiée aussi plus tard). Il se trouva avoir irrité toute classe. Il périssait et il devait périr également par le mal, par le bien. Les brutalités tyranniques qu'on avait supportées des autres (de mauvaises mesures sur les monnaies, sur l'intérêt), de lui parurent insupportables.

Une étrange défense d'étendre la ville de Paris, une ordonnance draconienne sur le petit vol domestique parurent (avec raison) ridicules et barbares, et blessèrent le bon sens public.

Un procès maladroit fut plus funeste encore à lui, à Mme de Prie. Le ministre Leblanc, favori du Régent, avait beaucoup gâché et pris dans l'*Extraordinaire de la guerre*; plus, laissé l'État engagé pour quarante millions. Cette caisse de l'Extraordinaire, un capharnaüm, un chaos, fut éclaircie par Duverney. Il y eut plaisir, il est vrai. Leblanc était son ennemi, surtout détesté par Mme de Prie, qui poursuivait en lui un amant de sa mère, coupable (selon elle) d'avoir tué un de ses amants (Richelieu, *Mém.*, IV).

Ainsi, embrouillant toute chose, la folle, dans le procès de vol, en mêlait maladroitement un criminel. Leblanc, par ordre du Régent, eût fait faire certains meurtres. Fable absurde, incroyable! Que ce prince si débonnaire pour ses ennemis même, eût commandé des crimes! Comment le croire?. On haussait les épaules.

Elle espérait brusquer, emporter tout par une Commission. Mais Leblanc en appela au Parlement qui évoqua l'affaire. Les Orléans, bien loin d'être abattus, au contraire en furent relevés. On applaudit le bon jeune Orléans qui allait au Parlement soutenir les accusés. On siffla outrageusement les gens de Mme de Prie, qu'elle envoyait siéger, trois ducs et pairs. Le Parlement, quelquefois si sévère, ici tout à coup indulgent, emporté par l'opinion, par l'élan de Paris, ne voulut voir en cette affaire qu'erreur, légèreté, irrégularité. Il ordonna restitution, consacra la réforme de Duverney, ce qui sauva à l'État une somme de quarante millions. Mais Leblanc et consorts furent sauvés et blanchis plus qu'ils ne méritaient. Duverney fut honni, maudit pour sa sévérité. On fit un triomphe aux voleurs.

CHAPITRE II

Chute de Monsieur le Duc. (1725-1726.)

La France est d'autant plus brisée, découragée alors, qu'elle n'est nullement innocente de sa ruine. Ce n'est pas seulement Law ou le Régent qu'elle accuse, c'est sa propre crédulité, la foi légère qu'elle eut aux utopies. Elle en garde longtemps le dégoût des idées, la terreur des innovations et celle même des réformes utiles. Elle gît si malade qu'elle repousse et craint les remèdes. Mais plus elle se défie des idées, plus elle a tendance à tomber au fétichisme personnel, plus elle semble devenir (en plein dix-huitième siècle) idolâtrique et grossièrement messianique. Elle espère au miracle, n'espérant plus dans la raison. Le mal épidémique des convulsionnaires qu'on verra tout à l'heure demandant guérison à leur diacre Pâris, c'est un cas spécial du mal universel. Le Sauveur, Guérisseur, le miracle vivant, pour la masse c'est l'enfant royal, l'orphelin resté seul de sa famille éteinte. Cela attendrit tous les cœurs. Ce peuple famélique, lorsque le pain est à huit sols la livre, lorsqu'il passe des nuits à la porte des boulangers, il est sensible encore ce singulier peuple de France, et au nom du roi il sourit. La France pour l'enfant avait tous les amours, mère, amante, et nourrice. Ce rêve lui restait, cette poésie, dans sa misère profonde, — l'enfant aux cheveux d'or, le roi.

Dieu! si on le perdait!... Quelles frayeurs dans ses maladies! Les églises s'emplissent de femmes en pleurs, brûlant de petits cierges. Les plus pauvres font dire des messes. Dans ce froid et terne intérieur (de rentiers ruinés?) que Chardin peint souvent, chez la femme si sobre qui nourrit l'enfant de ses jeûnes, c'est l'espoir, le rayon... Pas un de ces enfants à qui la mère ne dise en le couchant le soir : « Prie pour que le roi vive! »

En 1722, lorsque convalescent il fut montré au balcon des Tuileries, en 1723 quand il parut au Sacre, oint de la Sainte-Ampoule et sous la couronne de Charlemagne, l'effet fut grand et vraiment populaire. Exalté au jubé au milieu des fanfares, il parut le petit Joas, comme échappé des morts, et l'on pleura abondamment. Plus encore, quand il fit son miracle royal, touchant les écrouelles, passant et repassant dans la longue file agenouillée.

Il était devenu très beau, plus fin, plus élégant que Louis XIV au même âge, moins alourdi d'Autriche. Pas une femme qui n'en fût amoureuse, et ne le dit franchement. En Angleterre, pays des beaux enfants, cela fut senti comme en France. Son portrait envoyé troubla fort les tendres Anglaises.

On est saisi en voyant à la fois cet attendrissement universel, auquel l'Europe participait elle-même, — et d'autre part le terrible abandon où restait cet enfant, objet d'un espoir infini.

Fleury, comme on a vu, avait éloigné tout le monde. Le départ de l'autre Fleury et de l'honnête Vittement avait fortement averti. On comprit qu'il fallait ne pas trop se mêler du roi. Ses gardiens naturels s'annulèrent, — le gouverneur Charost qui ne gouvernait rien (homme d'esprit et ami des Jésuites), — le discret Saumery, sous-gouverneur, — Mortemart, premier gentilhomme, un brave homme, mais très obéré, qui attendait tout de Fleury.

Cela fit une maison close. Monsieur le Duc était inquiet, sachant peu (dans son aile Nord, écartée, de Versailles) ce qui dans l'aile Sud pouvait se tramer contre lui. Il tâta Mortemart, lui donna cent mille livres (*Villars*) et ne le gagna pas. Duverney, plus adroitement, alla *aux valets intérieurs* (Rich., IV, 138). Ce mot signifie Bachelier, fils du valet de garde-robe, le vrai génie du lieu, qui pour trente ans devient valet de chambre. Né de bas, d'autant moins suspect, et restant toujours là, comme un chat qui cligne et voit tout, cet homme fin, discret, se trouva par moments en mesure de toucher aux grandes choses. Fleury eut le royaume et lui le roi. Du métier assez sale qu'il était obligé de faire, il n'abusa pas trop. Ici, selon toute apparence, ce fut lui qui sauva le roi. Il avait intérêt à ce qu'il vécût, cet enfant, sur la tête duquel il avait fondé sa fortune ; mais, de plus, il l'avait vu naître, l'aimait d'instinct et d'habitude, s'inquiétait de la situation.

Fleury laissant aller les choses, et voulant attendre l'infante (attendre au moins six ans !) ne voyait pas que d'ici là il irait se perdant, mourrait, ou serait idiot. Souvent il pâlissait. Il était maussade et muet. « Il avait un sort sur la langue. » Et, signe pire d'un cerveau affaibli, souvent il parlait par saccades, comme une mécanique, une montre. Cela étonnait, faisait peur. (*Argenson*, III, 203, éd. J.)

Il avait une vie étouffée et malsaine entre trois camarades qui représentaient trois intrigues.

Sous lui précisément dans l'appartement Montespan demeurait Madame de Toulouse avec son honnête mari. Mûre, dévote et sucrée, fraîche encore, belle et grasse, cette dame eut le privilège de rassurer le roi, fort timide, de l'attirer même. Dévote, mais bien plus mère encore, par son fils Épernon (fils du premier amour), elle voulait conquérir le roi. Ce fils, aimable et tendre (c'était elle-même à quinze ans), montait chez le roi à toute heure par le petit degré secret que possédait l'appartement.

Sans monter, toujours près du roi, tissait, filait un autre enfant, le petit Gesvres, neveu du beau cardinal de Rohan, si connu pour sa peau admirable et ses bains de lait, Rohan alors le chef du parti de la Bulle. Gesvres toute sa vie fit des ouvrages de femme, de la tapisserie et des nœuds de rubans (*Arg.*). Parent du célèbre impuissant dont le procès a fait tant rire, c'était une vraie petite fille. Mais justement par là, par sa passive obéissance, il avait une prise très douce, dont pouvait user le parti. Il avait été mis d'abord chez Monsieur le Duc (avant M*^{me}* de Prie). Il passa chez le roi, et put lui remplacer parfaitement sa biche blanche.

C'était l'usage dans ces éducations, pour rendre hardi l'enfant royal, mâle et ferme au commandement, de lui donner de tels jouets, petits souffre-douleurs. Mais le roi cessait d'être enfant. A ce moment d'essor, établir près de lui cette créature si féminine, c'était le retenir dans la vie molle, assise, disons mieux, lui couper les ailes. Pour ne rien mettre au pis, cet enfant de la Bulle, avec ses habitudes monastiques, innocemment pouvait féminiser le roi (qui se mit en effet à filer, à tisser), en faire une petite fille ou un timide enfant de chœur.

L'homme, en cet intérieur, le maître du logis chez le roi et son maître, était son jeune gentilhomme de la chambre, La Trémouille, plus âgé que lui de deux ans, qui depuis onze ne l'avait pas quitté. Charmant (dit d'Argenson), hardi, mais effréné, il ne cacha rien, fit parade de tout ce que les autres cachent (Marais, nov. 1727). Il fit des opéras, s'épuisa, mourut jeune. Alors, en 1724, à seize ans, il menait le roi, en avait fait son petit favori (Marais, juin 1724).

Maurepas, plus âgé, tout robin qu'il était, et méprisé[1] de ces jeunes seigneurs, paradait et folâtrait là, avec ses chansonnettes, en réalité professait. C'est lui certainement, le robin, qui avait enseigné ce que le roi disait sans cesse : « Si veut le Roi, si veut la Loi. » L'autre doctrine de Maurepas, qu'il enseigna toute sa vie, fut l'horreur, le mépris des femmes. Cela n'allait que trop à la petite bande. Le roi dit plusieurs fois qu'il ne voulait pas se marier. La Trémouille affichait même répugnance. Il se porta hardiment adversaire et rival d'une femme, Mademoiselle de Charolais, sœur de Monsieur le Duc, et il lui fit manquer le roi. Elle ne lui pardonna jamais (*Rich.*, V, 50-54).

Purger Versailles, c'était chose honorable, un vrai devoir. Et cela avait l'avantage de démasquer la lâcheté de Fleury, ainsi que le Régent, dans une semblable circonstance, en 1722, démasqua la sottise de Villeroy. Mais l'affaire était périlleuse pour un demi-régent, qui allait et blesser le roi, et commencer la guerre à mort avec Fleury.

Duverney, Mme de Prie, étaient gens durs, hardis, qui ne reculèrent pas. On éveilla Paris en quelque sorte, on prépara l'opinion par des exemples rudes *in anima vili*. L'éditeur de Voltaire l'a remarqué

---

1. *Voltaire* le dit d'un trait fort plaisant, fort cynique dans une lettre de 1725 (septembre). Mais je ne doute pas qu'en 1724, Maurepas (ministre à quinze ans et qui alors en a vingt), ne se soit déjà introduit dans cette petite société comme amuseur et corrupteur. — Pour tout le reste, nous avons l'autorité très grave de *Marais*, celle de *Barbier*. *Villars* en parlait tout au long avec sa vigueur militaire. Mais il a été mutilé (*Rich.*, V, 50). Pour le petit page *Calvière*, même mutilation (Voy. MM. de Goncourt, *Portraits*, II, 117) ; il s'arrête avant août 1722, ne donne ni l'une ni l'autre des deux époques scandaleuses.

(Beuchot, I, 172). Si l'on eût voulu frapper haut, prendre des seigneurs, des évêques, on le pouvait. La maison Des Chauffours, une académie de débauches, était trop fréquentée pour n'être pas connue. Mais on prit au plus bas. Un ânier fut brûlé en Grève (*Marais*, mars 1724), et si vite brûlé que la commutation de peine ne vint que quand il fut en cendres.

En mai, la police (alors dans la main de Mme de Prie) fit contre la justice ce tour hardi, piquant, de prendre un homme qui était sous la protection du chancelier. Homme grave, ex-Jésuite, professeur, l'abbé Desfontaines, un rédacteur du *Journal des Savants* qui dépendait de la chancellerie. On le pince, on l'enlève, on le met à Bicêtre. Paris en rit beaucoup. Les plaignants étaient ramoneurs.

Entre l'ânier brûlé et Des Chauffours qui l'est plus tard, Desfontaines était en péril. Dans sa peur, il n'hésita pas d'implorer un homme aimé de Mme de Prie, Voltaire, qui à vingt ans s'était si hardiment porté contre de tels délits l'avocat de la femme, de l'amour et de la nature (1715). Voltaire avait bon cœur, Desfontaines venait justement de lui voler la *Henriade*, de l'imprimer à son profit. Il ne s'en souvint pas. Il courut à Versailles[1], et s'adressa à Maurepas. Ce ministre frivole, créature équivoque qui fort impudemment professait la haine des femmes, lui-même assez suspect, ne demandait pas mieux que d'étouffer l'affaire. Il eût donné sans peine une lettre de cachet,

---

1. Tout cela est constaté par le remerciement de Desfontaines, et avoué des ennemis de Voltaire, du savant et très hostile Nicolardot.

qui, en exilant l'homme, l'aurait éloigné de la Grève. Pendant les pourparlers, juin vient, et le grand coup est frappé à Versailles.

Gesvres, jaloux de La Trémouille, avait précipité les choses, dénoncé les petits mystères. On frappa, mais bien doucement, en rendant seulement les polissons à leurs familles, exigeant qu'on les mariât (comme le Régent avait fait des petits Villeroy). Le roi n'objecta rien pour le tant aimé La Trémouille. Il rit de le voir humilié, marié. La Trémouille au contraire trouva le châtiment si dur que, huit années durant (et quoi que pût dire son beau-père), il tourna le dos à sa femme.

Cet événement fut le salut du roi. Monsieur le Duc l'emmène, change ses habitudes, le tient au grand air, au soleil. Bref, il le fait chasseur. Il lui donne quarante ans de vie.

L'affaire, devait, ce semble, perdre Fleury en dévoilant sa connivence. Il n'en fut pas ainsi. On le comprend fort bien par les mots durs que dit Marais sur le rôle inférieur et fort triste du roi. Ce fut précisément par là que le maître de ces secrets, Fleury, resta fort, immuable, ainsi que Bachelier, qui non moins immuablement resta aussi jusqu'à sa mort.

Un vieux valet de chambre du duc de Bourgogne, Bidaut, allant voir un jour l'abbé Vittement dans sa retraite, lui parlait de Fleury. Mais il se tut d'abord. Pressé enfin, il dit tranquillement : « Sa toute-puissance durera autant que sa vie. Il a lié le roi par des liens si forts que le roi ne les peut jamais rompre.

Je vous expliquerai cela, si le cardinal meurt avant moi[1]. »

Le roi reviendrait-il de cette belle éducation ? Ferait-il grâce aux femmes ? aurait-il quelque amour naturel et humain ? Dans les fêtes de Chantilly, des dames très charmantes se vouaient à cette œuvre. Mais leurs grâces, leur scintillation l'éblouissaient, lui déplaisaient. Il avait l'air lui-même d'une fille bégueule, qui n'y eût vu que des rivales.

Que faire donc ? sans doute, ce qu'on a fait pour La Trémouille, bon gré mal gré le marier. L'infante était l'obstacle. Cependant une maladie courte et grave qu'il eut (février 1725) trancha tout. Monsieur le Duc, effrayé et désespéré, jura de renvoyer l'infante, et de le marier sur-le-champ. Fleury bouda, mais seul. Villars et tout le monde étaient de cet avis.

En brisant l'œuvre des Jésuites, le mariage espagnol, on les ménageait cependant. On prit une reine de leur choix. Rohan, évêque de Strasbourg, avait sous la main en Alsace la famille du roi sans royaume, Stanislas, retiré chez nous. On fit valoir sa fille, fille dévote d'un père si dévot que, par plaisir, dit-on, il faisait ses dévotions en robe, en bonnet de Jésuite. Cela n'attira pas, ce semble, les célestes bénédictions. Sur la route, la pauvre princesse reçut un déluge de pluie comme on n'en vit jamais. Misère, malédiction,

---

1. *Saint-Simon*, chap. DXXX. — D'Argenson, qui a pu savoir la prophétie de Vittement par d'autres voies, l'exprime ainsi : « Il existe certain lien, certain nœud indissoluble entre le roi et le cardinal, dont il résulte que Sa Majesté ne pourrait jamais le renvoyer, quelque envie qu'elle en eût. » (*D'Arg.*, éd. Jannet, II, 192.)

famine. Rien de plus triste. Un funèbre convoi.

Tout retombait sur Duverney. C'était lui qui faisait pleuvoir en touchant aux biens du clergé. D'après les idées de Vauban, il voulait lever une *dîme sur tous*, clergé, peuple, noblesse (faible dîme, du cinquantième). Refus universel. Les Parlements, les États de province répondent par un *non* furieux. Le paysan reçoit les collecteurs à coups de fourche. On eût voulu que Duverney, au début de l'impôt nouveau, avant d'en rien tirer, abandonnât tout autre impôt.

Les grains sont chers. Quoique l'on donne le pain ici à moindre prix, on fait queue, on crie, on se bat et il y a des hommes tués. Le bureau très utile créé par Duverney pour juger des récoltes, du mouvement des grains, fait crier : *A l'accapareur!*

Son beau projet sur la Milice, ses lois (dures, il est vrai) pour faire travailler les mendiants, tout exaspère. Mais ce qui le noie et le tue, lui et Mme de Prie, c'est l'ordonnance des pensions, toutes celles du grand roi supprimées, celles du Régent réduites, etc. Dès lors ils sont perdus, osant à peine encore se montrer à Versailles, y rencontrant partout des regards furieux.

Pour eux nul appui de la reine, qui elle-même a fait à Versailles un parfait *fiasco*. Quelque conte ridicule qu'on nous fasse de la nuit des noces, les valets intérieurs voyaient et révélaient ce mariage sans mariage. La jeune femme de vingt-deux ans, douce et laide et le sachant bien, tremblante, quoique fort amoureuse, a peur de cet enfant si sec, si froid, qui dort près d'elle sans daigner savoir qu'elle est là.

Bien loin de le ranger, le mariage n'avait servi qu'à l'émanciper cyniquement. Aux levers, aux couchers, les amis étaient revenus. Gesvres la petite femme, Retz qui gagnait faveur (*Richelieu*, V, 120). Délaissée, veuve était la reine, sans crédit, à ce point qu'elle ne put seulement faire avoir le cordon bleu au vieux Nangis, son chevalier d'honneur. Le roi même sur elle eut des mots ironiques. On parlait d'une belle. Il dit : « Est-elle plus belle que la reine ? »

Mme de Prie était furieuse. Pour elle, le mauvais magicien qui faisait avorter le mariage, c'était Fleury. Un grand coup fut tenté (décembre). Monsieur le Duc, un jour avec la reine, retint le roi. Fleury attendit plusieurs heures, écrivit, partit pour Issy. Mais cette fois encore (comme à douze ans) le Roi se désespère, va pleurer dans sa garde-robe.

Si lâches étaient les amis de Fleury, la petite bande des Maurepas, que pas un ne hasarda d'aller parler pour lui. Mortemart, qui pour ses affaires avait grand besoin de Fleury, seul osa dire au roi : « Sire, vous êtes le maître. J'irai, si vous le voulez, dire à Monsieur le Duc qu'il vous rende votre précepteur. »

Monsieur le Duc atterré obéit. Aman ramena Mardochée. Celui-ci doucement put achever sa perte, le désarmant d'abord, lui ôtant les deux dogues qui le gardaient, Duverney, la De Prie.

Elle se tenait à Paris, immobile, résignée, philosophe (elle l'écrivait à Richelieu). Sa rage cependant, ce semble, éclata par un coup.

Les polissons titrés de la cour n'avaient à Versailles qu'une chapelle pour ainsi dire. La vénérable métropole de leurs mystères était à Paris, dans l'hôtel d'un sieur Des Chauffours (*Barbier*). C'était un homme aimable, de très bonne famille, qui, ruiné, refaisait sa fortune, en prêtant sa maison à l'Église non-conformiste. Maison déjà ancienne. Outre le conseiller Delpech, maître de Sodome à Bordeaux, deux évêques (Saint-Aignan, La Fare) y figuraient, et le peintre Nattier, avec des grands seigneurs, deux cents adeptes au moins. Le lieutenant de police était alors Hérault, créé par Mme de Prie. Elle était à Paris, il devait marcher droit. Et, sur le pavé de Paris, il y avait un homme qui disait et précisait tout, qui perçait le ciel de ses cris, un certain laquais Arbaleste. Pour rendre l'affaire éclatante, lui donner tout son lustre, il eût fallu la confier au Parlement. Malheureusement Mme de Prie était trop brouillée avec lui. Elle ne put que s'en remettre à la fidélité d'Hérault, qui, avec quelques juges à lui, instrumenta dans le secret de la Bastille. S'il était fidèle et hardi, avec ce procès élastique, pouvant nommer ou plus ou moins, il avait dans ses mains Versailles, pouvait porter bien haut la terreur et le ridicule (janvier 1726). De quel côté seraient les rieurs? A Versailles, Maurepas avait une fabrique de farces, de chansons, de satires ou *calottes*. La chance ici allait terriblement tourner. Le rire allait monter jusqu'aux grands *calotins*. On avait ri de Desfontaines, du pauvre Jésuite à Bicêtre. Mais la pièce nouvelle eût été plus salée. Les fausses Colombines et le grand vieux Cassandre n'en seraient jamais revenus.

Mme de Prie avait sous la main l'homme de la chose, Voltaire, qui lui faisait des comédies, et pouvait lui faire des satires, homme entre tous hardi. Il était fort brouillé avec les mignons et les prêtres. Contre les premiers, dès vingt ans, il lança des vers immortels (*Courcillonade*). Contre les prêtres récemment (en 1725), il avait fait à Chantilly *le Curé de Courdimanche*, où lui-même joua le vicaire. Sous l'abri des Condé, que n'eût-il pas osé, sur le texte si riche du procès Des Chauffours?

Il n'y avait pas à perdre une minute pour écraser Voltaire. Un chevalier, Rohan-Chabot, homme de peu, qui jusque-là était à Mme de Prie, et voulait regagner le parti opposé, se chargea de l'exécution. Le 1er février 1726, il accoste le poète au théâtre, et lui cherche querelle. Voltaire le cloue d'un mot. Deux jours encore avec persévérance, autre querelle au foyer, et il lève la canne; Mademoiselle Lecouvreur, qui était là, s'évanouit. Enfin le 4, Voltaire dînait chez M. de Sully; il est demandé à la porte, où il trouve Rohan avec quatre coquins, qui lui donnent des coups de bâton. Il court à l'Opéra où était Mme de Prie, court à Versailles se plaindre, à qui? à Maurepas, grand maître des chansons, qui ne peut rien pour lui que faire chansonner son affaire. Voltaire rage et cherche Rohan. En vain, pendant deux mois entiers (février-mars). Il ne trouve partout que des mauvais plaisants, d'aveugles sots qui disent : « Tant mieux! le moqueur est moqué! »

Le 6 avril un fait atroce, horriblement comique, fit oublier Voltaire, retourna la risée violemment contre Versailles. Au salon de la Bulle, où récemment Tencin et sa Tencine avaient manipulé le chapeau de Fleury, un coup de pistolet s'entend. Reste un cadavre, et tout est inondé de sang. La dame avait l'usage de garder les dépôts que des amants crédules lui confiaient. Elle le fit avec succès pour Bolingbroke, mais non pour La Fresnaye, désespéré, ruiné, qui se tua chez elle. En se tuant, il laissa de terribles explications sur cette tripoteuse, sur sa maison, un mauvais lieu. Ce qu'elle alléguait, en effet, c'est que l'argent gardé était très bien gagné, le prix de la prostitution.

Que faire de ce cadavre? Au lieu d'avertir la police, de faire lever le corps par l'autorité naturelle, la dame avertit ses amis, le premier président, le procureur du Grand-Conseil, et ces magistrats complaisants fourrent le corps à Saint-Roch avec force chaux vive, pour détruire, pouvoir dire que c'était une apoplexie. Le Grand-Conseil le dit, croit trancher tout. Mais le vrai tribunal à qui appartenait l'affaire, le Châtelet, ne se paye pas de cela. Le 10 avril, il empoigne la dame. Délivrée à l'instant par Versailles (Fleury-Maurepas) qui la tirent de ces mains sévères, la sauvent, la mettent à la Bastille.

Cependant ce coup-là fut terrible pour eux. Ils rentrèrent sous la terre, s'aplatirent, se firent tout petits. Fleury parle de se retirer (*Rich.*, V, 122). Le 20 avril, Mme de Prie écrit (*Rich.*, V, 128) : « Tout est rentré dans l'ordre. Je suis plus en repos. »

Si Hérault, la Police, lui restaient, elle avait des chances. Par le procès de Des Chauffours, elle eût terrorisé Versailles, mignons, évêques, etc. Mais Hérault la trahit. Il reçut le mot d'ordre d'en haut, agit contre elle, il lui prit son Voltaire. Admirable prison de grâce et de vengeance, la Bastille à la fois reçut et la Tencin que l'on voulait sauver, et Voltaire qu'on voulait frapper. Au bout de quelques jours, on le mit hors de France (mai 1726).

La De Prie enfonçait. Malade, horriblement maigrie, elle-même avait donné une maîtresse à Monsieur le Duc. Fleury en profitait. Il disait doucement à celui-ci « qu'on pouvait s'arranger si Mme de Prie et Duverney allaient à la campagne ». Mot grave. Monsieur le Duc y sentait un mot du roi même, haineux, craintif aussi, n'osant la regarder (*Rich.*, V, 119).

On écarta cette tête de Méduse, le rude Duverney et leur dangereux satirique. Dès lors, tout est aisé; on peut étouffer Des Chauffours.

Hérault, avec deux ou trois juges, croque l'affaire à la Bastille. Nul mot des hauts coupables, sauf un Tavannes, simplement exilé. Des deux jolis évêques de Laon et de Beauvais, l'un fait retraite au séminaire, l'autre en famille avec les novices des Jésuites. Pour les deux cents coupables, un seul, Des

Chauffours, doit payer. Le Châtelet, sur ce procès qu'il n'a pas fait, va le juger. Il y est conduit (25 mai), le 26 au matin sur la sellette pour ouïr son arrêt. — Étonnante précipitation, exécuté le soir! On paya son silence. Avant de le brûler, on eut l'humanité de l'étrangler d'abord.

On dira que l'ânier en mars, que Desfontaines en mai, les favoris en juin, et Des Chauffours enfin (mai 1726) sont des faits sans rapport?... Mais alors pourquoi cette précipitation pour escamoter Des Chauffours, l'étrangler sans qu'il ait le temps, le moyen de parler?

Tout est fini. Versailles est rassuré. Plus de ménagement pour la De Prie, pour Duverney. Les créatures de celui-ci, ses ministres, font sans lui les plus graves opérations de finances. Il l'apprend, il écrit à Mme de Prie qu'il faut revenir ou périr. Chose assez curieuse, Fleury lui-même par des amis engage la dame à revenir. Vrai moyen de la perdre, de vaincre l'hésitation du roi. Son horreur (ou sa peur) de Mme de Prie, s'il se retrouvait devant elle, devaient abréger tout et le décider à agir.

Elle arrive comme un ouragan; d'autre part Duverney revient et parle en maître. Le roi est interdit. Fleury, n'en tirant rien, tombe aux pieds de Monsieur le Duc, le conjure de rester en chassant Mme de Prie (*Rich.*, V, 141). Impossible. Elle pèse, et malgré tous reste à Versailles. Le roi alors, timidement, en caressant Monsieur le Duc, se sauve à Rambouillet (chez d'Épernon et la maman Toulouse), mais décochant derrière le trait mortel, un mot qui met le Duc à Chantilly (11 juin 1726).

Le 12 juin, au matin, les vainqueurs travaillent ensemble, Fleury et Maurepas (*Rich.*, IV, 135), le cardinal d'accord avec les camarades, la garde-robe avec la sacristie, les nouveaux rois, la Cour, l'Église.

Ajoutons-y la Banque. Fleury en était assuré. Le redoutable corps des vieux maltôtiers du grand Roi, et la recrue nouvelle des agioteurs du Régent, voyaient avec indignation un des leurs, un financier même, Duverney éclairer les comptes, trahir les mystères de finances. Ils traitent avec Fleury. Plus de Régie ; partout les Fermiers généraux. Fleury leur laisse l'*arriéré*. Petit mot! grande chose! ils empochent cinquante-six millions.

Pour brusquer ce traité, il était nécessaire que personne n'éclairât Fleury, que Duverney ne pût lui écrire une ligne, que le vieil ignorant sans s'en douter fondât les hautes dynasties financières qui ont mangé la France un demi-siècle. Duverney est mis au cachot. On le tient dix-huit mois scellé dans la Bastille. Cent commis sont chargés d'éplucher son Visa. Et l'on ne trouve rien. Un absurde procès contre lui et Barême ne produit encore rien. On voit, non sans surprise, que sa fortune est peu de chose.

Cependant Mme de Prie, Monsieur le Duc, étaient persécutés avec ces petits soins de haine dont les prêtres ont seuls le secret. A ce Condé, à ce chasseur, l'homme de la forêt, on interdit la chasse.

Il tombe dans un tel désespoir qu'il a la platitude de demander grâce à Fleury par Gesvres, un des amis du roi qui l'ont chassé. Son néant apparut. Son âme était partie avec M^mo de Prie.

Celle-ci dut vivre à Courbépine, dans l'ennui d'un désert normand. Elle avait étalé d'abord un admirable stoïcisme. Au fond, elle se mangeait le cœur, et ne pouvait pas le cacher.

Jamais lion ni tigre en sa cage ne s'agita tellement. Elle enrageait et faisait des chansons. Elle espérait mourir, et, dans les derniers temps, elle avait essayé de se tuer par un furieux libertinage. En vain. Elle n'y avait perdu que sa santé, sa fraîcheur, sa beauté. *In extremis* elle gardait encore dans son désert un amant, une amie. Celle-ci, très maligne, très corrompue, vraie chatte, était M^mo Du Deffand, et, parmi les caresses, les deux amies se griffaient tout le jour. L'amant, jeune homme de mérite, s'obstinait à l'aimer, toute méchante qu'elle fût. Elle avait séché sans retour, et sa dernière punition était que par l'amour elle ne pût reprendre à la vie. L'orgueil la dévorait. Elle ne voulait plus rien que mourir à la Romaine, à la Pétrone. Trois jours avant, elle jouait encore la comédie, apprit et débita trois cents vers. Elle donna au jeune homme un diamant (pas trop cher, pour ne montrer nul attendrissement, nulle faiblesse de cœur). Elle lui dit : « Va-t'en à Rouen pour affaire. Ne me vois pas mourir. » Lui parti, pour farce dernière, elle fit venir son curé, bouffonna la confession, puis but un poison violent. Elle eut pourtant, dit-on, beaucoup de peine à mourir, souffrit cruellement, se tordit.

Un faux ami, le duc de Bouillon (beau-père de La Trémouille qu'elle avait chassé de Versailles), vint juste à point. Heureuse occasion de faire sa cour à Fleury, au clergé. Il décrivit comment était morte la réprouvée, dans quelle torture d'enfer, avec des cris qu'on entendait au loin. Histoire invariable qu'on avait déjà faite pour la duchesse de Berry.

Quelque sévérité que doive l'histoire à ce tyran femelle, c'est un devoir pourtant d'avouer la vigueur qu'elle mit à soutenir Duverney, ses tentatives hardies. Ce rude gouvernement, tout violent et cynique qu'il fût, eut des instincts de vie que l'on put regretter dans la torpeur mortelle de l'asphyxie qui suit, sous la pesante robe qui couvrait nos vampires, Jésuites et Fermiers généraux.

La De Prie valait mieux. Dans ses vices odieux, elle imposait pourtant. Impure et furieuse, chose bizarre, on l'aima jusqu'au bout. Un des meilleurs hommes de France, Argenson, jeune alors, avoue qu'il en fut fasciné. C'était un serviteur zélé des Orléans, donc opposé à la De Prie. Esprit libre, utopiste, membre de l'*Entre-sol*, le club de l'abbé de Saint-Pierre, rêveur non moins que lui, amoureux de la France, des libertés de l'avenir, il était en tout sens loin de cette femme. Il se tenait fort en arrière, craignait son propre cœur, se défiait de la tragique fée. Un matin, celle-ci, lui donnant audience, l'admet à l'italienne au lieu mystérieux de sa toilette intime, comme un amant ou un ami. Elle penchait alors vers sa chute, elle était au plus fort de sa lutte désespérée. Maigrie déjà, pâlie d'un feu morbide, elle était belle encore, belle de son audace, de sa crise, de la mort prochaine. D'Argenson fut touché. Un autre eût profité. Il tomba à genoux... Et la philosophie fit hommage à Satan. Le siècle, trouble encore, en cet ange du mal saluait cependant comme un génie d'orage, la volcanique écume où souvent la Nature prélude à ses enfantements.

Argenson veut en rire, ne peut. Il veut être léger, ne peut[1]. On voit par ses aveux à quel point un baiser (et sans autre faveur) le lia, le retint. Il ne la quitta pas dans sa métamorphose (où elle devenait un cadavre). Il en garde pitié ; il la conseille. En vain. Et maudite de tous, pour lui elle est encore : « La pauvre Mme de Prie. »

---

[1]. Ce combat de deux sentiments est curieux à observer dans les deux éditions de 1858 et 1860. La scène est sabbatique, obscène. Et cependant comment la supprimer ? Le vénérable M. d'Argenson, si ferme, si honnête, dans l'édition qu'il a faite des *Mémoires* de son grand-oncle, n'a pas eu cette vaine pudeur qui fausse toute idée de l'époque. (*Édition Jannet*, I, 205.)

CHAPITRE III

Esprit guerrier et provocation du clergé. — France, Pologne, Espagne.
(1726-1727.)

Le clergé avait reconquis au dix-huitième siècle ce qu'il eut par deux fois au dix-septième, *la royauté du prêtre*.

Un cardinal régnait, et avec moins d'obstacles que Richelieu ou Mazarin. Le plus facile des maîtres, un enfant. Point de Fronde. Un peuple las, courbé, aspirant au repos.

Le paresseux Fleury et les fins du clergé ne voulaient qu'engourdir, mettre à tout la sourdine, éteindre le jour et le bruit. Mais la grande masse cléricale en France et en Europe, un grand monde imbécile, en se voyant si fort, méprisait l'art trop lent des doux étouffements, voulait le fer, le feu, contre leurs ennemis.

Derrière ce vain drapeau, la Bulle, qu'on mettait en avant, ils avaient deux idées fort sérieuses qui les travaillaient : 1° ils avaient vu par Law et Duverney que, sous forme de vente ou d'impôt (n'importe comment), on en viendrait aux biens d'Église ; 2° ils voyaient le respect perdu, la société attentive aux scandales ecclésiastiques. En Italie, où l'on en rit, la facilité générale permet et couvre tout. En Espagne, respect profond. L'Espagne restait l'idéal. En ce grand royaume dépeuplé, dans ses villes isolées (chacune entourée d'un désert), on pouvait fort commodément imposer, contenir les langues et les esprits, brûler ici trois juifs, quatre maures, deux sorcières. Le peuple, édifié de ces lugubres scènes, gardait la crainte du Seigneur.

Tout autre était la France, et ce n'était pas sans danger que les ambitieux (un Tencin, un Tressan, qui visaient le chapeau) poussaient aux moyens de Terreur. On a vu que Tressan, l'aumônier du Régent, avait écrit, dressé le grand Code de la Dragonnade, le recueil des deux cents ou trois cents ordonnances contre les Protestants. Monsieur le Duc subit ce Code (14 mai 1724), à l'étourdie, sans voir deux terribles articles qu'on y avait glissés (Voy. Lemontey, Rulhière, Malesherbes).

Tout nouveau converti, sur un mot du curé, est déclaré *relaps; donc il peut être mis à mort*, ses biens vendus, ses enfants ruinés. Qui peut dire la peur des familles, de la mère, de l'épouse, et leur craintive dépendance, le père étant sous le couteau ! Article atroce. Mais la suite est immonde. *Le curé entre seul* dans les maisons (non plus accompagné, comme l'ordonnait Louis XIV) ; il les visite sans témoins, et prend les personnes une à une, négociant en maître, et faisant son marché avec une femme tremblante qui croit voir son mari perdu!

Des deux articles, l'un (si meurtrier) épouvanta. Monsieur le Duc défendit d'y avoir égard. L'autre, honteux, subsista six années (1730). Nombre de familles s'enfuirent, contèrent partout ces muettes horreurs, parfaitement étouffées ici. Tout le Nord s'indigna, et d'autant plus qu'alors, au bout opposé de l'Europe, la voix du sang criait en Pologne contre le clergé.

La mort de dix personnes exécutées à Thorn fit un éclat immense et de conséquence infinie.

Dix têtes! qu'est-ce cela près des Saint-Barthélemy, ou des tueries du duc d'Albe ou des égorgements de la Guerre de Trente-Ans! Eh bien, un fait terrible et inouï eut lieu. Ces dix têtes jamais ne purent être enterrées. Elles restèrent cent ans sur la terre, et elles ont changé le monde. D'elles vint l'affreux malentendu qui tua la Pologne et (malheur exécrable) exhaussa la Russie[1]!

Les Polonais avaient sous leur protection une

1. Jamais erreur ou crime judiciaire n'a eu une telle punition. La France, hélas! roua Calas et le chevalier de La Barre, en plein dix-huitième siècle. Qui n'a péché? Quelle nation n'a eu à déplorer quelque odieux arrêt de ses juges? Par un sort singulier, seule la Pologne fut punie. — L'excellente *Histoire de Pologne*, par Ladislas Mickiewicz (1865), expose très bien cette affaire. J'avais de plus sous les yeux une relation polonaise que M. Jean Mickiewicz a bien voulu me traduire (*Récits historiques*. Posen, 1843; Sprawa Torunska).] Enfin la relation prussienne, très claire et très impartiale de Jablonski, *Thorn affligée*, 1726. Ces documents catholiques et protestants concordent pour tout l'essentiel. Le précieux petit livre, *Thorn affligée*, existe ici dans la Bibliothèque polonaise de Paris (île Saint-Louis). Vénérable bibliothèque, où tant de choses perdues en Pologne se retrouvent encore.

ville marchande, celle de Thorn. Ville, certes, non méprisable : c'est la ville du fameux traité qui fit les libertés du Nord, c'est la ville de Copernic. Les gens de Thorn, quand ils s'affranchirent des moines militaires, et se réfugièrent sous les lances de la Pologne, obtinrent du noble peuple un privilège très grand : de vendre sans payer de droit dans toute l'étendue du royaume. Ce peuple, généreux, d'admirable hospitalité, recevant tous les exilés, était le seul qui eût écrit la tolérance dans ses lois (*Pacta conventa*). Tout son sénat alors (moins un membre) était protestant. Les choses terriblement changèrent, lorsqu'au dix-septième siècle les Suédois protestants envahirent trois fois la Pologne. Blessée en son orgueil, elle fut presque entière catholique. Très difficilement les Jésuites s'y étaient introduits, mais ils y réussirent. Ils tentèrent les familles par les humanités, l'éducation française, et peu à peu ils eurent les enfants des seigneurs. Les belles Polonaises se prirent fort au roman dévot. Hardies, chimériques et charmantes, comme elles sont, elles emportèrent tout. La galante Pologne mit la femme sur son drapeau. La Vierge volait aux batailles en tête de sa cavalerie. Cependant les villes marchandes, allemandes de fonds, Thorn, Dantzig, etc., n'eurent rien de ces folies, restèrent fort protestantes, et fort suspectes d'aimer l'étranger protestant. Les Jésuites parurent faire une œuvre polonaise en s'y introduisant, — rien d'abord qu'un petit Jésuite pour aider tel curé, puis deux, puis une école, un collège, pour élever de jeunes nobles. Ceux-ci, fiers jeunes gens, escrimeurs, querelleurs, se moquant des marchands de Thorn, paradaient l'épée au côté. Minorité minime, ils trouvaient beau de faire procession avec leur Vierge, de tenir le pavé contre un grand peuple luthérien. Tout ce que firent les jeunes protestants, ce fut d'enfoncer leur chapeau. On les leur jette à terre (juillet 1724). Les Jésuites ont ce qu'ils voulaient. Le magistrat ayant arrêté un provocateur, ils osent en faire autant, comme s'ils eussent été magistrats. Plus, la bande guerrière des écoliers armés tombe sur les gens qui regardaient. Des hommes forts se trouvaient dans le peuple, un charpentier, un maçon, un boucher. Ils forcent le collège, enfoncent et cassent tout, tables et bancs, deux autels. La Vierge querelleuse, qui a fait la bataille, est traînée, punie, mise au feu.

Mais cette Vierge, c'est le drapeau de Pologne ! Outrage national !... Les Jésuites à cela ajoutent un argument terrible : que si Louis XIV a bombardé, écrasé Gênes pour avoir outragé Sa Majesté humaine, à plus forte raison la Majesté divine outragée doit écraser Thorn. Elle exige la mort des coupables, des magistrats même.

Cela fit impression. Cependant le haut tribunal trouvait que la mort, c'était trop. On dit à plusieurs membres qu'ils n'avaient rien à craindre, qu'on ne pouvait faire la chose *qu'autant que les Jésuites jureraient*, ce que des religieux ne peuvent en affaire criminelle. Invité à jurer, le Jésuite recteur s'excusa, par ce mot du droit canonique : « L'Église n'a soif de sang. » Mais il fit signe à un frère de son ordre, qui n'était pas profès encore, de se mettre à genoux et de jurer pour lui. Autre illégalité : on paya six coquins, *non bourgeois de la ville*, qui jurèrent tout ce qu'on voulut.

Le roi pouvait faire grâce. Mais ce roi toujours gris (c'était Auguste l'Allemand) n'osa faire grâce aux Allemands, grâce d'une insulte faite au drapeau polonais. Il en sauva un seul, et but un coup de plus. Donc les Jésuites purent agir à leur aise. La mort leur parut peu. Ils tinrent longtemps la proie entre leurs griffes, les lancinant jusque sur l'échafaud d'instances et de chicanes pour les faire mourir catholiques (décembre 1724).

Avant l'exécution, la Prusse était intervenue, avait menacé même, fait approcher des troupes. Imprudence qui hâta les choses. On rit de cette petite Prusse, de son roi, *le grand grenadier*. On rit de la petite Suède, épuisée, alors un néant. Cependant la grosse Angleterre prit aussi la parole, et le Hanovre, et le Danemarck, et la Hollande, et la France même (du duc de Bourbon). Tout cela grave, immense, mais lent, sans action. Que fût-il advenu si les protestants de Dantzig et de toutes les villes avaient aussi versé le sang ? Rien de tel n'arriva, et la chose resta tout entière. Pour le malheur de la Pologne, les Jésuites eurent le dernier mot.

La parfaite ignorance de ce parti téméraire le lançait dans les aventures. Trois mois après l'affaire de

Thorn, il menace, il provoque l'Angleterre et la France, renouvelle à Madrid le plan d'Alberoni, — mais plus fou, croyant cette fois se servir de son ennemi, s'armer de l'épée de l'Autriche (avril 1725)! Cela décida l'union de tout le monde protestant (*Alliance de Hanovre*, septembre).

J'ai dit le bizarre intérieur de la cour de Madrid, le roi, un demi-fou, et les furies de la Farnèse. Nul plus honteux spectacle. C'est à la médecine beaucoup plus qu'à l'histoire qu'il appartient de l'expliquer. Le roi, de faible esprit, qui eût dû être ménagé, était sous la main de deux femmes criardes, insolentes, grossières (comme les basses classes d'Italie), — l'*assafeta* (femme de chambre) qui régnait, menait tout, — et la reine, non moins ignorante, violente, emportée, sans scrupules. Pour aller à leurs fins, faire obéir le roi, elles tendaient horriblement la corde par les excès de vin, les épices, et le reste. Elles usèrent sans mesure de cela. Et la reine eut trois règnes. Après celui de femme, de grossesses, de fécondité, elle le tint par les hontes secrètes (dont plaisantait Alberoni); et, en dernier lieu, quand il fut tombé à l'état animal, ne changeant plus de linge, velu, avec des griffes, d'autant plus aisément elle eut un règne de geôlier.

Et tout cela devant les confesseurs. La reine en avait un qui faisait ses affaires et écrivait pour elle, digne d'elle (on en a des lettres. Voy. *Montgon*), un sot, frère coupe-choux, qui écrivait comme un portier. Celui du roi, tout autre, Espagnol, le Père Bermudez, dur et profond Jésuite qui ne désirait rien que l'extermination des jansénistes, brûlait de le voir à Versailles. Autant la reine poussait vers l'Italie, autant le roi aimait, regrettait, désirait la France, pour la France elle-même, non pour la royauté.

Le Retiro, l'Escurial, Saint-Ildephonse, étaient les vrais châteaux des songes. Du plus haut au plus bas, tous rêvaient et politiquaient. Les confesseurs aux entresols, les grands, les majordomes, les valets dans les antichambres, sans cesse refaisaient la croisade et renouvelaient l'Armada. Les cuisiniers marmitonnaient l'Europe. Lieu admirable aux intrigants, aux charlatans dévots. Un aventurier, Riperda, Hispano-Hollandais, qui pour les affaires de commerce avait stylé Alberoni, vient un matin, est touché de la Grâce et se fait catholique. Même farce de l'abbé Montgon qui vient exprès de France pour admirer de près la sainteté du roi, et, s'il le faut, se faire moine avec lui.

On savait que Philippe voulait alors passer en France (janvier 1724). Voyant le Régent mort, l'enfant très chancelant, il faisait ses paquets. La reine avait baissé. Bermudez l'emportait. On faisait faire au roi une chose extraordinaire, quitter le trône sur l'espoir d'en avoir un autre. Il croyait rassurer l'Europe par un semblant d'abdication, gouverner par son fils. Il avait ramassé une bonne somme pour le voyage et se tenait le pied dans l'étrier. Tout manqua. Le jeune roi d'Espagne mourut. Son père fut condamné à reprendre le trône.

Dans leur courte retraite, le roi, la reine avaient fort écouté le hâbleur Riperda, nouvel Alberoni, qui mena la reine d'Espagne comme l'ancien Alberoni menait alors à Rome la reine d'Angleterre, femme du Prétendant. Leur plan était le même, toujours le vieux roman jésuite, ramener le Stuart, catholiciser l'Angleterre, et par elle le reste du monde. Coup manqué tant de fois. Mais tout parut possible dans l'aveugle fureur où les jeta le renvoi de l'infante (avril 1725). Se venger de la France, frapper l'Anglais, changer la face de l'Europe ! tout fut aisé. Comment ? Riperda s'en chargeait. « Il soldait l'Empereur, vieil ennemi, mais nécessiteux ; il lançait sur la France son invincible prince Eugène, pendant que la flotte espagnole, aidée des vaisseaux russes, menaçait l'Angleterre. Georges, serré de près, effrayé, ne pouvait guère manquer de rendre Gibraltar. Faiblesse impopulaire, qui irritait son peuple, et lui coûtait le trône. Le Prétendant rentrait sans coup férir [1].

« Un mariage unissait à jamais les deux grands princes catholiques, l'Espagnol, l'Autrichien. Celui-ci n'ayant qu'une fille pour héritière, il la donnait à Don Carlos, pour dot l'empire d'Autriche et même (on peut gager) l'*Empire*. »

---

1. Comme pour augmenter à plaisir les difficultés, ils arborent le drapeau jésuite. Le Prétendant avait eu le bon sens, pour tranquilliser les Anglais, d'avoir un conseil protestant. De Madrid et de Vienne, on le gronda. Sa femme, ardente Polonaise, que dirigeait Alberoni, fit comme la Farnèse ; elle le prit par l'alcôve et le lit, se mit dans un couvent, jusqu'à ce qu'il quittât ses protestants, montrant bien que l'affaire serait toute religieuse, la conversion forcée de l'Angleterre. Par là il se brisait lui-même. Il blessait sans retour tous les protestants jacobites (Lord Mahon).

L'Empereur fut bien étonné de la proposition. Mais comme Riperda arrivait les mains pleines, et prêt à jeter les ducats, on fit bonne contenance. On lui donna espoir. Caché trois mois dans Vienne, il achetait les ministres un à un. Et l'Empereur aussi recevait. Seulement il trouvait le traité un peu dur. « Tout était pour l'Espagne. » Riperda insistait en faisant espérer qu'on suivrait le grand plan d'Eugène : le démembrement de la France (*Coxe*, ch. XXXVII), qui donnait à l'Autriche la Bourgogne et tout l'Est, ce qu'avait eu Charles-le-Téméraire.

A Vienne, comme à Rome, à Madrid, la femme dominait. L'Empereur Charles VI dépendait de sa belle épouse. Elle avait horreur de l'Espagne, et encore plus sa jeune fille qui voulait un fils de Lorraine. Il venait de faire celle-ci son héritière par un acte fort irrégulier (Pragmatique) pour lequel il mendiait l'appui de chaque puissance. Il avait besoin de l'Europe pour cette succession illégale, donc était fort loin de la guerre (*Villars*, 329) et n'écoutait l'Espagne que pour lui tirer ses ducats.

Mais il faut des ducats. Riperda n'en a plus. La comédie finit. Il tombe honteusement. « La reine ouvre les yeux sans doute ? » Point. Elle extravague encore plus. « L'Espagne à elle seule suffit contre l'Europe. Si seulement la France n'agit pas, nous l'emporterons. » Heureusement Monsieur le Duc n'est plus, Fleury est maître. De Madrid on envoie l'équivoque abbé Montgon. La reine (sans égard aux volontés du roi) veut qu'à tout prix Montgon gagne Fleury, se confie à Fleury, lui livre tout, s'il faut, pour obtenir de lui trois mois d'inaction, le temps d'emporter Gibraltar. Car, Gibraltar pris, Georges tombe et le Stuart succède (dans sa folle imagination!).

Ce qui est merveilleux, c'est que ce roman ridicule, présenté à un homme aussi froid que Fleury, ne fut point du tout rejeté[1]. Il n'eût osé. Ses maîtres, les chefs ultramontains, tenaient trop fortement à la chimère du Prétendant. Il accorda ce que voulait la reine. Le ministre eût dit : Non ; mais le prêtre dit : Oui. Tout en doutant que l'affaire fût aisée, il accorda du temps. A regret, il dit à Montgon : « Seulement, je vous prie, dites au confesseur de la reine l'embarras où je suis. Nos préparatifs peuvent bien sauver les apparences. Mais tout ce jeu ne peut durer longtemps. »

Les vieux militaires espagnols déclaraient le siège impossible si l'on n'avait la mer, que l'Angleterre tenait par trois énormes flottes. L'Autriche le blâmait, et loin d'aider l'Espagne, elle travaillait contre elle en Italie. Les agents jacobites qui de Rome allèrent

---

1. Personne n'a eu la patience de lire les cinq volumes de Montgon. Il est très instructif pour qui sait le comprendre. Il montre : 1° l'opposition du roi et de la reine. Le roi l'envoie pour qu'il réveille ses partisans, rallie Monsieur le Duc, etc. La reine l'envoie pour obtenir à tout prix de Fleury le temps de prendre Gibraltar ; pour cela il faut que l'abbé achète la confiance de Fleury, même en lui rapportant tout ce que dit Monsieur le Duc. Le pauvre Montgon n'eût jamais osé une telle trahison qui ne lui profitait en rien sans l'ordre de la reine d'Espagne, à qui elle profitait visiblement. — 2° Montgon révèle ce fait curieux que Fleury n'osait refuser à la reine d'Espagne, au grand parti jésuite, le temps de prendre Gibraltar, et même de soulever l'Écosse, de lancer le Prétendant. Il louvoyait, trompait alors Walpole. Il était *prêtre*, et pas encore *Anglais*.

en Écosse pour tâter le terrain, trouvèrent tout impossible. L'évidence était telle que le pauvre roi même demandait à la reine pourquoi elle exigeait cette vaine effusion de sang. Il en avait horreur, horreur des intrigants qui, pour remplacer Riperda, la servaient dans sa furie folle. Il refusait tout travail avec eux. Alors elle le persécuta. Elle lui supprima la consolation religieuse, en lui chassant son confesseur. Elle lui supprima ce qui était sa vie, le rapport conjugal. Torture bizarre. Par les poisons d'amour, elle le mettait hors de lui, refusait. L'effet en fut terrible et imprévu. Il devint très lucide, accablant de raison. Il dit ce que dira l'histoire, qu'elle était l'assassin du roi, du peuple. Et il la châtia rudement. Épouvantée de lui voir le bon sens revenu, elle pleura, pria. La nature, l'habitude lui rendirent l'ascendant. Mais il la connaissait et il la méprisait. Lorsque très lâchement elle faisait semblant d'aimer le fils du premier lit : « Oh ! la fausse, la fausse Italienne ! » dit-il avec un rire amer.

L'échec de Gibraltar, l'abandon de l'Empereur (31 mai) ne la corrigeaient pas. Par la mort du roi Georges, elle espérait encore que tout pourrait changer, s'obstinait à rester armée, usant l'Espagne jusqu'aux os. Le roi s'en mourait de remords et voulait abdiquer, ce qui eût renversé la reine avec ses Italiens, rendu l'Espagne aux Espagnols. Rien de plus sage. Mais la reine y pourvut. Elle changea les clefs et les serrures, le tint sous les verrous. Dans quel état réel était-il ? qui l'a su jamais ? Enfermé et gardé, il protestait pourtant de la seule façon qu'il pouvait, ne faisant plus sa barbe, n'entendant plus la messe. La reine en était inquiète. Elle fit là dévote et la bonne Espagnole, jusqu'à prendre la robe franciscaine, la robe des Mendiants. Cela dura huit mois au moins, en 1728.

Un jour enfin, sachant que Louis XV était relevé de maladie et notre reine enceinte, il se fit scrupule de son deuil, lorsque la France était en joie, et comme bon Français, comme parent désintéressé, il se leva, se fit la barbe, se montra gai et doux. La reine désirait ardemment qu'un nouvel enfant prouvât leur union et le fit croire libre. Elle y réussit en effet (17 mars 1729), elle conçut, et comme elle avait fait un vœu à saint Antoine si cela arrivait, elle nomma sa progéniture Antoinette.

Tout s'était arrangé par les intérêts domestiques qui seuls touchaient les rois.

L'Empereur, bon père de famille et docile à sa femme, ajourna ses plans de commerce qui irritaient l'Anglais, et il eut ce qu'il voulait pour sa fille, la garantie qu'elle serait son héritière au mépris des droits électifs de tant de peuples et des lois de l'Empire (31 mai 1727).

Georges II n'est pas moins mené, fort doucement, par sa Caroline, fine, patiente, qui pour favorite a pris la maîtresse de Georges. Pour bien consolider la maison de Hanovre, elle lui fait garder le ministère Walpole, qui répond de la France, et de la mécanique qui fait voter le Parlement (juin 1727).

Pour la reine d'Espagne, d'avance elle est domptée par la famille. Walpole la corrompt par Carlos, l'enfant futur roi d'Italie. Ne pouvant conquérir, convertir l'Angleterre, elle subit l'amitié hérétique qui la conduit à ce but désiré (9 novembre 1729).

Toute cette basse politique de famille et de femme, de nourrices et de nourrissons, d'arrangements domestiques, intérieurs, était au fond fort claire, nécessaire et fatale. Œuvre de pure nature, non de diplomatie. Par une dérision singulière de la fortune, le plus oisif de tous, Fleury, parut le centre de l'action européenne, l'arbitre et l'auteur de la paix.

Walpole y fit beaucoup. Il avait intérêt à rendre Fleury important. Son frère, le jeune Horace Walpole, lorsque Fleury se retire à Issy, va le voir, reste son ami. Georges II arrivant, les Walpole usent de Fleury, le font parler pour eux, disent au nouveau roi : « Par Fleury nous tenons la France. »

L'Empereur ne cédant qu'à son intérêt domestique, parut condescendre à Fleury, à son envoyé Richelieu, au pape, à la médiation de Rome et de Fleury.

Nous avons vu que ce faux politique, un prêtre au fond, louvoya au moment où la prêtraille jacobite croyait entamer l'Angleterre. Il donna le délai que l'Espagne voulait pour la vaine entreprise qui hasardait la paix du monde. Elle se fit pourtant, se refit, cette paix. Fleury en eut la gloire, triompha d'une affaire que tous avaient voulue et qui s'arrangeait d'elle-même.

L'histoire trop aisément accepte ce triomphe. Il

faut en croire plutôt son bon ami Horace Walpole, selon lequel il fut ignorant, incapable aux affaires de l'Europe. Pour celles de la France, non seulement il les ignorait, mais ne voulait pas les apprendre, éloignant avec soin tous ceux qui avaient eu part aux affaires. Torcy, Noailles lui auraient dit les choses, Saint-Simon les personnes. Les gens des deux Visa, Fagon, Rouillé, Barême, lui eussent éclairé le monde de finance auquel il se fia si sottement. Du personnel diplomatique il écarta les gens habiles et fins de la Régence, mit des sots à la place, des prélats imbéciles qui ne savaient rien que la Bulle. Villars dit et répète qu'on se moquait de nous.

« D'où vient, dit Louis XV à la mort de Fleury, qu'il n'y a plus d'hommes en France ? » En tous les rangs marquants Fleury avait fait le désert.

CHAPITRE IV

Chute du siècle. — Impuissance des jansénistes et des protestants.
(1727-1729).

« Les villages fondent partout et viennent à rien... On abandonne les campagnes pour se retirer dans les villes. » (*Argenson*, sept. 1732; I, 145, édit. 1859.)

Mot d'un mécontent, d'un frondeur, dira-t-on. Villars, un de nos gouvernants, et membre du Conseil, dit justement la même chose (p. 359, édit. 1839).

Que veut dire ici Sismondi en affirmant sans preuves : que le travail reprit, que, par la mortalité même, le travailleur plus rare fut mieux payé, etc. ? Pure hypothèse. Pas un fait à l'appui dans les écrits contemporains.

Pour les campagnes, c'est absolument faux. Pour les villes, peu exact encore. Les ouvriers de luxe, qui sont toujours un petit nombre, travaillèrent pour les enrichis, décorèrent dans un goût charmant les splendides hôtels des Fermiers généraux.

Hors de là, nul appel à la production. Les cinq cent mille familles qui à Paris ont subi le Visa, l'autre demi-million qui en province eut même ruine, tous ces gens ruinés ont-ils pu réparer si vite pour encourager l'industrie? Et le gouvernement agit bien moins encore. La France sous Fleury offre ce spectacle curieux d'un grand État inerte, qui, loin d'édifier, n'achève rien, ne répare plus, ne met plus une pierre à la muraille ruinée, pas une planche aux vaisseaux de guerre : nul souvenir des ports, arsenaux, citadelles. Nul travail. Un vaste silence.

Une chose peut tromper, c'est que les villes, énormément grossies sous le *Système*, loin de diminuer, continuent d'engouffrer la foule. Et pourquoi s'y réfugie-t-on? Le village est inhabitable. La ville, un abîme inconnu, est (vue de loin) une loterie ; là peut-être on aura des chances, tout au moins la misère plus libre ; l'atome inaperçu se perdra dans la mer humaine.

Fleury, fort judicieusement, avait mis les finances aux mains d'un ignorant dévot. Son contrôleur Desforts (qui même ne savait pas compter, comme le montra sa loterie de 1729), fit un traité de dupe avec les Receveurs et Fermiers généraux. Il ne savait pas que (par l'ordre qu'établit Duverney) la Ferme valait deux fois plus ; il fut ravi d'une légère augmentation. Il contentait Fleury par des économies de deux, de trois cents livres, et il lâcha la France aux Fermiers généraux pour y fourrager par millions.

Ce que Louis XIV, en guerre contre l'Europe, était obligé de souffrir, on le vit en pleine paix pendant le dix-huitième siècle. La Ferme continua d'avoir sur le pays une armée de commis, d'huissiers, de recors et d'archers.

Avec leur bail fort court, de cinq années, un ministre un peu ferme eût pu fort aisément les tenir dépendants. Avec la Cour des Aides qui jugeait en dernier ressort, il pouvait faire poursuivre et punir les abus, faire constamment sentir aux Fermiers la main de l'État. Mais rien de tout cela. Ce *doux* gouvernement laissa aller les choses. Chaque perception fut une guerre, la guerre au Sel, la guerre au Vin, etc. Les acheteurs du Sel sont comptés et forcés, marqués à sept livres chacun (sans les salaisons, douze en tout). Qui n'achète, à l'amende! Qui ne paye, aux galères!

Des provinces soumises à la Ferme la contagion fiscale gagnait les provinces voisines (Boisg., *Détail*). Des pauvres insolvables la pauvreté gagnait les gens aisés qui payaient à leur place et devenaient pauvres à leur tour. Cette cruelle solidarité fit fuir les champs, courir aux villes. Paris devint un monstre. On disait (au hasard) qu'il contenait huit cent, douze cent, quinze cent mille âmes! Tristes âmes vivant pauvrement, plutôt mourant de faim. Paris, serré par la défense insensée qu'on fit de bâtir au dehors, vomissait le trop-plein dans un camp misérable, un Paris de toile et de planches, de pisé et de boue qui couvrait la banlieue. La ville, cependant, étranglée, croissait en hauteur. A cinq, six, sept et huit étages, montaient les combles et les mansardes, mal fermés au vent, à la pluie. Celle-ci, distillant le long des murs verdâtres, de plomb en plomb, par les carrés fétides, faisait des noirs étages inférieurs de véritables puits. Qui dira l'horreur des soupentes où l'on couchait les apprentis? La boutique, antre humide où tout suintait, présentait au comptoir, fixée et sédentaire, la femme pâle des tableaux de Chardin, dans sa robe de toile, le dos contre ce mur mouillé. Faible, très faible nourriture. Deux choses ont serré sa ceinture, l'octroi croissant et la rente réduite. Petits marchands, petits bourgeois, à force de sobriété, ils avaient un peu épargné. Et c'est sur cette épargne que les Ordonnances ont frappé. C'est de Fleury qu'ils ont le coup de grâce. En réduisant certains impôts qui ne rapportaient guère, il achève, il assomme le rentier (c'est-à-dire Paris).

La misère morale n'est pas moindre. Le grand roi éblouit. Le régent amusa, leurra de vain espoir. Ici ni espoir ni pensée. Un gouvernement plat, triste, ennuyeux, où le jour vide et long dit : Rien, — et le jour suivant : Rien, — aussi monotone que la pluie dans la maussade petite cour. Qu'en cet ennui, ce vide et cette mort, une étincelle ait lui, — qu'en cet entr'acte misérable où tout est suspendu, où la pensée du siècle n'apparaît pas encore, — il y ait eu un mouvement, ce fut à coup sûr un bienfait. Il serait dur, injuste, de le méconnaître et le mépriser.

Il faut noter d'abord d'après les dates une chose

trop peu remarquée. La fièvre de superstition qui gâta bientôt tout cela n'en est pas le point de départ. Ce fut un mouvement de justice, de raison indignée, de conscience, une réaction de liberté, qui donna le premier élan.

La persécution commença (1727), l'indignation suivit. Au fanatisme faux elle en opposa un sincère (1728) qui s'exaltant devint délire, folie (1729), et plus tard folie dépravée.

Ce pauvre peuple ne bougeait pas du tout. Personne n'avait envie de guerre. Mais les ultramontains avaient intérêt à la faire, à exploiter leur rare avantage (un cardinal-roi). Du plus haut au plus bas, ils avaient le gouvernement, les moyens de la tyrannie. Elle s'organisa par trois hommes sans foi et sans opinion. — Hérault, le lieutenant de police, leur fit un livre universel qui comprit la population, nota chacun, et le mit à sa classe, ou *bon*, ou *neutre*, ou *appelant*. Les neutres mêmes étaient suspects. — Les *appelants*, livrés à la Justice, la trouvèrent âpre, active, dans Chauvelin, nouveau garde des sceaux, homme de grande portée, mais très faux, au fond parlementaire, qui conquit sa grandeur en écrasant le Parlement. — Désignées par Hérault, atteintes par Chauvelin, les victimes tombaient au geôlier, au fils de La Vrillière, Saint-Florentin, ministre des prisons. Elles y tombaient souvent pour l'oubli éternel. Deux fois on y entre en ce siècle, et deux fois on y trouve des prisonniers tellement oubliés qu'on ne peut savoir même pourquoi ils furent mis là dedans.

Voilà la mécanique. Quels sont ceux qui vont en jouer? Sauf Bissy (un bigot étroit, dur et sincère), tous avaient droit de figurer en Grève. — Le centre était Tencin, et le fameux salon où maritalement il figurait près de sa sœur; lupanar de l'agiotage, que tous avaient sali, que La Fresnaye inonda de son sang. — Lafiteau, le fripon, que Dubois, pour punir ses vols, déporta, fit évêque dans un méchant coin de Provence. — Les mœurs ultramontaines éclataient dans Rohan, cardinal-femme, fier de la peau des rousses qu'il tenait de sa mère Soubise, impudemment coquet, étalant sa beauté dans ses bains italiens. Encore plus cette école marquait en deux mâles effrénés, les évêques de Laon et de Soissons, deux échappés de Des Chauffours.

Avec de tels Pères de l'Église, la Terreur s'essaya d'abord dans un coin de la France. Tencin, archevêque d'Embrun, fait chez lui un Concile, « ordonné par le roi », et par précaution le roi « défend aux Pères de sortir de la ville sans sa permission ». Les évêques une fois enfermés là, on leur livre un des leurs, un évêque de quatre-vingts ans, le vénérable Soanen. Sans l'écouter on le condamne, on l'exile en Auvergne, aux froides montagnes, où il meurt. Cela s'appela le *Brigandage d'Embrun* (1727).

Le second meurtre est celui de Noailles, vieil archevêque de Paris. Il avait réclamé contre Embrun avec douze évêques. On l'obsède, et il se rétracte. Puis il revient à lui, il rétracte sa rétractation. Enfin dans ce vertige du flux et du reflux, ballotté, battu, imbécile, il adopte la Bulle et meurt. Le siège de Paris passe aux mains d'un des plus forts mangeurs de France.

Toute autre est la voie janséniste, très digne de respect. Moderne à son insu, en invoquant la Grâce, le vieux dogme de saint Augustin, elle est pourtant l'essai des libertés nouvelles, *l'appel à la conscience.*

La dureté et le petit esprit qu'ils montrèrent trop souvent ne peuvent faire oublier cela. Plusieurs furent de vrais saints. L'un d'eux, l'évêque Vialart, fut opposé aux Dragonnades. Leur diacre, le bienheureux Pâris, un pauvre homme, était doux, humain, de charité sans bornes, laborieux, vivant de son travail. Notez qu'avant sa vie mystique, il avait accompli tous les devoirs de l'honnête homme, fils soumis et obéissant, frère admirable qui ne se retira qu'après avoir marié, établi son cadet, etc. Jeûnant trop (pour donner aux pauvres), il devint plus qu'à demi-fou. Il avait pour sa thébaïde une loge de planches dans une cour humide du quartier Saint-Marceau, où jeune encore il mourut de misère (1er mai 1727).

Dès l'été, des malades vinrent se traîner sur son tombeau. Tels guérirent par leur foi, l'excès de leur émotion, mais guérirent de la vie, moururent. Un simple monument, table de marbre noir, à un pied de terre, fut dressé avec autorisation de Noailles par le frère, M. Pâris, conseiller au Parlement. On se glissait sous cette table, pour prendre de plus près la vertu de la terre, ou on en avalait un peu. Les malades (femmes ou demoiselles pour la plupart), de plus en plus émues, exaltées, et trop faibles pour y garder leur tête, y eurent des crises de nerfs, des accès hystériques, se crurent guéries au moment même. Mais tout cela n'arriva au délire que plus tard, lorsqu'on leur prit leurs prêtres, lorsque ces pauvres créatures furent effarées et folles de la cruelle persécution.

On ne peut lire sans intérêt le livre étrange de Carré de Montgeron : *Vérité des miracles du bienheureux Pâris*. Il est fort instructif. L'historien et le médecin y trouvent le précieux tableau, exact et véridique, des misères et des maux d'alors. Pour les guérisons, les miracles, ce sont les mieux prouvés qui furent jamais. Sincérité parfaite, nombreux témoins, oculaires et honnêtes, sérieux examen des savants, rien n'y manque. Maître dans tant de choses, le dix-huitième siècle est le maître en miracles. Il observe, analyse, de manière à nous faire conclure que ces faits *très certains* sont, non au-dessus de la nature, mais de nature jusque-là peu connue (qu'on dirait aujourd'hui magnétique ou somnambulique).

Ces guérisons, la plupart, sont fort simples. La créature qui vit dans l'ombre des petites rues, demi-percluse, enflée, fiévreuse, ses amies l'entraînent au voyage lointain de Saint-Médard, près le Jardin du Roi. Suprême effort. Y arrivera-t-elle ? Impossible. Et cela se fait. Que dis-je ? Elle en fait la neuvaine. L'effort même, l'air et le soleil lui ravivent la circulation. Ajoutez-y la vive émotion de voir ce lieu, la sainte tombe, les gens déjà guéris, et la joie de ce peuple, cette compassion mutuelle, et ces larmes de fraternité¹!... Elle est guérie, ne sent plus rien. Pour longtemps? Non, peut-être. Mais ce touchant spectacle sera le bonheur de ses jours. Le soleil qu'elle vit sur cette foule, et sur ce marbre noir, il la suivra partout. Son soleil, elle l'a maintenant, son église. Qu'on lui ferme l'église, que ses prêtres enlevés lui manquent, en ce besoin, elle serait son prêtre elle-même. Contre l'autorité, elle aurait la voix intérieure. La voix, dirons-nous de la Grâce? ou la voix de la Liberté?

Peu après ces miracles commence un vrai miracle (23 février 1728), la mystérieuse publication des *Nouvelles ecclésiastiques*, journal insaisissable qu'on poursuit en vain soixante ans. Miracle de courage, de discrétion, de probité. Sous l'œil de la Police, ce journal s'écrit et s'imprime, se distribue dans tout Paris, et jusqu'à la Révolution (1790). Pas un traître en soixante ans. Rien de plus honorable, rien ne prouve mieux que c'était le parti des honnêtes gens. On dit qu'un vieux prêtre intrépide, Jacques Fontaine de Roche, osa le commencer. Où l'imprimait-il? On ne sait. Dans un bateau? On le suppose. Un système très ingénieux de distribution fut trouvé, et il a été

---

1. Scène attendrissante, et nullement ridicule, dans les belles gravures du livre de Montgeron. Le portrait de Pâris, qu'on voit en tête, est admirable de vérité. Ignoble vérité, mais douloureuse, qui inspire le dégoût, et bien plus, la pitié. Les légendes de guérisons sont très intéressantes. Toutes ces créatures innocentes et crédules, malades la plupart à force de vertus, touchent infiniment. Pauvre, pauvre peuple de France!

le modèle de maintes sociétés secrètes. Celle-ci était si hardie, si sûre d'elle, que dans la voiture même du lieutenant de Police elle faisait jeter le journal poursuivi.

La connivence générale de Paris (*Barbier*, 54) aidait beaucoup sans doute. C'est l'instinct naturel ; sans bien savoir la question, on se sentait pour les persécutés. Cela gagna. L'esprit d'opposition s'étendit par le Jansénisme, et par la Franc-Maçonnerie, qui d'Angleterre se répandit bientôt[1]. Ces ruisseaux devinrent fleuves, et, le torrent philosophique s'y joignant, ce fut une mer. Rien moins que la Révolution. Les *Nouvelles ecclésiastiques* cessent en 90. En 91 ouvre le Club des Jacobins. Ceux-ci dans leur bibliothèque n'avaient nul ornement que la pancarte où l'ingénieux mécanisme de la distribution du journal janséniste était représenté.

Le Jansénisme seul était un grand parti, une armée qui comptait des nuances très différentes. Bien loin des exaltés de Saint-Médard étaient nos honnêtes universitaires, les recteurs, Vittement le désintéressé ; Coffin qui créa l'instruction gratuite ; Rollin dont le nom seul est un complet éloge. Ajoutons-y les maîtres et professeurs de l'austère maison de Sainte-Barbe[2], une solide fabrique d'hommes, qui,

---

1. J'en trouve la première mention en 1725 (Lemontey, II, 290). Voir aussi : *Les soupers de Daphné et les dortoirs de Lacédémone* (Brochure écrite en 1733.) Les dames y obsèdent leurs maris et leurs amants pour qu'ils leur révèlent les mystères de la Franc-Maçonnerie. — *Le Journal* de M. de Luynes parle un peu plus tard des Freemassons, 1737.

2. Un esprit des plus fermes du temps et des plus lumineux, M. Jules

contre la maison équivoque de Louis-le-Grand et ses ragoûts douteux, donnait le pain des forts. De là sortaient des caractères, de sérieux esprits, pour le barreau et la jurisprudence, jansénistes, mais fort largement, comme Marais, notre bon chroniqueur. De là aussi ces docteurs de Sorbonne qui, et contre la persécution et contre le courant du siècle, fermement s'efforçaient de garder le gallicanisme. Cinquante eurent le courage de protester pour Soanen, l'honneur d'être enlevés, de peupler les plus dures prisons, l'étouffement brûlant du château d'If, la froide horreur de Saint-Michel-en-Grève, glacé de ses vents éternels.

Ces duretés exaltèrent, lancèrent le fanatisme. En fermant son théâtre, le petit cimetière (1732), lui ôtant le grand jour, on le jeta dans l'ombre infiniment plus dangereuse. Ces créatures malades, qui en public avaient des attaques hystériques et des convulsions, dans les secrets abris qu'on les obligea de chercher, suivirent la pente naturelle d'une religion de la douleur où l'innocent expie pour le coupable. Plus Versailles se souilla, plus ces martyrs aveugles cherchèrent des pénitences. Aux incestes persévérants et solennels de Louis XV répondirent les crucifiements des pauvres filles jan-

---

Quicherat, dont les cours ont fondé la vraie critique des arts du Moyen-âge, n'a pas craint de descendre à l'histoire d'un collège. Rare exemple aujourd'hui. Il a fait un chef-d'œuvre. Ce livre, spécial en apparence, est d'intérêt très général; c'est l'histoire des méthodes, souvent l'histoire des mœurs, celle de l'honnête résistance qui, par l'enseignement, maintint chez nous la dignité modeste, la pureté des caractères.

sénistes. Par de cruels supplices, acceptés, implorés, elles appelaient la Grâce, détournaient le courroux de Dieu.

Les chrétiens ignorants qui ne connaissent pas l'histoire des temps chrétiens, et pas davantage leur dogme, ont dit que ces fureurs, la faim et la soif des souffrances, étaient perversion, déviation du vrai christianisme. A tort. Qu'ils lisent donc les légendes. Tous les saints leur diront que la douleur, que l'amour de la mort, en est l'esprit et la vraie voie.

Si des fourbes, des intrigants, plus tard se mêlent aux jansénistes, on n'en doit pas moins dire qu'en masse ils furent de vrais chrétiens. Et malheureusement ils en avaient l'intolérance. Sous le Régent (1721), d'Aguesseau, faible janséniste, gronde les intendants qui ne répriment pas les protestants. Un très honnête évêque, un janséniste austère, Colbert, qui quarante ans durant résista aux ultramontains, n'en est pas moins hostile aux réformés, ennemi acharné et violent du « tolérantisme » (*Corbière*, 348).

Comment ces jansénistes ne sont-ils pas touchés du surprenant spectacle que donnent alors nos protestants?

Le formalisme de Genève, ayant tué l'esprit de prophétie et l'élan des Cévennes, dans un parfait esprit de pacifique obéissance, Antoine Court restaura nos églises. La loi féroce qui pendait les pasteurs n'arrêta rien. Un séminaire fut formé à Lausanne pour fournir des victimes aux dragons et aux juges. Étrange école de la mort, qui, défendant l'exaltation, dans un modeste prosaïsme, sans se lasser, envoyait des martyrs et alimentait l'échafaud. En lisant ces légendes trop vraies[1], on est saisi d'étonnement et de douleur. Il y a là cent romans admirables dans la vie du pasteur errant (Court, Roussel, Desabas, Rabaud, etc.). Le jeune homme s'en va de Lausanne, laissant sa jeune épouse (oh! les filles héroïques qui épousent ainsi le veuvage), pour vivre désormais sous le ciel, de roc en roc, toujours fuyant, caché. Ni feu, ni toit, la vie de la bête sauvage! Le plus fort, c'est qu'ils gardent un grand esprit de paix, empêchant les révoltes et sauvant qui les assassine!

Avec cela, quelque touché qu'on soit, on est tenté pourtant de faire avec respect une demande.

Des longues servitudes des Juifs, leurs livres ont surgi, des chants parfois sublimes. Comment n'est-il sorti rien de tel de nos martyrs du Languedoc?

Dure question! Et en la faisant, je me la reprochais. Elle me restait presque à la gorge. L'histoire inexorable est ma maîtresse pourtant, et elle veut ici que je parle.

Ce qui a ou séché ou faussé les esprits, là et ailleurs, c'est l'imitation de la Bible, la lourde servitude d'un livre appris par cœur, et si loin de nos

---

1. Il faut les lire chez MM. Coquerel, Peyrat, Haag (*France protest.*), Read (*Bulletin*, etc.). Pour la circonstance si grave, si propre à user l'âme, de l'amende levée jour par jour, je l'ai trouvée dans l'excellente histoire de M. Corbière, *Église de Montpellier*.

mœurs. Deuxièmement, l'effort contradictoire de l'école anti-prophétique, étouffant aux Cévennes l'esprit de la contrée, dut stériliser nos martyrs. Un problème insoluble leur fut posé par les écoles officielles, d'obéir n'obéissant pas, de reculer en avançant, d'employer la moitié de leur force à contenir l'autre. Bizarre effort où la conception, l'engendrement ne se fera jamais.

Ils ont droit de répondre qu'en cela ils furent vrais chrétiens. Au chrétien résolu qui va jusqu'au bout de son dogme (méthodiste, piétiste, janséniste, n'importe), quel est le fonds du fonds ? c'est l'incessant suicide, la mort du moi, de sa nature, et non seulement de ses vices, mais de ses puissances même, l'extinction du propre *genius*.

Suicide aidé parfaitement par le genre de persécution employé sous Fleury. Les exécutions exaltaient; chaque ministre mis à mort faisait faire une complainte. Mais les honteuses vexations de la famille, les secrètes misères de la femme obsédée (1724-1730), abattaient, énervaient l'esprit. Le système d'amendes incessantes qui fut établi en 1728, fut dans les contrées pauvres, chez le paysan si serré, une tentation continuelle de faiblesse. « La paroisse où une assemblée avait eu lieu, dut payer cinq cents livres. » Somme trop faible, dit Fleury, qui l'aggrava. La famille, de plus, qui n'envoie pas son enfant au curé, doit payer tant d'amende. Amende qui n'est plus, comme autrefois, levée par an, mais levée *chaque mois*. Rien de plus propre à user l'âme, à tenir inquiet et chagrin le travailleur nécessiteux. Toujours, toujours payer, ne penser qu'à cela! Misérable existence, dure, sèche et contractée, calculée à merveille pour l'amaigrissement de l'esprit.

Si nos protestants demeurèrent une élite en beaucoup de sens, ils le durent à leurs échappées hardies dans le désert, à l'austère poésie des baptêmes et des mariages accomplis sous le ciel, et contre lesquels les évêques en vinrent, comme on verra, à appeler l'épée, le gouvernement militaire (1738).

Cruel combat. Mais la jeune étincelle qui devait recréer le monde ne pouvait sortir de cela. Des protestants, des jansénistes, malgré tant de vertus, d'efforts, de ces derniers chrétiens, ne pouvait nous venir notre émancipation à l'égard du christianisme. Il y fallait l'esprit décidément contraire, que le temps souverain amenait invinciblement.

CHAPITRE V

Voltaire. — Mademoiselle Lecouvreur. (1728-1730.)

Voltaire dit qu'il resta près de deux ans en Angleterre (de mai en mai, ou à peu près, 1726-1728). Déjà célèbre ici, il se trouva là-bas absolument perdu. Il n'y eut que déceptions. Il y apportait vingt mille livres en un billet qui ne fut pas payé. La protection de Bolingbroke, sur laquelle il comptait, ne pouvait que lui nuire, dans la lutte impuissante que l'illustre étourdi soutenait par la presse contre l'adroit Walpole, heureux et triomphant ministre, qui répondit à tout par des succès. Voltaire fut trop heureux d'accepter un abri que lui offrit généreusement un marchand, M. Falkener, dans la fort triste solitude de la campagne de Londres. Il espérait sortir de cette position ennuyeuse par l'éclat de sa *Henriade*, qu'il édita avec luxe et dépense. Mais pourquoi les Anglais auraient-ils accueilli un poème où le héros finit par se faire catholique? On sait d'ailleurs combien ce pays, en réalité, est fermé aux littératures étrangères. La *Henriade* inaperçue ne valut à l'auteur que quelques guinées de la reine[1].

Grand contraste avec l'accueil que trouva Montesquieu en 1729. Amené par lord Chesterfield dans son propre yacht, caressé des Walpole, comblé par la savante reine, conduit par les lords aux deux Chambres, il vit tout par leurs yeux, jugea, admira tout sur leur parole, revint demi-Anglais, n'ayant rien aperçu du fond réel des mœurs, et formulant de confiance le très faux idéal de ce gouvernement qu'il donna dans *l'Esprit des Lois*.

Grand bonheur pour Voltaire de n'être ainsi gâté, mais négligé plutôt. Il garda son bon sens. Il vit peu, mais vit bien. Il vit d'abord les hauts côtés de l'Angleterre, qui sont bien moins anglais qu'*humains;* il vit Newton, Shakespeare. Il était depuis quelques mois en Angleterre lorsque Newton mourut et qu'on fit, avec de prodigieux honneurs, son triomphant convoi à Westminster. Rien de plus grand, rien qui glorifiât davantage la sagesse anglaise. Il la sentait partout dans la dignité libre des mœurs, des habi-

---

[1]. M. Nicolardot établit cela parfaitement, contre l'opinion commune. *Ménage et finances de Voltaire*, p, 35. Cet ennemi acharné de Voltaire, qui accueille contre lui tous les libelles du temps, a pourtant éclairci fort bien certains points de détail. Chose curieuse : à la fin de ce gros livre si hostile, il donne sans s'en apercevoir ce qui justifie le mieux Voltaire, ce qui explique et fait excuser ses bizarreries : la situation mobile, précaire, où il vécut, la misérable incertitude où il était du lendemain, entre la Bastille et l'exil, les innombrables pseudonymes qu'il était obligé de prendre, les terreurs de ses libraires, la lâcheté des critiques qui tous se mettaient contre lui. (Nicolardot, p. 335-347.)

tudes, la tolérance limitée (mais plus grande que partout ailleurs), la raisonnable estime du travail, de l'activité. L'hôte de Voltaire, Falkener, simple marchand de Londres, fut ambassadeur en Turquie. Il sentait tout cela, et n'en était pas aveuglé. Quelques pages datées de 1727 montrent combien ses impressions étaient nettes et pour le bien et pour le mal. Il entrevit fort bien les contradictions discordantes qui frappent en ce grand peuple. Que doit-il aux déistes anglais? Au fond, moins qu'on ne dit. Il relève bien plus de nos *libres penseurs* du dix-septième siècle, de la tradition des Gassendistes, Bernier, Molière, Hesnault, Boulainvilliers, etc.

Il resta tout Français, et ne pouvait vivre qu'en France. Il devait rentrer à tout prix. On ne sait qui il employa. Il fallait réussir auprès du petit Maurepas, alors ministre de Paris, un athée valet des Jésuites, qui souvent fit semblant de protéger Voltaire, l'aimant peu, l'enviant, le sentant supérieur dans son propre *genre Maurepas* (la satire, l'épigramme). Il le laissa rentrer en France, non à Paris. Du moins la première fois que nous apercevons Voltaire, c'est chez un perruquier de Saint-Germain-en-Laye, où très probablement il reste un an, caché ou à peu près. Pendant tout ce temps, rien de lui. Pas une œuvre. A peine une lettre. Ce grand silence indique à quelles dures conditions il était rentré. La *Henriade* même, revenant d'Angleterre, ne fut que tolérée. Et quarante ans durant elle ne fut vendue qu'en gardant son titre de Londres.

Dans quelle situation est alors la littérature ? dans un funeste entr'acte qui ne dure guère moins de douze ans [1]. Elle est alors plus que stérile ; elle semble détournée de son but. Elle évite et semble oublier la grande, la profonde question où est la destinée du siècle, la question religieuse, posée dans les *Lettres persanes* avec tant de force et d'éclat. Lui-même, le héros, le prophète Montesquieu a peur de lui-même. Il redevient M. le président de Montesquieu. Il rentre dans la société, au monde des honnêtes gens. Il rétracte ses *Lettres* pour être de l'Académie, les offre à Fleury corrigées (1728).

Celui-ci n'en voulait pas plus. Une littérature amortie et faussée vaut mieux que le silence pour un pareil gouvernement. Fleury trouvait fort bon que le café Procope, sous l'aveugle La Motte, traînât le débat éternel entre les Anciens et les Modernes. Il trouvait même bon que la petite réunion de l'Entre-sol, tenue par l'abbé Alary, jasât un peu des affaires de l'Europe, des rêves de l'abbé de Saint-Pierre. Utopies

---

[1]. Ce temps de réaction, de *décence*, est caractérisé par le sacrifice et la mort de la pauvre Aïssé. Fidèle esclave de son indigne maître, jusqu'à sa mort en 1722, fidèle encore à la non moins indigne Fériol (sœur de la Tencin), elle a faibli en 1724 de pure reconnaissance et pour récompenser celui qui l'aima toute sa vie. Mais sa noble nature lui fait craindre de l'épouser ; elle ne se croit pas assez pure, elle craindrait de le faire baisser, dans ce retour *aux bonnes mœurs*. Les grandes dames la troublent, aggravent ses scrupules. Elle languit, elle meurt de ce combat. Elle refuse jusqu'au bout le bonheur. Et elle fait deux infortunés. Ah ! quelle fin pathétique, et qu'on en veut à ces prudes qui l'ont tuée ! Rien, rien de plus touchant que la terreur du chevalier, en la voyant vers sa fin, la cour humble, tremblante qu'il fait à tout ce qui l'entoure, même aux animaux domestiques, à la vache qui donne du lait à la malade. Cela arrache les larmes.

sociales qui s'écartent toujours du grand nœud social, de l'intime question où se relient les autres. Fleury s'en amusait, recevait volontiers le rapport qu'Alary lui en faisait chaque semaine (*D'Argenson*). Tolérance admirable. Mais toute pensée vraiment libre avait été frappée, découragée. Le grand critique Fréret, ayant touché l'histoire de France, avait tâté de la Bastille. Il se le tint pour dit, s'écarta au plus loin, dans la chronologie chinoise, etc. En 1728, l'essor du Jansénisme aigrit cruellement la Police. Contre la librairie, l'imprimerie, elle s'arma d'une atroce ordonnance. Pour une page non autorisée, *confiscation, carcan, galères !*

Voltaire, à Saint-Germain, se trouva solitaire plus que dans la campagne anglaise, ne pouvant publier, muet. Cette année 1728 de grand silence (unique dans sa vie) lui profita beaucoup. Ce qui jusque-là le tenait inférieur, léger, faible, c'était la vie du monde, le besoin des petits succès. Là il rentra en lui, et il fit pour lui-même (sans espoir d'imprimer) une chose tout à fait libre et forte, sa critique des *Pensées de Pascal*. Une note de lui nous dit qu'elle est de cette année. Il n'a fait rien de plus vif, rien qui aille plus droit au but. Il ne s'amuse pas, comme il fit trop ailleurs, à jouer tout autour de la grande question, à critiquer les accessoires. Sans jaser, ricaner, — sérieusement, d'une pince d'acier et d'une invincible tenaille, — il serre à la racine l'arbre qui nous tient dans son ombre.

Quand on voit avec quelle faiblesse la plupart des

critiques se sont approchés de Pascal[1] quel timide respect, on sait gré à Voltaire de son ferme bon sens, si simple et si lucide. Sa familiarité hardie (noble ici, point cynique) est *d'un homme*, d'un esprit vraiment libre, qui ne s'étonne point devant l'insolente éloquence, ne respecte que la raison. Il est ferme et point dur. Son petit livre (grand de sens et d'effet) se résume en trois mots, simple réponse à Pascal :

« *L'homme est une énigme.* » Non. On le comprend très bien dans l'ensemble dont il fait partie. Mais quand il serait une énigme, ce n'est pas en tout cas par l'inexplicable qu'on l'expliquera. — *Il est déplacé, dégradé.* Non. Il est à sa place dans la nature. — *Il naît injuste.* Non. Et il n'est pas *justifié* par l'arbitraire injuste, par la faveur, la Grâce.

« *Est-il heureux ?* » Question plus difficile. Là sans doute Pascal avait chance d'embarrasser Voltaire, de faire trembler sa plume. Cette année était sombre. Sa pauvreté et son mutisme l'attristaient fort. De la chambrette du perruquier de Saint-Germain il dit à

---

1. J'en excepte un, M. Havet, spécialement dans sa dernière édition, admirable travail, fort et définitif (*Commentaire*, etc., 1865). MM. Cousin et Faugère avaient restitué le texte (1843-1844). M. Sainte-Beuve avait marqué d'une main fine et sûre la place de Pascal dans Port-Royal et dans le siècle. Ces illustres critiques regardent pourtant du dehors. Et Havet a vu du dedans. Comment cela ? Il tient de son auteur ; il a à cœur ces questions ; il s'inquiète sérieusement de ces hauts problèmes de la vie humaine. Qu'il commente ou discute, on sent bien qu'il le fait pour lui-même plus que pour le public. Rien qu'en lisant ce commentaire, sans l'avoir vu, on le peindrait, avec sa jeune austérité, cette âpre et virginale candeur, cette exigence ardente de lumière et de justice. Il est intéressant de voir un esprit qui procède surtout de l'Antiquité et du siècle de Louis XIV, hors de la mêlée d'aujourd'hui, par l'effet seul du progrès intérieur et de sa force solitaire, marcher dans l'émancipation.

Thieriot : « Ma misère m'aigrit, et me rend farouche. »
Une lettre très mâle, de son Anglais Falkener[1], contribua à le raffermir, à lui faire croire que l'on peut être heureux, et que même la plupart le sont. S'élevant au-dessus de sa situation, il dit fortement à Pascal qui *entre en désespoir* de la misère de l'homme : « *Vous vous trompez, l'homme est heureux.* »

Mais si le bonheur pour chaque être est de suivre sa destination, quelle est vraiment celle de l'homme ? Que répondra Voltaire ? On croirait volontiers, d'après ses vanteries d'épicuréisme, qu'il va répondre : *le plaisir*. Non. Notre but, « *c'est l'action* ».

« L'homme est né pour l'action, comme le feu tend en haut, la pierre en bas. N'être point occupé, ou ne pas exister, c'est même chose. » (T. XXXVII, p. 57, n° 23).

Mot grave, et d'autant plus que la vie entière de l'auteur en est la traduction. Jamais pareille activité. Et ce travail immense, il sut le soutenir par une sobriété plus qu'ascétique, donnant en tout très peu aux plaisirs qu'il vanta le plus.

« Agissons. » Mais comment ? lorsque l'activité de tous côtés rencontre un mur ?

Cet esprit clairvoyant distinguait aisément que dans

---

1. « En lisant cette réflexion, je reçois une lettre d'un de mes amis qui demeure dans un pays fort éloigné. « Je suis ici comme vous m'avez laissé, ni plus gai, ni plus triste, ni plus riche, ni plus pauvre, jouissant d'une santé parfaite, ayant tout ce qui rend la vie agréable; sans amour, sans avarice, sans ambition et sans envie. Et tant que cela durera, je m'appellerai hardiment un homme très heureux. » Plus tard, Voltaire ajoute en note : « Sa lettre est de 1728. » — Éd. Beuchot, t. XXXVII, p. 46.

une telle société le despotisme avait lui-même un despote et un maître, *la richesse*, que le pouvoir faisait sa cour à un pouvoir plus haut, l'argent. — En revanche, dans la servitude universelle, le pauvre est deux fois serf. Sur sa tête s'appuie la société de tout son poids, l'écrase et l'avilit, et fait qu'il s'avilit lui-même. La littérature indigente offrait un aspect déplorable. Si Colletet au siècle précédent « cherchait son pain de cuisine en cuisine » (*Boileau*), il n'avait pas la mise et la tenue coûteuses que dut plus tard avoir l'homme de lettres, vivant dans les salons. Au dix-huitième, d'Allainval, un auteur estimé dont on joue et rejoue les pièces, reçu partout, est cependant si pauvre que, n'ayant aucun gîte, il couche dans les chaises à porteurs. Cet excès de misère et le parasitisme qui en était la suite naturelle, faisaient que l'on traitait les auteurs fort légèrement. La Tencin, sans façon, à ses habitués pour étrennes donnait des culottes.

Voltaire avait perdu ses pensions. Des quatre mille deux cent cinquante livres de rente qu'il eut à la mort de son père, les réductions successives (et celle récemment de Fleury) durent emporter beaucoup, outre les banqueroutes qu'il essuya. Sa *Henriade* l'acheva. Et quand pourrait-il vendre un livre? il l'ignorait. Les libraires effrayés auraient-ils acheté? En attendant, il préparait, écrivait ses *Lettres anglaises*. Il expliquait Newton. C'est par là justement (chose imprévue, bizarre) que sa situation changea.

Il venait le soir à Paris, consultait les Newtoniens.

Ils n'étaient guère que trois qui osassent lutter contre Descartes et sa physique (une religion nationale), contre la lourde autorité de l'Académie des Sciences. Il y avait un enfant de génie, le tout petit Clairaut. Un officier de Saint-Malo, tranchant, dur, excentrique, Maupertuis, reçu récemment à la Société royale de Londres (1728), et qui bientôt ici (1731) fut le chef du café Procope. Un homme enfin fort agréable, esprit universel, brillant, un peu léger, La Condamine. Un jour que celui-ci soupait avec Voltaire, il riait de l'ignorance du sot contrôleur général Desforts qui, pour éteindre les billets de l'Hôtel de Ville, venait d'ouvrir une loterie où, par un calcul simple, on pouvait gagner à coup sûr. Voltaire avait de ces billets; il fut frappé, profita du calcul, et y gagna cinq cent mille francs. Le contrôleur fut furieux, plaida, mais il était en baisse, bientôt remplacé. Il perdit, et Voltaire, dès ce jour, fut riche, émancipé, libre du moins, s'il ne pouvait écrire en France, de vivre en Hollande et partout. Heureux coup de fortune qu'il dut réellement à sa foi, à l'amour des sciences. Newton, on peut le dire, fit la liberté de Voltaire.

On ne voit pas qu'il ait joui beaucoup de cette fortune. Sa vie si occupée et absolument cérébrale le rendait fort peu sensuel. Il n'était point avide. Quand le Régent lui donne pension, il partage avec Thieriot. Et même en Angleterre, où il est si gêné, il songe à cet ami, lui fait toucher ceci, cela. Souvent très généreux, et parfois très serré, il fut pour ses affaires quelque peu maniaque, comme ceux qui ont commencé par être pauvres et s'en souviennent.

Il put revenir à Paris, mais s'établit encore dans un quartier quelque peu écarté, rue de Vaugirard, assez près cependant de la Comédie-Française. Il voulait y rentrer, mais par une vieille pièce, par la reprise d'*OEdipe*. Il avait pour jouer Jocaste une actrice admirable, son amie, Mademoiselle Lecouvreur. Rare personne, admirée, adorée, et bien plus, estimée. Dans Monime et Junie, Pauline ou Cornélie, c'était plus qu'une actrice : c'était l'héroïne elle-même. Un spectateur disait en sortant : « J'ai vu une reine entre des comédiens. » Elle eut un vrai génie, libre du chant monotone qu'enseignait Racine à la Champmeslé, libre de l'emphase ampoulée qui plaisait à Voltaire. La première sur la scène elle parla de cœur, d'élan vrai et d'accent tragique. Quand elle débuta ici (à vingt-sept ans), tous furent ravis, troublés. Des jeunes gens devinrent fous d'amour.

Il lui advint (en 1724, ayant trente ans déjà) une extraordinaire aventure que n'ont guère les actrices, celle d'être la Minerve ou le Mentor d'un Télémaque, d'avoir à former un héros. Du Nord lui tombe ici certain bâtard de Saxe, Maurice, fils du roi de Pologne Auguste. Il avait déjà fait la guerre. Il avait eu la chance d'avoir vu face à face le vaillant, le terrible, qu'on n'osait regarder, le Suédois Charles XII, d'avoir dans son œil bleu pris cet éclair de guerre qui lui resta toujours, lui fut une auréole, trompa sur son génie réel. Ce rude enfant ressemblait peu à nos marquis d'ici. Suédois de mère, Polonais d'habitude, il était spontané bien moins qu'il ne semblait; il fut reître allemand[1]. Il était né au pays des romans, dans ces bouleversements où Charles et Pierre, deux ours, roulaient sceptres et couronnes, où tout était possible. « Pourquoi pas lui ? pourquoi pas moi ? » Dans les trois cents bâtards du roi Auguste, celui-ci, effréné, visait tout, les trônes et les femmes, vaillant, brutal, avide. La vieille duchesse de Courlande, les Anne, Élisabeth, les sanglantes catins de Russie, tout lui eût été bon. Mais pour ces grands mariages impériaux, le rustre et le soldat avait un peu besoin de poli extérieur, de prendre les grâces de la France. La pauvre Lecouvreur servit à cela. Elle fut à la fois précepteur et mère et maîtresse. Si elle gagna peu pour le fond, au moins pour le dehors elle polit la nature grossière, tâchant de lui donner un peu de sa noblesse et des formes royales qui en elle étaient naturelles.

Il crut un moment réussir, épouser celle de Courlande. Point d'argent pour partir. Mademoiselle Lecouvreur vendit ce qu'elle avait, argenterie, diamants, lui en donna le prix. Un moment, il se crut maître de la Courlande. Son père s'y opposa, autant que la Russie. De là mille aventures, mille dangers. Il échappe. Mais le voilà fameux, le Roland, le Renaud, le héros

---

1. Nombre de documents récemment publiés nous font connaître Maurice dans le dernier détail. M. Saint-René Taillandier en a tiré une fort belle biographie, savante, curieuse, intéressante (*Revue des Deux Mondes*, 1864). Seulement il me semble un peu trop favorable à ce héros de second ordre que la fortune a tant favorisé, exagéré, surfait. Ses *Rêveries*, tout à la fois pédantesques, excentriques, sont un livre moins que médiocre.

des chimères, un nouveau Charles XII, avant d'avoir rien fait. Madrid pensait à lui pour sa folle Armada, pour mettre le Stuart dans Londres. La cour de Stanislas (et la reine de France?) pensait à lui pour la Pologne, pour y renouveler Charles XII et Gustave, en chasser l'Allemand. Maurice en voulait à son père, qui lui fit manquer sa fortune, qui le blâmait d'aller en *galopin* s'offrir aux reines pour être refusé.

Les gens d'ici qui le lançaient et voulaient s'en servir, avaient pris trois moyens. On le vantait aux dames comme égal de son père en force infatigable. On occupait de lui le peuple de Paris par un certain bateau, qu'il avait inventé, disait-on, qui allait, venait sur la rivière, et que les badauds regardaient. Quoique fort peu lettré, on en fit un auteur. On préparait ses *Rêveries* (pour l'autre année 1731). Il semble s'y offrir pour détrôner son père, disant « qu'il prendrait la Pologne en deux campagnes au plus, sans qu'il en coûte un sou ».

Il sera roi ou czar ! Quelle joie, mais quelle inquiétude pour Mademoiselle Lecouvreur. Il est à elle, son œuvre, c'est elle qui en fit un Français. Mais hélas ! elle n'est qu'une comédienne. Et (chose pire) elle a trente-neuf ans, la beauté, il est vrai, douloureuse et tragique du portrait si connu, et les célestes yeux pleins de sublimes larmes qui toujours en feront verser[1].

1. Elle devait saisir terriblement les cœurs, les transformer, changer les bêtes en hommes, pour avoir fait faire un tel portrait au faible et médiocre Coypel. C'est la belle gravure où il la représente dans le rôle de Cornélie, en pleurs et l'urne dans les mains. Un artiste inspiré, s'il en fut, notre premier sculpteur, Préault, m'a affirmé qu'il ne savait pas un mot de l'histoire de

A force de tendresse, ayant trop fait la mère, elle est bien moins l'amante. Maurice est disputé entre les grandes dames, très haineuses pour la Lecouvreur. Elles n'auraient osé la siffler, mais, du haut de leur rang, dans leur loge, à leur aise, elles pouvaient l'insulter du visage, lui lancer *le mauvais regard*.

Le droit du comédien, c'est d'endurer l'outrage. Notre actrice ne s'en souvint plus. Un jour qu'elle jouait *Phèdre*, elle voit sa rivale, Madame de Bouillon. Au lieu de se troubler, son cœur gonflé grandit. Elle s'avance, et d'un geste intrépide, elle lui lance les terribles vers :

> ... Je ne suis point de ces femmes hardies
> Qui portant dans le crime une tranquille paix
> Ont su se faire un front qui ne rougit jamais.

Le public se retourne, regarde dans la loge, voit la dame, approuve, applaudit.

Mademoiselle Lecouvreur quand il vit cette gravure. Il en fut très troublé, épris, s'en empara avidement. C'est plus qu'une œuvre d'art. C'est comme un rêve de douleur, une de ces rencontres qu'on regrette avec une personne unique qui ne reviendra plus, dont on est séparé par la malignité du temps. — On sent dans celle-ci une chose fort rare, qu'en elle beauté vient de bonté. — Cette bonté est adorable dans la lettre qu'elle écrit à Mᵐᵉ de Fériol, mère de d'Argental, qui craignait extrêmement que son fils, éperdument épris, n'épousât, et qui voulait plutôt le perdre, l'envoyer mourir aux colonies. Mademoiselle Lecouvreur lui parle avec un tendre respect, une effusion charmante (qu'elle ne méritait nullement). La pauvre comédienne, trop humblement, fait bien bon marché d'elle. Elle fera *absolument tout* pour calmer cet amour d'un enfant, l'empêcher d'aller jusqu'au mariage. Elle aimait trop Maurice, et d'Argental ne fut guère qu'un ami, mais assidu, très tendre. De l'avoir approchée, il resta l'homme (bon, aimable, charmant, celui que Voltaire appelle « son ange ». Elle le fit son légataire universel, afin que le peu qu'elle avait passât à ses deux filles plutôt qu'à des parents. D'Argental, en très galant homme, exécuta exactement sa volonté, et calma les parents en leur donnant du sien une somme de vingt mille francs. Voy. la bonne Notice que Lemontey (Œuvres, III, 331) a faite d'après les contemporains, Aïssé, Aunillon, d'Allainval et les précieux papiers de d'Argental.

Le nom de Bouillon est sinistre. Il rappelle cette Mazarine, si suspecte de poison, qui, par l'assurance, l'audace, se tira fièrement de l'affaire de la Chambre ardente en 1682. La Bouillon de 1730 (née Lorraine) n'est pas moins suspecte. Le judicieux Lemontey trouve l'accusation vraisemblable. En effet, qu'après cet outrage public, une princesse, apparentée à tous les rois, n'ait pas cherché à se venger, c'est ce qui n'a nulle apparence.

Peu après, un galant abbé offre à Mademoiselle Lecouvreur des pastilles, dit-on, empoisonnées. Puis (juillet 1729) un peintre en miniature, qui par son art entrait chez les femmes de cour, l'avertit que les gens de la duchesse de Bouillon ont voulu le gagner pour qu'il lui donnât du poison. Geoffroi, l'apothicaire célèbre, l'analyse, n'ose dire qu'il n'est pas du poison, dit que la dose n'est pas forte. Le peintre inspirait confiance. Que gagnait-il à donner cet avis? rien que de se créer une ennemie mortelle, très puissante, ayant derrière elle tous les puissants, toute la Cour. La police fera-t-elle enquête? essayera-t-elle d'arrêter les coupables? Non, c'est le peintre qu'elle arrête, qu'elle met durement à Saint-Lazare. Mais il résiste, ne se rétracte pas.

Mademoiselle Lecouvreur se plaint et réclame pour lui. En vain. Elle se sent perdue. Elle sent qu'on ira jusqu'au bout. Chacun croyait aussi qu'elle avait peu à vivre. Piron, qui lui avait donné un rôle dans une pièce nouvelle qu'il allait faire jouer, le retire prudemment la voyant en danger.

On ne voit pas Maurice à ce dernier moment chez Mademoiselle Lecouvreur. Où était-il? Cette maison, déjà solitaire (l'ancienne maison de Racine, rue des Marais), elle n'est plus hantée que de deux hommes, deux amis, Voltaire, d'Argental. Avec eux elle fait ses derniers arrangements. Elle marie sa fille à la hâte. Elle sait parfaitement qu'elle est dans un monde sans loi, n'a nulle protection à attendre.

Contre une femme de théâtre, on ose tout alors; et la protection de la Cour, on ne la sent que par l'outrage. Les gentilshommes de la Chambre, à leur plaisir, cassent ou châtient l'actrice. Pour rien, jetée au For-l'Évêque; parfois même en correction. Sous Fleury, le doux, le décent, un fait abominable avait eu lieu tout récemment. Deux jeunes sœurs (nobles, Espagnoles), les Camargo, toutes petites, débutent dans la danse. L'aînée, une enfant de génie, du premier pas transfigura son art. En plein triomphe, ces petites merveilles disparaissent, sont cachées deux ans! La Police ne veut s'informer. Elle n'osera aller sous l'ombre noire de Saint-Gervais, aux sales petites rues, à l'hôtel de Sodome, où les tient un mignon du roi. Las d'elles, il les lâche, et l'on rit.

Ce fait en dit assez. Si Mademoiselle Lecouvreur n'eût péri, elle eût eu quelque outrage pire. Elle hasarda encore de jouer, pour Voltaire, sa Jocaste, la mère amoureuse. Elle joua le 15 mars, et le 17 fut prise d'effroyables douleurs, de diarrhée mortelle où passa tout son sang. Le 20, elle expira. Mais auparavant elle refusa fort nettement les secours ecclésiastiques. Écoutons d'Argental, le témoin oculaire : « Le jour de sa mort un vicaire de Saint-Sulpice pénétra dans sa chambre : « Je sais ce qui vous amène, mon-« sieur l'abbé. Vous pouvez être tranquille ; je n'ai « pas oublié vos pauvres dans mon testament. » Puis dirigeant le bras vers le buste du maréchal de Saxe : « Voilà mon univers, mon espoir et mes dieux[1]. »

Elle ne demandait nullement la sépulture chrétienne, ni les prières des prêtres, mais simplement la terre que Dieu accorde à tous. L'admiration publique, l'amitié et l'estime lui auraient fait un monument. *Comédienne du Roi* et membre du théâtre qu'il couvrait de son nom, pouvait-elle être abandonnée à la proscription du clergé ? Fleury fit dire par Maurepas, ministre de Paris, que cela regardait le curé, l'archevêque. « Et s'ils refusent ? » — « Point de bruit. »

Le curé est Languet, fameux par Saint-Sulpice, frère du Languet de Marie Alacoque. Et l'archevêque est Vintimille, qui tout à l'heure officiera pour le faux mariage qui donne sa nièce à Louis XV.

Les amis, en présence de la pauvre dépouille, sont fort embarrassés. Mais il faut bien prendre un parti. Un parent loue un portefaix, — et cette reine de l'art, la noble Cornélie, — disons mieux, la femme adorée,

---

1. Il ne faut pas s'indigner si cette infortunée, tout à la fois amante et mère, put délirer ainsi, dire cette parole excessive. Bien des femmes, toute mère, en diraient autant si elles osaient. Durement ravalée en tant de choses (Voy. le mot insultant de Pétersborough : Sainte-Beuve. *Caus.*, 1), elle s'était toute sa vie relevée par l'amour d'un héros. Comment s'étonner qu'elle s'en fût fait une religion ? Religion sans doute non catholique. Le clergé ne lui devait rien. Mais l'État *lui devait,* Paris et le public.

désintéressée, généreuse, tendre, de si grand cœur ! — on la roule, on en fait un paquet, qu'emportera un fiacre, la malpropre voiture qui, dans ce mois de mars, cahote les amours passagers, l'ivresse et les retours de bal.

Les chiens, les protestants, étaient enterrés aux chantiers. Dans un quartier désert alors, au coin des rues de Bourgogne et Grenelle, un chantier se trouvait. Il était fermé à cette heure. Mais comment revenir et où aller ? L'unique expédient fut d'écarter la borne du coin, et de mettre dessous le corps. Sale et infâme sépulture, que rien ne signalait, qui, jusqu'à la Révolution, resta là, recevant l'ignorant affront du passant[1].

Par la petite histoire que j'ai contée plus haut, on a vu avec quelle insouciante gaieté Paris prenait toute aventure des femmes de théâtre. Mais Mademoiselle Lecouvreur était quelque chose de plus. Elle était du monde même et de la société, une amie des plus estimées, spécialement reçue, adoptée de la marquise de Lambert (esprit, raison, vertu). Le coup fut très sensible, et la douleur universelle.

Beaucoup, rentrant en eux, virent ce que jusque-là

---

[1]. Jetée à la borne, à l'insulte, elle n'eut de réparation que peu avant la Révolution. On mit au coin de rue une plaque de marbre noir, que les propriétaires ont eu plus tard la hardiesse de retirer et de s'approprier. Elle sera remise au jour de la Justice, le jour où l'on posera la grande question trop ajournée : Comment le clergé est-il maître, malgré la loi, de tout ce qu'avait la commune, de la police des enterrements (aujourd'hui encore partout, sauf les grandes villes), des sépultures et cimetières de campagne, du droit de cloche essentiellement communal au Moyen-âge, etc.? — Nous retombons à la mort sous la main de ceux qui nous maudirent toute la vie.

ils ne remarquaient pas, que, comme elle, ils étaient de certaine paroisse, de cette libre église, qui n'était pas bâtie.

Quelques vers de Voltaire qui coururent manuscrits, faible cri de douleur, appel à la pitié, n'osaient dire la piqûre amère, l'indignation secrète et d'autant plus profonde. Chacun sentit que dans la mort, cet affranchissement naturel, — là même on était serf encore.

CHAPITRE VI

Les Marmousets. — La Cadière. (1730-1731.)

Louis XIV aurait frémi lui-même, s'il eût vu ce que fut sous Louis XV le pouvoir du clergé.

Il est l'État et le gouvernement. Il impose comme loi du royaume la Bulle qui lui soumet le roi (avril 1730).

Ce roi, qui a vingt ans, qui est époux et père, et qui vient d'avoir un dauphin, non seulement il le tient en tutelle, mais le met sous sa clé (septembre 1730). Rien de tel ne se vit depuis les rois tondus, Louis-le-Débonnaire.

Notez que je dis le clergé plus que Fleury. Le vieil homme de soixante-quinze ans, hésitant et timide, et qui n'avait montré que par la lâcheté, n'entra dans les mesures violentes, que contraint et forcé. Son vieux valet de chambre Barjac disait naïvement (parlant des papistes enragés) : « Si nous ne les lâchions, ils nous dévoreraient nous-mêmes. » Grondé et menacé par les chefs, par Rohan, dont il était le plat flatteur, Fleury craint encore plus la basse influence d'Issy, de Couturier, son directeur d'alors, chez qui nous le voyons aller à chaque instant consulter, prendre le mot d'ordre.

Le 3 avril, au milieu des fanfares, d'un grand appareil militaire, on amène le roi au Parlement pour faire de force enregistrer la Bulle. Et cela au moment où les Romains avaient eu l'insolence de canoniser Grégoire VII, celui qui marcha sur les rois et mit l'Empereur en chemise.

Mesure outrageuse à la France, provocation directe au Parlement, gardien du droit royal. On comptait bien l'exaspérer, lui faire reprendre étourdiment son vieux rôle révolutionnaire, le jeter dans la rue pour faire devant le peuple les grandes processions de la Fronde qui effrayeraient le roi, Fleury, et, de la peur, leur ferait du courage pour supprimer le Parlement.

Le roi, sec et altier, muet, fit par son chancelier l'aveu du bon roi Dagobert : « qu'il n'entendait rien faire qu'acte de piété, que la Bulle ayant force et autorité d'elle-même, *le roi ne la lui donnait pas.* » Le Parlement frémit de cette abdication du roi au nom duquel il rendait la justice. Un magistrat de quatre-vingt-six ans, devant la jeune idole, s'agenouilla, voulut parler. On le fit taire. De deux cents voix, on n'en eut que quarante, et le chancelier proclama ces quarante pour majorité.

Peu après, en septembre, le roi plus bas encore

tombe. C'est la personne royale qui maintenant est avilie.

Ce roi, jolie figure de fille (insensible, glacée), était moins scandaleux alors. Cinq ans durant il fut un mari régulier, froidement régulier, sans pitié de la reine. Toujours, toujours enceinte. Au 30 août 1730, après deux grossesses en vingt mois, elle gisait. Et le roi était seul. De là plusieurs intrigues. La vieille Madame la Duchesse eût voulu faire sauter Fleury, et remonter son fils Monsieur le Duc en fournissant sa bru au roi.

Mais Fleury s'en doutait. Il soupçonnait moins l'autre intrigue. Son ministre de confiance, Chauvelin, homme à projets hardis, eut voulu nous tirer du néant, faire du Richelieu contre l'Autriche et l'Angleterre. En dessous il créait un parti de la guerre que Villars en dessus prêchait ouvertement. Ce sournois Chauvelin (*Grisenoire*, comme on l'appelait) imagina d'escamoter le roi par l'influence des petits camarades, que l'on nommait *les Marmousets*. Comme neveu de l'ami de Fleury, du cardinal Rohan, le petit Gesvres, peu suspect, restait là à tisser ses jolis ouvrages de femme où le roi s'amusait (*Villars*), et très volontiers il tissa le filet pour prendre Fleury. Un mémoire fin, adroit, respectueux (terrible contre lui) est dans les mains de Gesvres, qui le cache pour donner envie. Le roi l'entrevoit, le lui prend. Il voit, non sans terreur, « que Fleury, par son imprudence, mène les choses à la guerre civile ». Il en est si frappé qu'il copie le mémoire. Seulement au coucher il l'oublie dans ses poches, où Bachelier le trouve. Il le porte à Fleury.

Deux choses étaient dans cette affaire, l'une fort légitime, que le roi voulût s'éclairer, — l'autre obscure, assez triste, que le roi à vingt ans subît de nouveau l'influence d'amis déjà notés et punis pour leurs mœurs. Fleury le prit par là. Le roi fut atterré. Après avoir menti, nié, Fleury le menaçant, lâchement il livra Gesvres, il trahit Épernon, signa leur exil pour deux ans. Sa peine, à lui, fut qu'il perdit les clés de son appartement. Fleury lui change ses serrures et fait faire d'autres clés qu'il donne à ses petits espions. L'espion ordinaire Bachelier est solennellement récompensé. Tout en restant valet de chambre, gardien du roi, il devint un seigneur, intendant de Marly, de Trianon, etc. Le roi ne souffla mot, vécut aussi bien avec lui.

Villars fut étonné (1731) de voir tombé si bas, si ennuyé, *si faible*, ce jeune homme de vingt et un ans. Fleury, à soixante-quinze, par contraste, sort des habitudes modestes qu'il eut toujours. On se presse chez lui, chez son valet Barjac qui distribue les places, qui fait des Fermiers généraux. La Cour entière, le soir, s'étouffe au coucher de Fleury. Le voilà roi, ce semble. Notre drapeau, du blanc, passe au noir. La soutane devient le drapeau de la France.

Et qu'en dit l'Europe? Elle en rit. Notre amie l'Angleterre ne nous consulte plus. Elle nous laisse là seuls, s'arrange avec l'Autriche.

« Faible gouvernement, mais *modéré et doux?* »

Erreur. Sous lui s'aggrave la terreur protestante ; le clergé veut que sous le mot *relaps* on atteigne, on englobe un peuple tout entier, désormais passible de mort ; et toujours dans l'angoisse, voyant sa mort, sa vie, dans les mains des curés (1730, *Lemontey*, II, 152). Ce doux gouvernement a détruit la Sorbonne (en enlevant quarante-huit docteurs), a détruit Sainte-Barbe, a étouffé la presse qui, depuis les rigueurs de 1728, ne souffle plus. Du plus haut au plus bas, on tient tout, rien ne peut percer. On a parfaitement étoupé jusqu'aux fentes par où pourrait venir un son, une lueur. Sécurité parfaite.

Mais juste en ce moment, du plus loin, du plus bas, part un cruel coup de sifflet !

La France a des moments bien dangereux où le rire lui échappe. On l'a vu en Révolution. La *mère de Dieu* fit crouler Robespierre. Et soixante ans avant, La Cadière blesse à mort la puissance ecclésiastique.

Aux miracles des jansénistes, les Jésuites avaient répondu : « Ce ne sont pas de vrais miracles. On n'en fait qu'avec la doctrine. On en fera... Espérez, attendez. »

Il s'en fit. De Toulon, d'Aix, de la bruyante Provence, aux rieurs de Paris une nouvelle arrive. C'est un miracle... des Jésuites (août 1731 : *Barbier*, II, 179, 192).

Miracle ! un vieux Jésuite, disciplinant son écolière, Mademoiselle Cadière de Toulon, la transfigure. Elle est stigmatisée à l'instar de Notre-Seigneur. Le sang dégoutte, et surtout de son front. On croit, ou fait semblant. Nul n'ose examiner.

Miracle! la grâce est féconde. L'ange de Dieu, Girard, a beau être vieux, laid. Un matin la sainte a conçu, et non seulement elle, mais d'autres sont enceintes, de toute classe, marchandes, ouvrières, dames. La Grâce ne tient compte de la qualité.

Girard est-il un ange? Les jansénistes jurent que c'est un diable, que ses galants succès, surnaturels, sont ceux d'un noir sorcier. C'est encore Gauffridi, que l'on vit en 1610, et que brûla le Parlement. Serrés de près, les Jésuites répondent que, si le Diable est là, il est dans La Cadière qui a ensorcelé Girard.

Les deux partis jurent pour et contre. La Provence se divise avec fureur, tout l'emportement du Midi. Le concert le plus dissonant, un enragé charivari de farces, de chansons, éclate. Et Paris fait écho avec un rire immense. Dans cette affaire burlesque, un terrible sérieux était au fond, une question vraiment politique. Le roi d'alors étant le prêtre, son avilissement est l'aurore de la liberté. Ne vous étonnez pas de voir en ce procès à Aix, à Marseille et partout, ces assemblées de tout le peuple par cent mille et cent mille que vous ne reverrez qu'au triomphe de Mirabeau.

On avait ri d'abord, mais bientôt on frémit (septembre 1731), en apprenant que les Jésuites couvraient le crime par le crime, qu'à Aix même et au Parlement, les gens du roi proposaient d'*étrangler*... Girard sans doute?... Point du tout... sa victime!

Voilà ce qui souleva le peuple, et fit ces grands rassemblements. La pitié, le bon cœur, l'humanité s'armèrent. Les pierres, au défaut d'hommes, se seraient soulevées !

On se demande comment, sous ce sage Fleury qui craignait tant le bruit, les choses purent aller jusque-là, comment dès les commencements on ne sut étouffer l'affaire. C'est là le miracle réel, que sous ce gouvernement de ténèbres la lumière ait jailli, monté d'en bas, en perçant tout obstacle. Cela tient justement à ce que les Jésuites, étant si forts, crurent à chaque degré du procès pouvoir en rester maîtres. Mais l'affaire échappait, montait toujours plus haut. Elle se développa lumineuse et terrible, comme à la lumière électrique, montrant dans ses laideurs, dans ses parties honteuses, l'autorité régnante, si fière, et qu'on vit par le dos.

Révélation très forte, largement instructive, ne portant pas sur un fait singulier, mais vulgaire et banale. Que Girard abusât d'une pauvre innocente, d'une petite fille malade, dans ses crises léthargiques[1], cela n'apprenait rien. Ce qui en dit beaucoup sur les facilités libertines du jargon mystique, c'est qu'un Jésuite vieux, laid, en six mois eût gagné si aisément ses pénitentes. Toutes enceintes. On connut la direction.

On connut les couvents. Girard les savait bien discrets, puisqu'il voulait y cacher ses enceintes

---

1. Elle était fort intéressante, une enfant maladive, que le vice eût dû épargner. Dans mon livre de *la Sorcière* j'ai suivi pas à pas la *Procédure du P. Girard et de La Cadière* (Aix, in-folio, 1733). Les Jésuites ne peuvent la récuser, puisqu'elle fut imprimée sous un gouvernement à eux et sous leurs yeux. L'in-12 (en 5 volumes), imprimé à la même époque, ajoute des pièces curieuses. Les deux recueils sont nécessaires et se complètent.

(comme on a vu plus haut Picard, directeur de Louviers). Le couvent d'Ollioules, où il mit La Cadière, montre à nu ce qu'ailleurs on eût vu tout de même : une abbesse fort libre ; des dames riches, utiles à la maison, fort gâtées, servies par des moines ; ces moines effrénés jusqu'à souiller les enfants qu'on élève ; la masse enfin, pauvre troupeau de femmes, dans un mortel ennui et des amitiés folles, douloureuse ombre de l'amour.

La justice ecclésiastique apparut dans son jour. L'évêque de Toulon, grand seigneur bienveillant qui un moment défendit La Cadière, eut peur, quand les Jésuites lui reprochèrent certaine chose infâme. Et, dans sa lâcheté, il se mit avec eux.

Le juge de l'évêque, faussant tout droit, entraîna, subjugua l'homme même du roi, le lieutenant civil, qu'implorait la victime. Ils écoutèrent comme témoins jusqu'à des femmes enceintes de Girard. Leur greffier alla effrayer les religieuses d'Ollioules, disant que si elles ne parlaient comme on voulait, la torture les ferait parler.

Effronterie trop forte. Une plainte est portée « pour subornation de témoins ». Les Jésuites pouvaient avoir un arrêt du Conseil qui évoquerait tout à Versailles. Ils craignirent Paris, le grand jour, espérèrent abréger avec deux commissaires de leur Parlement d'Aix. Le faible d'Aguesseau, chancelier, fit ce qu'ils voulaient. Ces commissaires qui d'Aix vinrent à Toulon, allèrent tout droit loger chez les Jésuites avec Girard. De soixante témoins qu'appelait la victime, ils n'en daignèrent entendre que trente. Et cependant les simples réponses de la fille étaient si accablantes, si terribles de vérité, que ses geôlières, les barbares *Girardines*, la forcèrent de boire un breuvage qui, pendant trois jours, la rendant idiote, la fit parler contre elle-même. Deux hommes intrépides manifestèrent le crime. L'affaire alla au Parlement.

Toute la belle société à Aix était pour les Jésuites. Les grandes dames se confessaient à eux. Girard, fort à son aise, établit qu'il n'avait fait que suivre les pratiques de la haute mysticité. Que le confesseur s'enfermât avec sa pénitente et la disciplinât, c'était son droit et son devoir. L'ignorance seule des laïques pouvait disputer là-dessus. Ce qu'on pouvait trouver d'indécent ou d'impur, était recommandé, comme effort d'humilité obéissante, brisement de l'orgueil et de la volonté. Sans recourir aux anciens livres, il pouvait attester le grand livre à la mode, livre de cour, dédié à la reine de France, écrit par un évêque et approuvé partout, la *Vie de Marie Alacoque* (in-quarto, 1729). L'obéissance est à chaque ligne préférée à toute vertu. Jésus y dit lui-même : « *Préfère la volonté de tes supérieurs à la mienne* ». (*Languet*, p. 46, édit. de 1729). Et ailleurs : « *Obéis-leur plutôt qu'à moi* » (*Languet*, 120). C'est-à-dire : Obéis au prêtre contre Dieu.

Mais quand il serait vrai, disaient les grandes dames de Provence, que ce bon Père Girard lui eût fait tant d'honneur que d'avoir avec elle certaines privautés, elle était bien osée de manquer à son Père, à l'ordre des Jésuites. C'était un monstre à étouffer.

Le Parquet y conclut : « A ce qu'elle fût *pendue et étranglée* à Toulon sur la place du couvent des Dominicains. » Plus, une poursuite criminelle contre ses frères qui l'ont soutenue. Plus, l'avocat, nommé d'office, qui l'a défendue par devoir, pour obéir au Parlement, il sera poursuivi aussi !

Seulement, pour l'étrangler, il eût fallu une bataille. Tout le peuple courut à sa prison, criant « N'ayez pas peur, Mademoiselle ? Nous sommes là, ne craignez rien. »

Sur cela un recul, violent, dans le Parlement. Les jansénistes y sont encouragés, et plusieurs magistrats déclarent Girard *digne de mort*, — bien plus, *digne du feu*. Exagération maladroite qui le servit plutôt. Les jansénistes, en le faisant sorcier, en voulant voir partout le Diable dans l'affaire, se rendirent ridicules. Les *tolérants* faiblirent, immolèrent la justice, plutôt que de brûler un homme. Au jugement (octobre 1731), douze prononcent la mort de Girard, douze l'absolution. Le président fait treize. Il est absous.

On faillit mettre en pièces et Girard et le président.

L'hypocrite jugement disait « que La Cadière serait *rendue à sa mère* ». Et en même temps, on la traitait en calomniatrice. Elle payait les dépens du procès, et ses mémoires étaient brûlés par la main du bourreau.

Rendue ? il était impossible de la ramener à Toulon,

où elle aurait eu un triomphe, où on brûlait Girard en effigie. Nulle trace de la pauvre fille ne peut être trouvée depuis. Quand on songe que les Jésuites firent persécuter, exiler ceux qui se déclaraient pour elle, on ne peut pas douter que leur infortunée victime, qui malgré elle les avait fait connaître, n'ait été enfermée dans quelque dur couvent à eux, et scellée sous la pierre, dans un mortuaire *in-pace*.

Elle n'en rendit pas moins, par son procès, un immense service. On comprit dès lors à merveille pourquoi le clergé s'agitait, avait tellement impatience de se débarrasser des justices laïques. Dans ce Parlement d'Aix, si favorable aux prêtres, qui dès François Ier fit le massacre des Vaudois, qui, dans l'affaire récente, blanchit Girard et flétrit La Cadière, dans ce Parlement même la lumière avait éclaté. La Justice, en ses formes, ses enquêtes, interrogatoires, est essentiellement indiscrète. Le monde de la Grâce, de la nuit, du silence, a horreur de cela. Tout contact avec la Justice lui semble une *persécution*.

Grande était sous Louis XIV l'indulgence dont jouissait le prêtre. On voulait seulement qu'il fût un peu décent. Le monde trouvait bon qu'il eût une amitié intime, comme un demi-mariage. Quand l'archevêque Harlay, décrié pour ses couturières, prit une amie sortable, une veuve, une duchesse, il ramena l'opinion. Le Cardinal Bonzi à Toulouse adorait (et payait) Mme de Ganges. La perdant, il mourut, et on le plaignit fort. Au plus haut du clergé, le grand Bossuet lui-même eut, sans trop de mystère, une amie, de trente ans plus jeune, qu'il protégeait (de crédit et d'argent) (*Floquet*).

Le dix-huitième siècle n'était pas plus sévère. Nos philosophes, largement indulgents, dispensaient le clergé de soutenir cette gageure d'un miracle impossible. Aux faiblesses du prêtre ils appliquaient leur mot, leur commode formule : *Retour à la nature*. L'affaire de La Cadière, à ce tolérantisme, opposa la réalité : l'*Anti-nature* barbare, l'excentricité libertine, le sauvage égoïsme, le rut impitoyable et tout à coup féroce pour étouffer, enfouir, ensevelir.

Retour à la nature ? à l'amour ? Point du tout. Sous l'orgueil monstrueux d'un miracle de pureté, on entrevit un monde et de fangeux mystères et de crimes muets. On devint curieux de ces jardins murés, si bien clos, des couvents. On devina fort bien qu'ils gardaient quelque chose. Ils paraissaient funèbres. De nos jours, ceux de Naples, ceux de Vienne, Bologne, tout récemment ont dit pourquoi.

Que fût-il arrivé si de vrais magistrats, comprenant leurs devoirs, avaient avec la Loi pénétré ces clôtures, sondé la terre sacrée, lui eussent arraché ses secrets, évoqué ce grand peuple des enfants morts avant de vivre, ces petits os blanchis que nous retrouvons maintenant ? Jusque-là le clergé était si haut, que le juge, devant ces murailles, passait discrètement et sans lever les yeux. Mais enfin la Justice, l'Humanité, grandissaient en ce monde. Fleury ne pouvait toujours vivre. Et après lui peut-être, un des hardis jansénistes du Parlement eût pu montrer cette énorme apostume, cette suppuration souterraine des bas-fonds ecclésiastiques.

Fiévreux de cet abcès, le clergé s'agitait, le clergé se hâtait, se précipitait sans mesure. Seulement, ce grand coup d'octobre 1731, l'affaire de La Cadière, le montrait trop, constatait qu'en criant contre les Parlements, la justice laïque, très manifestement il voulait supprimer les censeurs de ses mœurs, et s'assurer les douces libertés d'Italie, sécurité, impunité [1].

Maintenant si le roi défend aux Parlements de s'occuper en rien des affaires *ecclésiastiques*, on comprend l'intérêt que le clergé y a. On rit. Les chansons courent. Dans la rue, tout Jésuite qui passe est suivi de ce cri : « Girard ! voilà Girard ! » Si l'on ne crie, on chante les airs anciens et populaires de

---

1. Ces libertés éclatent dans les enquêtes que fit l'austère et pieux évêque Scipion Ricci (Voy. ses *Mémoires*, éd. de M. Potter). Mais elles existaient même en France dans les hautes et nobles abbayes. Le vénérable M. Lasteyrie avait vu avec étonnement celle de l'abbaye de Panthémont à Paris (Lasteyrie, *Confession*). C'était bien pis au loin, surtout dans le Midi, tout se passait publiquement. Le noble chapitre des chanoines de Pignans, qui avait l'honneur d'être représenté aux États de Provence, ne tenait pas moins fièrement à la possession publique des religieuses du pays. Ils étaient seize chanoines. La prévôté, en une seule année, reçut des nonnes seize déclarations de grossesse (*Histoire manuscrite de Besse*, par M. Renoux, communiquée par M. Thouron). Cette publicité avait cela de bon que le crime monastique, l'infanticide, dut être moins commun. Les religieuses, soumises à ce qu'elles considéraient comme une charge de leur état, au prix d'une petite honte, étaient humaines et bonnes mères. Elles sauvaient du moins leurs enfants. Celles de Pignans les mettaient en nourrice chez les paysans, qui les adoptaient, s'en servaient, les élevaient avec les leurs. Ainsi, nombre d'agriculteurs sont connus aujourd'hui même pour enfants de la noblesse ecclésiastique de Provence.

la sainte béquille du bon Père Barnabas, ce capucin fameux, prêcheur zélé des filles, qui, surpris, leur laissa ce gage. Tabatières, habits, meubles, tout est à La Cadière, tout est à la Béquille. Et nul obstacle à ce torrent.

Les fureurs du clergé montent au comble. Ayant reçu le coup dans les reins, affaibli, il est plus violent, et s'affaiblit encore. En 1732, lorsque le Parlement appelé chez le roi, condamné au silence, n'obtint qu'un mot dur : « Taisez-vous ! » — lorsque le vieux Pucelles, à genoux, pose aux pieds du roi l'arrêt de résistance, — lorsque enfin ce papier remis au singe Maurepas, est par lui mis en pièces, — la scène est odieuse, mais bien plus ridicule encore.

En vain au 18 août, le clergé se décerne par la bouche du roi l'objet de tous ses vœux, *l'annulation du droit d'appel* qu'avait le Parlement en abus ecclésiastiques. Rien ne sert, ni exils, ni prisons, ni enlèvements. Ceux qu'on enlève sentent qu'ils ont avec eux tout le peuple. Et c'est Versailles qui cède. En décembre, il recule. Il abandonne (sous forme de sursis) ce que le 18 août il a accordé au clergé. Celui-ci est vaincu. Il reste pour toujours soumis aux justices laïques.

Il manqua pour toujours ce qui fut son grand but secret, son tribunal à lui, dont le plan existait déjà tout préparé. Les papiers Maurepas en ont eu la copie[1].

---

1. Voir *Mémoires Maurepas*, II, 200. — « La cour d'Église, dit Grimaudet, c'est la porte de derrière, la fausse porte, la poterne de la justice, moyen d'impunité pour tous les sacripants. » — Dom Roger, *Anjou*, 420.— Bonnemère, *Paysans*, II, 182.

Ce point-là est acquis et pour l'éternité : le clergé perd l'espoir de retourner au Moyen-âge, de se refaire son propre juge. L'œil de la Justice est sur lui.

Pour la royauté, il la garde, à la honte du roi, de la France.

Ridicules au dedans, ridicules au dehors, nous sommes l'amusement de l'Europe (*Villars*).

Quelque faible, caduc, que puisse être ce gouvernement, il va et il ira de même. La mécanique est montée de façon que, sans une secousse violente qui la détraque brusquement, il n'y a nul espoir d'arrêter. La guerre seule aurait chance de rompre ce déplorable engrenement.

Chauvelin dit franchement à son jeune ami d'Argenson la secrète pensée du moment : « Il a fallu tenter la guerre... Nous devenions trop méprisables. »

CHAPITRE VII

Zaïre et *Charles XII*. — La Guerre. (1732-1733.)

La devise légère qu'un chevalier jadis portait sur son écu à travers les batailles : « Chant d'oiseau! » c'est celle que la France, parmi tant de misères, gardait le long de son histoire. A ce premier réveil de 1733, quand l'Europe la croyait morose, épuisée et glacée, elle se lève guerrière et rieuse, avec la chansonnette du pacha français Bonneval, et autres petits airs, que nos pères ont chantés jusqu'à la *Marseillaise*. C'était bien peu de chose. Mais de rythme et d'élan, ces airs n'en furent pas moins aux soupers, aux combats, de vraies marseillaises inspirées.

La France d'aujourd'hui, qui pose et se croit grave, ne comprend même plus comment c'était chanté. Elle serait tentée de n'y voir que l'ivresse. Mais les voix avinées n'ont pas ces mélodies. Les buveurs d'eau, les sobres, les maigres s'en grisaient. Deux choses en font l'accent qui ne sont pas vulgaires.

C'est chant d'oiseau moqueur, risée des vieilleries. De plus, chant de l'oubli, celui de l'alouette qui plane insouciante, se rit de la vie, de la mort.

Aux colonies lointaines, nos Frances étrangères, plus émues que nous-mêmes, dans ces chansons rieuses ressentaient la patrie. Nos *coureurs de bois* qui passaient presque nus sous le ciel l'hiver du Canada, les dansaient avec l'Iroquois. Nos gens de Saint-Malo, fiers officiers, corsaires, quand soufflait la tempête, lui sifflaient ces refrains. Nos soldats tout à coup si brillants dans la guerre qu'ils n'avaient jamais vue, quand quinze cents Français attaquaient vingt mille Russes, pour eau-de-vie avaient ces petits chants moqueurs qui font rentrer la mort dans les rangs ennemis.

Voltaire, sans perdre temps, nous fit le *Charles XII*, vrai livre de combat. Mais le livre vivant, c'était ce Français-Turc, Bonneval, qui, disait-on, transformait l'empire Ottoman[1]. Il était l'entretien, la légende du temps. Plusieurs allaient le joindre joyeusement, voulaient se faire Turcs.

On connaît son histoire bizarre, tragique, originale. Dès douze ans, sur mer, à La Hogue, à tous les com-

---

1. Le prince de Ligne, dans sa charmante Notice sur Bonneval (édition Barbier, 1817), va jusqu'à dire que c'était un homme de génie. Je n'en dirais pas tant; mais, pour l'esprit, l'audace, la bravoure, le coup d'œil rapide en mille choses, c'est le Français peut-être le plus Français qui fut jamais. Presque toutes les biographies ont indignement défiguré sa vie. Dans la seule bonne, celle du prince de Ligne, on trouve avec ses jolies lettres, celles de sa femme (une Biron), qui sont adorables. Quand il revint à Paris sous le Régent, on le maria. Mais le lendemain il apprit que Belgrade était en péril, cernée, qu'il y aurait bataille. Il partit, et n'est jamais revenu. On ne lui pardonne pas quand on lit les lettres de la petite femme, inno-

bats de Tourville. Puis soldat de Vendôme. Magnifique en bataille et la stupeur de l'ennemi. Il ravit jusqu'au froid Eugène, saisit d'admiration les Turcs à Peterwaradin. Pour son malheur il ignorait que le vrai roi moderne est le commis. Une lettre insultante des commis de Versailles l'exaspère. Il déclare la guerre au roi et passe à l'Empereur. Mais c'est bien pis à Vienne. Il y trouve les commis d'Eugène, lourde canaille allemande, insolente, hypocrite. Cette grosse Vienne, bigote et barbare, ne supporte pas un rieur que jamais on ne vit au cabaret ni à la messe. Plus, Français obstiné, qui dans cette maison d'Eugène si haineuse pour nous, à chaque instant tire l'épée pour la France. Cela le perd. On le poursuit à mort jusqu'au milieu des Turcs où il cherche un asile. Croira-t-on bien ici que notre ambassadeur de France, loin de protéger un Français, eût voulu que les Turcs livrassent leur hôte aux Allemands ? On sent bien là la main du prêtre, de Fleury, bon Autrichien, et bas valet de l'Empereur. Cela se passe en 1729. On peut prévoir déjà ce que fera bientôt le vieux tartufe.

Le mal de Bonneval, c'est d'être trop Français. Le

---

cente visiblement, très vertueuse, qui pendant douze ans le rappelle, le supplie, avoue humblement, naïvement, qu'elle se meurt de ce veuvage. Il ne pouvait guère revenir. Il eût étouffé sous Fleury. Mais peu à peu sa passion pour la France alla augmentant, l'accabla. Quand il était seul, il s'habillait à la française. Et un jour qu'un ami l'avait invité, une virtuose italienne ayant malheureusement chanté un air français, cet homme d'acier éclata et fondit en larmes. — Je ne connais pas de livre plus joli que cette Notice. On imprime tant de romans fades et on ne réimprime pas des choses vraies, bien plus romanesques, comme la *Vie de Bonneval*, le *Procès de La Cadière*, etc.

voilà à Constantinople qui remue le monde pour nous. Réveiller les Turcs, la Suède, rembarrer la Russie, anéantir l'Autriche, c'est-à-dire, faire revivre les peuples qu'elle étouffe (Hongrie, etc.), c'était l'idée de Bonneval. C'était celle des Bellisle ici. Beaucoup de bons esprits, Chauvelin, d'Argenson, prenaient fort à cela. Bonneval n'était point un rêveur, mais très positif. Il commençait par le commencement, créait à la Turquie ce qu'elle avait trop négligé, une redoutable artillerie. Il savait le fort et le faible des armées de l'Autriche, la caducité idiote de cette maison qui s'éteignait.

Le parti de la guerre, chez nous, n'était pas ridicule. S'il le devint, c'est qu'il eut dans Fleury l'obstacle insurmontable, par qui tout était impossible, tout avortait et tournait de travers.

L'organe principal du parti c'étaient les petits-fils de Fouquet, les Bellisle, intrigants si l'on veut, mais qui savaient beaucoup, qui avaient beaucoup vu, esprits vastes qu'on eût proclamé des génies si la fortune n'avait été contre eux. Fortune ? hasard ? Non pas. La très fixe influence de la vieille soutane qui, de Versailles, paralysait la France.

Voyons si leurs affirmations étaient aussi légères, aussi chimériques qu'on a dit.

1° Ils affirmaient, avec Villars, qu'ici on naît soldat, qu'après vingt ans de paix le Français rentrerait aux combats aguerri. Cela se trouva vrai, non seulement dans les attaques, mais dans les résistances, quand en Italie, par exemple, ils soutinrent tout un jour l'orage de la cavalerie de Hongrie et la masse écrasante des cuirassiers de l'Empereur.

2° Ils disaient l'Autriche au plus bas, très peu solide en Italie. Et cela se vérifia. En Allemagne même et pour sa défense directe, l'Autriche n'eut que soixante mille hommes. Nous en avions cent mille. Eugène usé, vieilli, regarda, n'agit point.

On objectait vainement les succès de l'Empereur sur la Turquie, ses conquêtes de Passarowitz. Choses antiques, et de quinze années. Tout était changé, et la chance retournée. Il y parut bien, lorsque plus tard la Turquie relevée (en 1739), seule, sans la France, reprit l'ascendant sur l'Autriche et lui arracha la Servie.

Fleury restant, tout était impossible. Fleury partant, tout se pouvait. Il tenait fort. Pour l'arracher de là, il fallait préalablement une chose bien difficile : que, par quelque coup imprévu, le roi, ce serf de l'habitude, y échappât, sortît du cercle où était enfermée sa vie.

Beaucoup le disaient nettement : « Rien à faire s'il ne prend maîtresse. Contre la vieille femme Fleury, il en faut une jeune qui donne un peu de cœur au roi. »

Le moment était singulier. Excédé des sottises, des disputes ennuyeuses, le public leur tourna le dos. Une génération toute nouvelle depuis Louis XIV était venue, des hommes de l'âge du roi, de vingt ou vingt-cinq ans qui voulaient du nouveau. Ce qui fut neuf vraiment, c'est que, pour un moment, le froid plaisir ne fut plus à la mode. L'esprit galant céda. On crut aimer vraiment. On fut amoureux de l'amour.

Les arts lyriques nous menaient à cela. Leur réveil fut la danse vers 1728, la mimique passionnée. Tout fut changé quand la noble élégance de la Sallé fut remplacée par la figure étrange de la fée du Midi, la romaine-espagnole, la Cupi-Camargo. Sous elle, le théâtre brûlait. On ne sait quelle force ardente et sombre était en cette personne laide qui troublait les cœurs, rendait fou. Elle était malheureuse, et à chaque instant enlevée.

La musique suivit, et l'on en fit partout. Contre le vieux Lulli, qui rappelle trop Louis XIV, surgit l'austère Rameau, qu'on appela le Newton de la musique. Voltaire lui fait *Samson*. On chante l'opéra dans les brillants salons des Fermiers généraux, chez La Popelinière et l'aimable Deshaies, sa muse. Chez Samuel Bernard et son amie, Mme de Fontaine-Martel, leurs filles de beauté renommée (Mme Dupin et mylady Kingston) avec Voltaire jouaient la tragédie.

C'est dans cette atmosphère de femmes, dans cet air chaud d'art et d'amour, qu'il trouva une perle, la première chose *humaine* qu'il eût pu faire encore. Il sent, à trente-sept ans, son cœur. Au printemps (1732), un moment échappé à Mme de Fontaine-Martel, seul à Arcueil chez Madame de Guise, en vingt-deux jours il fait *Zaïre*.

« Pièce chrétienne », dit-il. Mais le vif intérêt est pour un musulman, le noble et touchant Orosmane. Le pacha Bonneval avait mis les Turcs à la mode.

Orosmane n'est pas aussi ridicule qu'on a dit. C'est le Saladin de l'histoire, chevaleresque et généreux. S'il est Français, d'autant plus il nous touche, il est *nous*, et on est pour lui (plus qu'on ne serait pour un Maure, comme Othello). Les chrétiens discoureurs, Nérestan, Châtillon, déplaisent furieusement au public ; ils viennent à contre-temps. On enverrait au diable bien volontiers ces fanatiques. Bref, le drame, avec ses sermons, ce verbiage qui ne trompait personne, pour l'effet est antichrétien.

La pièce n'est pas forte, mais charmante, au point du public, juste au point des acteurs, de l'actrice qui fit *Zaïre*. Mlle Gaussin n'eut pas les dons sublimes et puissants de la Lecouvreur. Elle était faible, douce, timide. Elle annonçait quinze ans (à vingt). Elle excellait au simple, et dans l'adorable ignorance (par exemple dans l'Agnès de l'*École des femmes*). C'était réellement une excellente créature, fort désintéressée, d'un bon cœur, faible et tendre. C'est pour elle que pour la première fois entre ce mot dans notre langue : « Avoir des larmes dans la voix. »

Tous en eurent, au moment où Orosmane vaincu dit : « Zaïre, vous pleurez ? » Ce mot et quelques autres eurent un incroyable succès d'émotion. L'âme française, un peu légère, mobile et refroidie par le convenu, l'artificiel, semble à ce moment gagner un degré de chaleur.

L'amie chez qui logeait Voltaire, l'amie de tous les gens de lettres, Mme de Fontaine-Martel, très malade, mourante, s'obstinait à aimer encore. En mourant, elle dit : « Ma consolation est qu'à cette heure je suis sûre que quelque part on fait l'amour. »

Paris agissait sur Versailles, l'Équateur sur la Sibérie. Le Roi, qui avait vingt-deux ans, resterait-il tout seul hors de ce courant général? On aurait pu le croire. Ses tristes habitudes d'enfance semblaient l'avoir séché, l'avoir rendu impropre à jamais à l'amour. Son plaisir, dès qu'il fut un peu grand, n'était pas d'un cœur gai, d'une bonne nature; c'était de faire le maître et de tenir école, d'user avec ses écoliers de sévérités libertines (*Maurepas*). Marié, presque malgré lui, comme on a vu, il fut six mois sans voir qu'il avait une femme. Elle avait vingt-deux ans, lui quinze. Elle n'était pas belle, mais très charmante. Il ne faut pas la voir au triste portrait de Versailles, mise en vieille, dans ce grand fauteuil, mais à cheval, où elle était très bien[1]. Elle était tout à fait son père et si aimée de lui que sa mère en était jalouse. Elle avait l'air un peu garçon (*Hénault*), d'un enfant bon et doux, et de petit esprit. Mais jamais cœur de fille ne vint au mariage plus amoureux, plus tendre. Le roi de France avait été son rêve; on lui avait prédit qu'elle l'aurait. Il fut le ciel pour elle. Stanislas avait vu en ce bonheur étrange un miracle de Dieu. Passage étonnant, en effet, de la mendicité au trône. Elle arriva, on peut dire, nue, sans chemise (on lui en

---

[1]. Ce qui le prouve, c'est que les maîtresses ne voulaient pas qu'elle suivît le roi à la chasse en amazone (Argenson, II, 55, J.).

donna), attendrissante de pauvreté, d'humilité, mais de timidité extrême. Cette grande fille, innocente et tremblante, près de cet enfant vicieux, ne fut longtemps pour lui qu'un autre camarade, moins rieur, plus soumis [1]. Le but du mariage était manqué. On s'en prit à la reine. Elle l'aimait trop pour le changer. Elle était si faible pour lui que, quand il fut malade, on crut qu'elle mourrait elle-même.

La crainte de la mort, la peur dévote agissant sur le roi, le réforma. Elle devint enceinte; mais elle avait été si durement médicamentée par les sots médecins qui croyaient décider la chose, qu'elle commença par avorter. De là une succession de couches pénibles, et coup sur coup. Le roi, dans sa froideur, était d'une régularité impitoyable. D'Argenson dit : « Il lui fit sept enfants sans lui dire un mot. »

Ce fut, je crois, vers 1732 (après deux grossesses

[1]. Les Jésuites voudraient nous faire croire que leur sévérité excessive dans la confession aurait donné des scrupules à la reine sur les caprices du roi. A qui feront-ils croire cela? Tous les confesseurs de ce temps imposent à l'épouse l'obéissance illimitée. Proyart dit qu'on eut tort de dire que la reine était prude, décourageait le roi. Avec toute sa dévotion, elle semblait avoir des instincts sensuels. Elle aimait les comédies libres (*Vie de Rich.*, I, 332), écoutait parfois volontiers certains propos inconvenants (Arg., I, 234).

Loin d'éloigner le roi, ce fut plutôt par l'excès de la complaisance qu'elle l'enleva aux amitiés honteuses, amenda ou cacha ses vices. A son retour de chasse, ou après ses soupers des petits cabinets, il était très aveugle (jusqu'à prendre la première venue). Plusieurs fois il tomba du lit (De Luynes). Parfois aussi la reine (souffrante d'infirmités précoces) se levait, gagnait temps, prétextant quelque chose, disant chercher son petit chien, etc. Mais tout cela fort tard, quand elle fut à bout et malade, quelquefois si incommodée que, d'un appartement à l'autre, elle allait en chaise à porteurs (De Luynes).

en vingt mois), qu'elle eut la triste infirmité dont parle Proyart, une fistule. Quel martyre pour la pauvre dame qui avait peur de rebuter, qui avait peur de refuser ! Et son amour croissait. Ses enfants, presque tous des filles, étaient son image même. Le roi y fut pour peu. Plus il était froid, sec, plus elle y donnait de son cœur. Elle eut (1731) une enfant qui n'était que flamme, où l'ardeur polonaise apparut tout entière, la véhémente Adélaïde. Au moment de *Zaïre* (août 1732), quand on ne parlait d'autre chose que de l'attendrissante actrice; la reine fut enceinte d'une enfant qui avait ces dons, la très douce Madame Victoire. Mais l'enfant, faible et molle, marquait assez combien la mère s'affaiblissait. Si, malade plus tard, au hasard de sa vie, elle redevint encore enceinte, ce ne fut qu'un malheur. Deux tristes avortons, scrofuleux, cacochymes, que leur père appelait *Chiffe* et *Graille*, augmentèrent le dégoût du roi.

Revenons. Pendant la grossesse pénible dont naquit Madame Victoire, la reine étant sans doute trop affligée par la nature, le roi se trouva seul, hors de ses habitudes invariables. Situation nouvelle impossible. Bachelier, vivant là, voyant tout, avertit Fleury. Il y avait péril en la demeure. Fleury n'ignorait pas que les princesses de Condé avaient toujours serré de près le roi. Pour leur fermer la porte, il fallait une femme. Il demanda conseil à la Tencin.

Il n'agit pas non plus sans consulter son oracle d'Issy, le rude Couturier, son nouveau directeur. Mais les rudes sont doux au besoin. « Un petit mal pour un grand bien », c'est la règle en casuistique. Quel bien plus grand que de garder le roi sous la main de Fleury, c'est-à-dire de l'Église? Une femme fut achetée pour le service du roi.

C'était une demoiselle de Nesle, Mme de Mailly, une dame de la reine. Son mari ruiné, parasite, n'allait qu'en fiacre et vivait de hasards. La personne n'était pas jolie, une grande brune, maigre (Italienne du sang paternel), excellente du reste, honnête et très respectueuse, discrète, qui rougirait plutôt, ne triompherait pas de sa honte.

La pauvre femme n'en avait nulle envie. Son mari le voulut et reçut vingt mille francs. Elle alla grelottante (décembre 1732) dans un entre-sol de Versailles. Rien de plus glacial en tous sens. Les misérables vingt mille francs mangés sur l'heure par le mari, elle expliqua au roi sa pauvreté. Mais le roi aussi était pauvre, et il n'aurait osé demander à Fleury. Ce fut par Chauvelin, et sur les fonds de la Justice, que très secrètement il tira quelque argent. Tout fut réglé ainsi : mille francs par rendez-vous, c'est-à-dire deux mille par semaine; au total : cent mille francs par an.

Ce ladre de Fleury, qui, avec vingt mille francs, croyait pourvoir à tout, fut attrapé par Chauvelin, qui naturellement prit un peu d'influence. Depuis longtemps il cheminait sous terre, isolé de la Cour, livré tout au travail et trompant d'autant mieux. Dès lors certainement il put agir un peu par la Mailly, reconnaissante, d'ailleurs très bonne et qui aimait la reine, qui connaissait ses vœux pour que son père redevînt

Roi. La reine courtisait fort Villars, le grand prêcheur de guerre. Elle ignorait absolument l'action sourde de Chauvelin, et encore plus cet entre-sol. Mais les effets parurent. Sans que le roi sortît de son mutisme, on voyait aux Conseils qu'il était fort changé, qu'il arrivait tout prêt à croire Villars plus que Fleury. Chaque jour le vieux maréchal parlait plus haut, Fleury plus bas.

Dès février 1733, s'était posée la grande affaire européenne. Auguste II mourant, Villars contre Fleury soutient que Stanislas n'a pas abdiqué, qu'il est roi. Fleury traîné, forcé, ne put plus résister au courant. Il crut sage de complaire, de lâcher la main. Le roi, fort de Villars, de la jeune noblesse, de tout Versailles enfin, le 17 mars (chose inouïe), parla, et devant les ambassadeurs! Il dit que la Pologne avait droit de choisir, « et que lui, roi de France, il soutiendrait l'élection ».

Élection aidée de présents d'amitié. Fleury, en gémissant, se laisse tirer un million. L'Assemblée vote bien, très honorablement (mai) *qu'elle ne choisira pour roi qu'un Polonais*, ce qui exclut Auguste, fils du mort, l'Allemand, le candidat des Russes. Fleury, non sans regret, s'arrache de nouveau trois millions. Cependant l'Empereur dès le 21 mars avait impudemment parlé avec mépris du droit d'élection. On avait répondu d'ici avec hauteur.

L'honneur était en cause, la guerre presque certaine. La chute de Fleury paraissait infaillible. Espoir de liberté! Voltaire guettait cela, regardait Chauvelin et l'émancipation prochaine. Celui-ci, dans son double rôle, entre Fleury et le public, n'osait être indulgent, mais il clignait de l'œil, voyait, ne voyait pas, menaçait et laissait passer. La question était de savoir si Voltaire aurait jour à lancer ses *Lettres anglaises*. Lorsqu'en 1730, les Marmousets crurent faire sauter Fleury, Voltaire écrit à Thieriot, alors à Londres, qu'on peut donner ces *Lettres* en anglais. Puis : « Attendons encore. » Cependant l'immense succès de *Zaïre* et de *Charles XII* l'encouragea à faire imprimer en français, à Rouen, chez Jore, libraire du *Charles XII*, — imprimer et non publier, attendre le moment. La guerre qu'on prévoyait lui parut favorable pour lâcher son oiseau à Londres; j'entends l'édition anglaise, Pour la française, il ne faisait pas doute qu'il n'y eût un orage, que Chauvelin ne fît au moins semblant de le poursuivre, et qu'il ne fallût déguerpir. Il était prêt, il perchait sans poser. Déjà il étendait ses ailes, de façon que le livre s'envolant de Rouen, l'auteur s'envolât de Paris. Il passa une année dans ces fluctuations, souvent malade et rimant dans son lit une mauvaise pièce nationale (sa faible *Adélaïde*). Il disait en juillet : « Attendons. Dans deux mois j'imprimerai ce que je voudrai. »

Vers août et septembre en effet, selon cette prévision, Fleury fut au plus bas, et au plus haut le parti de la guerre dont la France attendait son émancipation. Bellisle et Villars l'emportèrent. Tout le conseil fut entraîné et jusqu'au duc d'Orléans, personnage dévot et demi-janséniste, qui avait horreur de la guerre, et qui convint pourtant qu'engagés à ce point, on ne pouvait plus reculer.

Cela donna courage à Chauvelin, qui, sous forme modeste, affectant de ne faire que suivre l'élan général, agit très fortement. Il prépara, signa le 26 septembre le traité de Turin avec l'Espagne et le Piémont pour chasser d'Italie l'Autriche.

Le Piémont doit avoir le Milanais. Et il nous cédera la Savoie? point débattu longtemps. La France magnanime n'insiste point pour avoir la Savoie ; elle se croit payée si elle chasse l'Autrichien d'Italie.

Des deux *infants d'Espagne*, l'aîné Carlos prendra les Deux-Siciles, Philippe la Toscane, Parme et Plaisance.

L'Espagne nous payait des subsides, fournissait de l'argent. Cela parut calmer Fleury.

Une nombreuse armée, occupant la Lorraine, sous Berwick, marche à l'est, et doit franchir le Rhin.

Notre armée d'Italie, sous Villars, va passer les Alpes.

Et dans Brest une escadre se prépare sous Duguay-Trouin.

Tout cela toléré par Fleury, malveillant. Et tout au nom du roi, qui, même avant la guerre, déjà occultement est fort refroidi par Fleury.

Mais la France allait d'elle-même, marchait seule un moment à l'envers de la royauté.

CHAPITRE VIII

La Guerre. — Fleury et Walpole. (1733-1735.)

Fleury et les Walpole n'avaient pu empêcher la guerre. Il s'agissait pour eux de l'entraver, de la faire avorter, d'en limiter les résultats.

Trahir les Polonais encouragés et compromis par nous, surtout sauver l'Autriche, au moment imminent de sa destruction, c'est l'œuvre calculée de la politique d'alors. Ceux qui menaient Fleury, ses directeurs d'Issy, chérissaient dans l'Autriche le bigotisme militaire, la dragonnade de Hongrie, la persécution de Saltzbourg (1731); l'Angleterre, protestante et chef des protestants, chérissait l'épée catholique, le boucher autrichien et sa horde barbare, qu'elle peut par moments solder et lancer sur l'Europe.

Le vieux Fleury, le jeune Horace Walpole s'aimaient, ne pouvaient se quitter. Horace, filialement, apportait à Fleury ses dépêches de Londres, et le priait de lire, corriger ses réponses (*Saint-Simon*, chap. DVI). Fleury, malgré son âge, allait à chaque instant de Versailles à Issy, et, malgré tant d'affaires, y faisait des retraites. Ainsi, parfaite entente de l'Anglais, du Papisme, pour l'Autriche et contre la France.

Le roi pouvait gêner. La reine et la Mailly, l'épouse et la maîtresse, étaient du parti de la guerre. En mars, et depuis même, il avait parlé en ce sens. Il avait été impossible de ne rien faire du tout. On rassemblait des troupes, mais sans vivres. Brest avait une escadre, mais désarmée. Cela gagnait du temps. L'été vient, bientôt passe. Nous sommes au milieu d'août. Heureux délai pour le Saxon, le Russe, l'Autrichien, dûment avertis.

Le 16 août 1733 fut le moment de crise. Un cri désespéré était venu de la Pologne. Les chefs du parti national avaient écrit à Stanislas que, s'il n'arrivait, tout était perdu. C'était un de ces jours où, dans un État sérieux, les conseils restent en permanence, siégeant le jour, la nuit, mettant les minutes à profit. La reine était sur les charbons. Villars bouillonnait sans nul doute. On est bien étonné de lire chez ce général courtisan cette ligne sèche et contenue : « Il n'y aura rien d'important. » Car le roi est absent. Il est allé se promener. Promener? où? miracle! à Chantilly! à ce château de la disgrâce, chez l'exilé Monsieur le Duc, autour duquel Fleury depuis sept ans gardait un cordon sanitaire. Jadis chasseur, ce prince, séquestré, n'osant remuer, s'était fait une vie innocente de graveur, de naturaliste, chimiste, etc. On s'en moquait en cour. « Est-ce qu'il veut se faire médecin ? » Que va donc faire le roi chez ce pauvre Monsieur le Duc ? Le consoler, sans doute. Un Condé, sans emploi au moment de la guerre, méritait d'être plaint. Mais quoi ! laisser tout pour cela ?

La vieille Madame la Duchesse, démon d'impureté, exquise en toute ordure, dont les petits vers sales barbouillent les recueils Maurepas, avait imaginé « de faire son fils cocu pour le refaire ministre ». Ses filles (Charolais et Clermont), effrénées, débridées, mais pas jeunes, aidaient à cela. Fleury le savait bien, et il en vit l'essai (juillet 1731), lorsque, à Fontainebleau, elles produisirent leur princesse, une jolie petite Allemande, toute jeune (Monsieur le Duc eût pu être son père). La petite, fort lasse de Chantilly, et brûlant pour Versailles, s'avança fort et plut. Elle eut pour son mari un premier signe de faveur, au moins un joujou militaire (régiment des dragons Condé). Fleury y coupa court. Bientôt vint la Mailly. Amour hebdomadaire, un quasi mariage, qui ne fit rien au rêve, à l'idéal de Chantilly. Y envoyer le roi (quel qu'en fût le prétexte), dans ce lieu charmant, dangereux, ce fut un coup habile, un moyen admirable de le mettre à cent lieues de l'affaire discutée, de lui faire oublier la guerre pour la guerre au mari jaloux.

Monsieur le Duc l'était extrêmement, et amoureux. Il n'avait qu'elle, dans la solitude et l'exil. Contre les galants ordinaires, il alla jusqu'à l'enfermer. Que faire contre le roi ? Il ne pouvait pas la cacher, lorsque le roi, revenant de Compiègne, passait par Chantilly.

Pouvait-il l'empêcher de voir sa vénérable mère ? de voir sa chaste sœur à leur joli Madrid, où le roi se grisait la nuit ? En décembre 1736, Monsieur le Duc est en pleine faveur. Et, pour le constater, sa mère reçoit pour la petite femme un don solennel de diamants (Fleury n'est pas toujours avare), les lui plante en aigrette au front (*De Luynes*). Elle en garda sa part. Comblé et caressé, désespéré, son fils l'a marquée d'un mot au fer chaud : « N'était-ce pas assez d'avoir vendu vos filles, sans trafiquer de votre bru ? »

Revenons. Dans ces jours de la suprême décision, 17 et 18 août, le roi resta à Chantilly, revint le 19 à Versailles. La reine était à l'heure, on peut dire, de sa passion, entre la vie, la mort. Stanislas paraissait le plus lâche des hommes s'il ne partait, s'il n'écoutait l'appel très pressant de son peuple. Le 20 au soir, le père s'arracha de sa fille, pour le plus périlleux voyage qui jamais se fût entrepris, pour traverser l'Europe, tant d'États ennemis, pouvant à chaque instant être arrêté, tué, par ceux qui souvent contre lui avaient tenté l'assassinat. Sa fille, qui se mourait d'angoisses, tremblait de rien montrer, d'accuser par ses pleurs le départ de son père. Le roi, justement à cette heure, le soir du 20, au lieu de rester avec elle, alla coucher à La Muette. Apparemment Fleury craignait qu'à ce départ tragique, à ce déchirement, la reine, qui eût touché les pierres, n'en tirât quelque mot pour son père et pour son pays.

Stanislas part le 20, à travers mille dangers arrive

à Varsovie (5 septembre 1733). Il est l'élu national d'un peuple qui veut vivre encore. Soixante mille seigneurs, gentilshommes, votent pour lui. Brillante cavalerie, mais dispersée, qui craint pour ses foyers. Aucune armée organisée. Le traître Auguste a désarmé d'avance. Cependant l'Allemand n'est pas entré encore, et l'on n'aura affaire qu'aux Russes. Dix mille Français, si on les avait eus, eussent fourni un noyau suffisant. Stanislas y comptait. Retiré à Dantzig, il attendait la flotte de Brest, qu'il avait laissée sous un homme sûr, déterminé, de parole, Duguay-Trouin. Il ignorait la comédie qui se jouait de Walpole à Fleury. Le premier, devant Brest, avait quelques vaisseaux anglais qui allaient et venaient[1]. Cela fournissait à Fleury cette ignoble et menteuse excuse : « Nous n'osons pas sortir. Horace dit : « *Ce serait une atteinte* « *aux libertés commerciales que les traités assurent à la* « *navigation de la Baltique.* » Horace s'y oppose... « Demandez à Horace... » Voilà l'hiver, les glaces. La Baltique est fermée.

La ville de Dantzig s'obstinait noblement à défendre son roi, légalement élu. Elle bravait les Russes qui arrivaient. Qui croirait que si tard, ne voulant rien au fond (qu'amuser et tromper la reine!), on eut l'indignité, le 18 novembre encore, de faire écrire le man-

---

[1]. Ce fait, absolument ignoré des historiens, m'est donné par un livre rare, dont je dois la communication à M. Ladislas Mickiewicz : *Histoire de Stanislas* (par M. Chevrier), Londres, 1741. — A cela près, Villars, Noailles, Duguay-Trouin, etc., donnent tout ; Noailles surtout, nos misères d'Italie, l'imprévoyance du ministère, l'abandon de nos soldats, sans abri, sans hôpitaux, etc.

nequin royal, d'encourager les résistances par les paroles de Louis XV, et d'enhardir Dantzig à se faire écraser?

Sur le Rhin, on avait trouvé moyen de ne rien faire non plus. Nous avions cent mille hommes; l'Autriche, par le dernier effort, n'en eut que soixante mille. Villars et les Bellisle voulaient que l'on perçât dans l'Allemagne, qu'on lançât la Bavière, qu'on mît en liberté tant de haines muettes. Fleury disait : « Sans doute, si nous avions l'Empire pour nous, nous entrerions. » — « L'Empire sera pour vous, lui répondait Villars, le jour que vous serez dedans. »

Mais Fleury, en traînant, gagne le 12 octobre, la saison pluvieuse. On passe alors le Rhin. Pourquoi ? pour rien du tout. On revient. *Car il pleut.*

C'est-à-dire que l'Autriche peut se tourner vers l'Italie.

Là même, autre déception. Villars avait cru tout facile. Mais comment ? Par la chute de Fleury, que l'on espérait. Le Piémontais aussi. Il était plus sincère pour nous qu'on ne l'a dit. Mais, Fleury restant maître et le ministère de la paix, il avait tout à craindre. Villars avait beau lui prêcher qu'il fallait accabler l'Autriche, pendant qu'elle était désarmée. Sourd et muet, le Savoyard s'en tenait à son Milanais. C'était déjà beaucoup, et plus sans doute que ne permettrait l'Angleterre. Cette amie de l'Autriche, qui déjà empêchait la France de l'attaquer en ces membres extérieurs, aux Pays-Bas, aurait-elle permis que le fougueux Villars, entraînant le Piémont, la frappât au Tyrol, et la menaçât au cœur même?

Villars eut un moment d'espoir, voyant, en février, l'armée des Espagnols qui enfin arrivait. Il y court. Mais déjà ils lui tournaient le dos, s'en allaient au Midi. Ils ont leurs ordres, ne veulent pas comprendre que leurs conquêtes du Midi ne seront rien, si on laisse l'Autriche armer derrière, se relever. Villars leur montre au Nord le gros nuage noir qui se forme au Tyrol. Rien de plus ferme que les fous. La Farnèse et Philippe défendent expressément qu'on agisse d'ensemble. Il faut qu'on coure à Naples. Plan stupide qui fut couronné du succès. Comment? Par un miracle que l'on ne devait pas attendre, par la valeur imprévue, étonnante, de nos soldats novices, qui tinrent les Autrichiens au Nord, montrèrent tous les courages, celui même qu'on n'attendait guère, un sang-froid merveilleux. Et cela (on peut dire) sans généraux. Villars était mort de chagrin. Deux vieillards lui succèdent, Coigny, Broglie, et gênés, de plus, glacés par les lenteurs voulues du Piémontais. Broglie, à la Secchia, presque pris, échappe en chemise. Mais partout nos petits soldats ont une solidité d'airain. Les Autrichiens, qui ont des corps merveilleux pour l'attaque, la charge hongroise aveugle, la rage en manteau rouge des Croates altérés de sang, avec cet enfer militaire qui trouble l'imagination, n'émurent en rien les nôtres. Ils reçurent à merveille tous les généraux ennemis qui venaient un à un se faire tuer en menant ces charges. Peu de prisonniers des deux parts. Aux batailles furieuses de Parme, de Guastalla, il fut constaté que la France, sans avoir jamais vu la guerre, était toujours la France de Malplaquet et de Denain.

Chose fort nécessaire, de salut pour les Espagnols, pour l'infant Don Carlos qui, dans son agréable promenade de Naples, aurait été bien dérangé. Les trente, quarante mille Allemands que nous tuâmes au nord de l'Italie lui seraient tombés dans le dos. Il put triompher à son aise, n'ayant qu'à recevoir les clés des villes qui venaient au-devant. Il put, même sur les petits restes des garnisons tudesques qui fuyaient du Midi, gagner une fort jolie bataille qui lui coûta peu (Bitonto, 25 mai 1734).

Au Nord, la vaillance inouïe de cette jeune France de la paix, précisément la veille (24 mai 1734), avait éclaté, et non moins l'éclatante lâcheté de son gouvernement. Il ne s'agissait plus du trône de Pologne, mais de la vie de Stanislas, enfermé dans Dantzig par l'armée russe, et que cette cité défendait. Cent mille hommes, Russes et Allemands, occupaient la Pologne. Trente mille serraient Dantzig. Elle était soutenue par sa foi à la France. Lui-même, Stanislas croyait très fermement que le père de la reine de France ne pouvait être abandonné. Les glaces empêchaient seules, disait-on, le secours. Elles fondent, on ne voit rien encore. Le 10 mai (joie immense!), on distingue quelques vaisseaux. Ils sont liés par leurs ordres précis. Ils descendent des hommes, mais, voyant tant de Russes, ils les rembarquent, laissant Dantzig dans le désespoir.

Un Français, un Breton, Plélo, était notre ministre

à Copenhague. Homme d'esprit, connu par des vers agréables, membre de l'Entre-sol (le club de l'abbé de Saint-Pierre), il était de ces rêveurs qui anticipaient l'avenir, qui avaient au cœur la patrie. Il rougit pour la France en voyant cette reculade. Il eut un sentiment aussi de pitié, de chevalerie, pour la pauvre reine de France. Les chefs s'excusant et disant qu'ils n'avaient pu mieux faire, que la chose était impossible : « Eh bien ! dit Plélo, suivez-moi. Vous verrez comment on s'y prend. » Il fait comme il le dit. Quelques Français le suivent. Avec ces amateurs et quinze cents soldats seulement, il attaquent les trente mille Russes à couvert dans leurs lignes. Il les forçait, s'il n'eût été tué.

Ces choses-là faisaient réfléchir les Anglais.

Elles augmentaient terriblement leur crainte de la France, leur amour de l'Autriche. Elles contredisaient fortement l'opinion bizarre que ces amis avaient de nous.

C'était chez eux un article de foi que nous n'existions plus, qu'après Louis XIV le peu qui restait de la France, le résidu des guerres, le *caput mortuum* des ruines et banqueroutes, était venu à rien, et comme race même était fini. Les purs Anglais, qui sortaient peu de l'île, étaient bien convaincus qu'il n'y avait ici qu'un ramas d'avortons, perruquiers, cuisiniers, maîtres de danse ou filles. C'est le sujet chéri d'Hogarth, le contraste éternel de l'Anglais fort, grand, bien nourri, et du Français, grenouille ou lézard qui frétille.

Cela allait plus loin. De l'autre côté du détroit, le *credo* était tel : le Français, c'est le vice ; l'Anglais, c'est la vertu. La petite chose gazouillante, dansante, qu'on appelle un Français, ne loge rien que vent dans sa tête légère ; ni foi, ni loi ; aucun principe. La solide créature anglaise, avec sa double base de Bible et de Constitution, marche au chemin de Dieu, et fait œuvre de Dieu en pesant sur la terre, mangeant le plus possible, et consommant de plus en plus.

Dès le commencement de la guerre, ils travaillaient sérieusement pour que la France n'y gagnât rien, pour que l'Autriche fût quitte à bon marché. Dans l'année 1734, ils ne se pressèrent pas, voyant morts Villars et Berwick, et la France sans généraux, espérant que l'Autriche, avec tous ses barbares, à Parme, à Guastalla, allait nous éreinter. Mais quand ils la voient elle-même usée et épuisée, Eugène à qui l'on prend Philipsbourg sous le nez, Mercy tué, Königseck qui traîne comme un serpent coupé, alors notre amie l'Angleterre sérieusement inquiète, se met devant l'Autriche, et décidément la protège. Elle se porte médiatrice (février 1735), et propose impartialement un plan tout autrichien.

Article premier. — L'unité, l'éternité de l'Empire autrichien, au profit de son héritière. Donc, point d'élection de Bohême, de Hongrie, et l'Empereur sera toujours un Autrichien.

Soufflet assez fort pour Versailles. Car on a flatté Louis XV, qui lui aussi descend de Charles-Quint, que la ligne mâle autrichienne s'éteignant, il pourrait arriver par l'élection. Fleury, que l'histoire dit si sage, s'était avancé sottement sur cette ridicule espérance jusqu'à dire que, plutôt que de garantir l'héritière, comme le demandait l'Empereur, « il aimerait mieux trois batailles » (*Villars*).

Article 2. — L'Espagne garde les Deux-Siciles. Mais l'Autriche, qui n'avait nulle force dans ces possessions lointaines, en revanche épaissit au Nord. Au Milanais qu'elle garde, elle joint la possession de la Toscane, plus voisine, aisée à défendre, tandis qu'une île n'était rien pour cet Autrichien sans vaisseaux.

Article 3. — Le père de la reine de France renonce au trône. Nul dédommagement, aucune indemnité... qu'un bien à lui, un petit bien de noble polonais! Plus, l'honneur dérisoire d'une ambassade qui le remercie d'abdiquer.

L'esprit gravement facétieux du mystificateur Walpole brillait dans cette plaisanterie.

Chauvelin, à l'idée d'éterniser l'Autriche, fut accablé, désespéré. Mais, loin de l'écouter, Fleury envoie à Vienne un homme à lui. Que veut-il, l'innocent ? Signer, sans les Anglais, seul à seul avec l'Empereur, tout ce qu'ont dicté les Anglais. Cela se fit ainsi.

Fleury était un homme modeste et sans ambition. Que la France n'eût rien, qu'on logeât Stanislas seulement dans le duché de Bar, cela lui allait à merveille. Chauvelin s'indigna, travailla (par la reine, par la Mailly? par tous?) et il exigea pour la France, pour tant d'argent, de sang, qu'elle avait sacrifié. Il obligea Fleury d'exiger la Lorraine, dont l'héritier passerait en Toscane [1]. Très importante acquisition, indispensable aux communications de Champagne, d'Alsace. Excellente barrière d'un si vaillant pays, si profondément militaire.

Cette guerre avait fait un grand mal et un petit bien.

Le petit bien fut la Lorraine remise aux bonnes mains de Stanislas, la Toscane mieux administrée, qui eut bientôt son Léopold. A Naples, le gouvernement incapable des Espagnols fut obligé de prier l'Italie d'administrer, de gouverner.

Le mal, et très grand mal, est la dissolution de la Pologne, le salut de l'Autriche, qui reste autorisée à perpétuer à jamais l'étouffement des nations.

C'était un grand moment, celui qu'on a perdu. Moment unique, de si belle espérance. L'Empire n'était pas mort. La Bavière et la Saxe, le Palatinat protestaient. Dans les petits États, moins hardis, chez les populations honnêtes de la bonne Allemagne, subsistait l'étincelle du droit, de la patrie. L'Allemagne, la biche au bois dormant, avait assez dormi; elle se réveillait; sur la face de bête lui revenait la face

---

1. Le réel est presque toujours bien au delà de tout ce qu'on eût supposé. Les pièces récemment publiées frappent de stupeur. On y voit que, dès le mois de mai 1735, Fleury demandait la paix à genoux aux Autrichiens (*Haussonville*, IV, p. 627). On y voit qu'il envoie successivement trois agents secrets à Vienne, et que dans son désir excessif de la paix, il entrave la paix, compromettant, embarrassant ses propres agents même (*Ibid.*, 401-427). On le voit lâchement dénoncer Chauvelin à l'ennemi. Sans la fermeté de celui-ci, Fleury eût payé la future possession de la Lorraine, il eût consenti que l'Empire et l'Empereur eussent une armée en Lorraine, presque en Champagne, c'est-à-dire au cœur de la France, etc.

humaine. Ils redevenaient hommes aussi, ces peuples du Danube qui ont sauvé l'Europe, et qui, pour récompense, par la ruse autrichienne, sont tenus à l'état de loups, que de temps à autre elle lance, quand l'Anglais la paye pour cela. Ces peuples allaient sortir de ce honteux enchantement.

Qui l'empêche ? C'est l'Angleterre.

A ce moment, Voltaire disait à la légère dans ses *Lettres anglaises* (l. VIII, p. 149) : « Qu'elle aime la liberté au point de la vouloir, de la défendre chez les autres même. » Remarquable ignorance. L'Angleterre justement alors affermit l'esclavage des États autrichiens, livre les Polonais aux Allemands, aux Russes.

Laide contradiction. C'est dans la même année (1731) que l'Angleterre écoute la prédication de Wesley, se réforme, assombrit son austérité protestante, — et que, d'autre part, l'Autrichien finit sa dragonnade des protestants hongrois et des protestants de Saltzbourg. Voilà ce que l'Anglais protége en 1735 ! Qui dira qu'il est protestant ?

Si l'Angleterre eût été protestante, elle eût cherché son point d'appui uniquement dans l'Allemagne du Rhin, du Nord, dans les deux États scandinaves, unis, fortifiés. Avec sa très étroite jalousie maritime, ses petites vues sur la Baltique, elle a toujours tenu en deux morceaux, c'est-à-dire annulé, brisé l'épée du Nord, qui l'aurait tant servie. Elle a plutôt soldé une épée catholique, gardé l'empire barbare où le papisme est un monstre de guerre.

Ici, de tout son poids l'Angleterre s'asseoit avec

Fleury sur la lourde pierre catholique dont toute liberté est écrasée. L'effort de 1733, notre élan de réveil, comment avortent-ils? C'est le secret des deux Walpole. Ils régnaient dans Versailles. Ils régnaient dans nos ports, veillaient notre marine, la solitude de Brest et de Toulon.

Duguay-Trouin, un jour, se consumant à attendre Fleury, voit dans cette antichambre et la foule dorée un misérable à culotte percée, d'un visage dévasté et sombre. C'est l'homme qui fit trembler les mers, c'est le Nantais Cassart. Duguay alla à lui, le serra dans ses bras. Ses yeux n'étaient pas secs. Il pleurait sur la France, hélas! aussi sur lui. Il ne revint jamais d'être resté dans Brest enchaîné devant les Anglais.

Il s'éteignit l'année suivante.

CHAPITRE IX

Voltaire. (1734-1739.) — Le roi ne fait point ses pâques. (1739.)

Dans cette paix malsaine qu'avaient rétablie les Walpole, une chose devait les contrister; c'est ce qui avait apparu si fortement en 1733 : *La France était par elle-même.*

Fort opposée à son gouvernement. Celui-ci avait renoncé à toute marine militaire. Mais la France faisait des vaisseaux. A Lorient, à Saint-Malo renaissait un commerce hardi qui, demain, se ferait corsaire.

Autre découverte fâcheuse. Quelque soin que Fleury prît pour faire une guerre ridicule, le Français apparut un dangereux soldat.

La presse a pris l'élan, ne retournera plus à l'état étouffé, muet, de 1728. Des livres forts éclatent de moment en moment.

L'histoire a commencé, — narrative dans *Charles XII* (1731), — réfléchie, politique, dans la *Grandeur et*

décadence des Romains (1734). Ébauche magistrale, qui, par ce temps de petitesses, montrant dans sa hauteur la colossale Antiquité, fait rougir le présent.
— Autre effet, et plus vif, quand les *Lettres anglaises* opposent à nos misères la grandeur britannique, l'empire que l'Angleterre a pris dans les affaires humaines.

Dans ce livre, Voltaire, trop favorable à l'Angleterre, n'en établit pas moins une grande vérité qu'avaient dite les *Lettres persanes* : « Le protestantisme a vaincu ; en tous les sens, il a pris l'ascendant. » Il tolère et fait vivre en paix toute la variété des sectes. Il a donné l'essor au gouvernement libre, à l'activité énergique qui fait trembler les mers. — Grands efforts. Et le peuple n'en est pas écrasé. Ce peuple, si différent du nôtre, est vêtu, est nourri. Il est fier, il raisonne. Il a jugé ses rois.

Newton à Westminster, le solennel hommage à la science, au génie, la royauté de la raison, c'est ce qui couronne le livre. Il essaye de nous introduire, non pas dans la vie du savant (comme fit l'ingénieux Fontenelle), mais dans la science elle-même, dans l'exposition difficile des lois astronomiques, physiques, au sein même de la nature. Il ouvre au grand public, à l'ignorant, à tout le monde, l'entrée de la *via sacra*, où la science et la religion se confondront de plus en plus.

Pour lancer un tel livre, en 1733, Voltaire attendait, espérait la chute de Fleury. Il ne le lâcha qu'en anglais et à Londres (août-septembre). Il retenait encore l'édition française à Rouen sous la clé. Mais ce terrible livre, comme un esprit qui rit des portes et des serrures, s'envola de lui-même. En France, en Hollande et partout, il circula, pour l'effroi de Voltaire qui, dans ces circonstances toutes nouvelles, eût voulu le garder encore.

Grand changement. Il redoutait l'exil. Il avait pris racine. Il était marié.

Marié d'amitié avec un esprit sérieux, l'un des plus virils de la France, Mme Du Châtelet, si lettrée, si savante, éprise des plus hautes études, traduisant Virgile et Newton. Elle était parfaitement libre, dans les idées d'alors, délaissée, oubliée de M. Du Châtelet. Elle avait vingt-sept ans, avait déjà vécu, traversé l'étude et le monde, n'avait rien trouvé pour le cœur. Elle avait des méthodes, point de fonds. C'est le fonds, la vie même qu'elle sentit en ce petit livre. Son cœur fut plein, et se donna.

Voltaire était malade et dans sa crise obscure de 1733, lorsque cet ange de Newton vint, amené par une amie, le voir dans son triste logis près Saint-Gervais. Newton, comme on a vu, avait fait sa fortune, et il lui donna une femme, éprise et dévouée, très noble compagnon de travail qui adoucit sa vie, qui n'altéra en rien, mais augmenta sa liberté.

Quinze ans durant il eut chez elle un agréable asile, très près de la frontière, qui lui permit d'oser, mais parfois d'éluder l'orage. Il était, n'était pas en France, avait un pied dehors sur la terre de la liberté.

En avril 1734, le danger fut réel, Voltaire quitta

Paris. Une lettre de cachet fut lancée contre lui de Versailles, et en même temps le Parlement, sur une plainte des curés, fit lacérer, brûler le petit livre par la main du bourreau (juin 1734).

Il était près d'Autun chez les Guise et les Richelieu, qui ne le cachèrent pas. Il était sans asile. Mme Du Châtelet franchit le pas, et le cacha chez elle.

C'était chose hasardeuse. Et tout le monde fut contre elle, sauf M. Du Châtelet. Homme d'esprit et dès longtemps désintéressé de sa femme, il trouva bon qu'elle abritât ce beau génie persécuté, sans famille, ami, ni foyer. Il défendit Voltaire, lui rendit des services.

Hôte peu redoutable, à vrai dire, peu compromettant. Cette maigre figure, déjà de quarante ans, nerveuse et maladive, malade imaginaire de plus, toujours mourant, entre la casse et le café, *une ombre d'homme*, il le disait lui-même, donnait peu l'idée d'un galant. Enfermé tout le jour, n'apparaissant qu'une heure, comme un farfadet de passage, même à Cirey on le voyait à peine. Mme de Graffigny qui l'y vit, et Mme de Staal à Sceaux, lui trouvaient l'air d'un revenant, d'un petit moine d'autrefois aux yeux malins et doux, dont l'âme curieuse viendrait de l'autre monde visiter celui-ci.

Union bien sérieuse pour Émilie, jeune encore, belle et forte, dans son âge de vingt-sept ans, riche de vie, de sang, bien plus que ne le sont ordinairement les grandes dames. Le travail la sauvait. Ses lettres, très intimes, secrètes, à d'Argental, lui font beaucoup d'honneur. Elles démentent ce qu'on a dit si légèrement : qu'elle n'aimait Voltaire que pour le bruit et le succès. Elles sont graves et d'un honnête homme, mais fort passionnées, d'un véritable culte pour Voltaire. Dans ses constantes inquiétudes, elle reste très noble ; elle désire sans doute « qu'il soit sage », ne se compromette pas trop ; mais elle ne l'exige point. Elle n'impose aucun sacrifice, respecte tout à fait la mission de ce grand esprit. Loin de le détourner vers la littérature secondaire, les petits succès, elle l'admire, le suit de son mieux dans son essor philosophique. Elle l'éloigne au contraire de son faible *Louis XIV*, œuvre médiocre et légère. Tant qu'elle put, elle le retarda, tint le manuscrit sous la clé.

Cirey, dans un paysage mesquin, château peu gai et délabré, ne pouvait plaire qu'à de tels travailleurs. Deux appartements seuls y étaient habitables. Au premier, la sérieuse dame calculait, traduisait Newton[1]. Sous elle, à l'entre-sol, Voltaire écrivait tout le jour. Là il paraît très grand. Cirey lui fit son équilibre, il fut universel et rayonna de tous côtés. A travers les poèmes et les drames, les traités de philosophie, il expose Newton, étudie la chimie, fait ses expériences,

---

1. Et, de Newton, elle passait, non sans grâce, aux arrangements intérieurs. Elle apparaît charmante dans cette jolie lettre de Voltaire :

« La voici qui arrive de Paris. Elle est entourée de deux cents ballots qui ont débarqué ici. On a des lits sans rideau, des chambres sans fenêtres, des cabinets de la Chine et point de fauteuils. Nous faisons rapiécer de vieilles tapisseries. Elle est devenue architecte et jardinière ; elle fait des fenêtres où j'avais mis des portes, change les escaliers en cheminées. Elle fait l'ouvrage des fées, meuble Cirey avec rien... » — *Lettres*, nov. 1734, p. 536, 527.

son *Mémoire sur le Feu*. Il défend Réaumur dont on méprisait les insectes. Il pose le principe admirable : « Nous devons à notre âme de lui donner toutes les formes possibles. » Ce principe il l'applique, avançant en tout sens avec une vigueur merveilleuse et cette ambition conquérante que Vico appelait « un héroïsme de l'esprit (*mens heroica*) ».

Ce qui surprend le plus, c'est que les grands orages lui viennent à chaque instant pour des productions très légères autant que pour ses livres hardis. Pour le *Temple du goût* il est persécuté. Persécuté pour une épître à *Uranie*. Mme Du Châtelet est toujours dans les transes. En 1734 et 1735, ils respirèrent à peine. En plein hiver, alerte (26 décembre) ; il s'en va de Cirey, se met en sûreté. Autre plus grave, en décembre 1736 pour la plaisanterie du *Mondain*, et cette fois il part pour la Hollande. Elle le suit. Les voilà sur la neige à Vassy (quatre heures du matin). Elle pleure. Va-t-elle revenir seule dans ce Cirey désert? Où va-t-elle avec lui, en laissant là ses enfants, sa famille? Voltaire l'en empêcha. Tout souffreteux qu'il fût, seul il passa l'hiver dans cette froide et humide Hollande, caché le plus souvent, redoutant à la fois la haine de nos réfugiés, et les calomnies catholiques du vieux J.-B. Rousseau, qui allaient jusqu'à Fleury même, pour éterniser son exil, lui fermer le retour, lui faire perdre l'asile que lui avait fait l'amitié.

A ces misères joignez les procès, les libelles. On lui avait lancé le libraire de Rouen, destitué pour les *Lettres anglaises*. Sous le nom du libraire, on publiait cent calomnies. Le faux protecteur de Voltaire, Maurepas, prétendit tout arranger en écrasant Voltaire, lui infligeant la honte d'une amende à payer aux pauvres.

La situation générale empire en 1737. Toute liberté perd espérance avec l'homme de ruse et d'audace qui avait cru succéder à Fleury. Chauvelin est chassé (février), chassé pour toujours.

Son crime fut d'avoir forcé Fleury, forcé l'Autriche à en finir, par une ligne ajoutée de sa main à une lettre de Fleury : « *Qu'en attendant, le roi garderait Philipsbourg, Trèves et Kehl* », — que, si l'on ne finissait rien, nous resterions toujours en Allemagne.

Acte hardi, qui fit peur, décida tout, mais perdit Chauvelin.

Depuis deux ans l'Autriche et les Walpole le travaillaient. D'abord on lui offrit de l'argent. Puis, comme il refusait, on le calomnia, on soutint qu'il volait. Il aurait volé... une montre! (*Barbier*, etc.). Enfin par un coup plus habile, Walpole se procura des lettres où Chauvelin communiquait avec l'Espagne (dans l'intérêt de la France). On cria à la trahison.

Les dates répondent à ces sottises, disent la vraie cause de sa chute. Vaincu et effrayé par sa fermeté, l'Autrichien lâche enfin la Lorraine, 15 février 1737[1]. Le 23 février, Chauvelin est exilé pour la vie. Jamais l'Autrichien, ni l'Anglais, jamais le parti prêtre, ne consentirent à son retour.

Il laissait des regrets à la Cour, dans l'armée, au

---

1. D'Haussonville, *Réunion de la Lorraine*, IV, 429.

Parlement, partout. Il avait un parti, ou deux partis plutôt : celui du bien public, et celui de la guerre. Et ce dernier si fort, qu'il fallut l'occuper, en donnant aux Génois un secours pour réduire la Corse, armée contre eux sous un aventurier qui se proclamait roi de l'île.

A la cour, les meilleurs étaient pour Chauvelin : j'entends M. de La Trémouille, alors bien réformé, et la bonne Mailly, d'un cœur honnête, ardent, fort désintéressée, qui resta toujours pauvre, ne voulant que l'amour, l'honneur, la gloire du roi. Elle l'avait aimé de plus en plus, mais avait peu d'esprit, de la jalousie, l'ennuyait. Il aimait beaucoup mieux la jeune femme de Monsieur le Duc, comme on a vu. Seulement, pour la tirer de Chantilly, le premier point était de renvoyer Fleury, de donner au mari pour sa femme la royauté même. Il aurait fallu que le roi changeât sa vie, ses habitudes, immolât aux Condé non seulement Fleury, mais les légitimés, le comte de Toulouse et l'aimable comtesse qui, si souvent, si bien, le recevait à Rambouillet.

Ainsi troublé, indécis, en 1737 et 1738, entre la reine et la Mailly, seul en réalité, il eut des échappées sauvages et de hasard, non sans danger pour sa santé. D'ennui, d'épuisement ou d'autre cause, il fut malade (février 1738), et juste au même mois où Fleury, très malade aussi, semblait près de s'éteindre. La nuit du 20, celui-ci appela son vieux valet Barjac, et lui dit : « Je me meurs ! » (*Luynes*, II, 41). — Grande agitation dans Versailles. Que serait-ce si tout à la fois le ministre et le roi manquaient ?

La reine serait-elle régente? Ses amies en parlaient. Sous elle eût gouverné un second Fleury, et tout prêt, Tencin, le fourbe, l'intrigant, dont l'œil dur et faux faisait peur. Le roi y répugnait. Mais il avait pour lui toutes les saintes, et celles du cercle de la reine, et les dames de Noailles, la perle des Noailles surtout, Madame de Toulouse.

Celle-ci, douce et fine, avisée, travaillait à la fois et pour l'Église et pour son fils. Les Condé demandaient que ce fils, le jeune Penthièvre, à la mort de son père Toulouse, ne gardât pas le rang si élevé que l'amour du grand roi avait fait aux légitimés. Madame de Toulouse, même du vivant de son mari, serra le roi de près, lui donna de petits soupers (*Luynes*, II, 169), au grand étonnement de la Cour. On savait à quel point le roi, après boire, s'oubliait. M. de Toulouse mort, Madame, éplorée, inondée de larmes (très sincères), en revoyant le roi, se jeta dans ses bras, lui donnant le fils et la mère. Le roi fut fort touché. Elle semblait un peu sa mère aussi, et il l'aimait d'enfance. Dans cet aimable Rambouillet, dans cette idylle austère d'un ménage accompli, elle le recevait, le caressait avec une grâce maternelle, le formait, l'amusait d'agréables propos, mondains, dévots, des histoires du grand règne et de la belle cour. Avec sa gravité souriante, une vertu si sûre, vingt-deux années de plus, elle pouvait s'avancer plus que d'autres, avertir l'enfant mal guidé de bien des choses délicates, l'ennoblir, l'épurer, lui dire ce que c'est que l'amour.

Une seule chose fait ombre ; c'est que la faible mère, cherchant avant tout la faveur, laissait jouer son fils (du premier mariage) Épernon aux petits cabinets, si mal notés. Et, pour son fils Penthièvre, elle se hasarda elle-même. Elle avait un grand avantage, gardant dans son veuvage un appartement très commode, où le roi à toute heure descendait sans chapeau, par un escalier dérobé. M. de Toulouse avait eu (de sa mère Montespan) une clé pour entrer chez le roi. Cette faveur subsisterait-elle ? Madame de Toulouse y réussit adroitement. Comme le roi s'amusait à tourner, elle lui fit tourner dans un bois qui lui venait de son mari, un étui pour mettre la clé. En lui rendant l'étui, le roi donna l'inestimable passe-partout (17 mars 1738).

Ayant la clé et l'escalier, on arrivait au dernier cabinet où le roi écrivait, à la fameuse garde-robe où se trancha deux fois le destin de la monarchie. Intimité si grande que le roi la refusa à sa fille Henriette, ne l'accorda jamais qu'à son Adélaïde. On pouvait en effet, lui absent, voir tous ses papiers. On pouvait le surprendre à telle heure bien choisie, où la surprise est désirée.

Quoi qu'il en soit, Madame de Toulouse, véritablement affligée, restait dans sa ligne de deuil, passant souvent deux heures à la chapelle au fond d'un confessionnal où elle lisait à la bougie. Son appartement même, avec la petite cour pavée de marbre blanc et noir, avait un air de cloître à l'espagnole. Tout cela imposait. Et si quelqu'un pensait, du moins on n'aurait pas jasé. L'excuse au reste était le fils et l'extrême besoin qu'elle avait du roi pour ce fils. On lui reprochait peu des amitiés utiles qu'il lui fallait subir. Les complaisantes invariables des plaisirs du roi (la Charolais, d'Estrées) chez qui souvent il se grisait, se trouvèrent très liées avec Madame de Toulouse. D'Argenson, par deux fois, observe un peu cyniquement que celle-ci « qui a l'escalier dérobé », peut se faire désirer par sa dévotion même. Elle était blanche et grasse (la Mailly, maigre et noire), et, malgré les années, fort conservée par sa vertu. A cinquante ans elle était belle, une très agréable maman.

Entre mai et octobre, elle avait, mois par mois, et degré par degré, refait tous les honneurs, biens et dignités de son fils. Au souper de Fontainebleau, ce jeune fils (comme prince) servit le roi à table. Elle-même servit au dessert, donna au roi un verre et une assiette, et par là constata son rang.

Plusieurs crurent voir une Maintenon, mais celle-ci non sèche, au contraire, douce, aimable. L'âge n'aurait rien empêché. L'amour dévot, jésuite, avec ses vastes complaisances, eût fait plus que beauté, jeunesse. Madame de Toulouse, unie avec la reine et Tencin, le parti des honnêtes gens, eût pu garder le roi par l'attrait maternel, la saveur du demi-inceste, ce lien équivoque, que tous favorisaient, honoraient et voilaient. Cependant elle-même se cacha peu en août, ayant laissé le roi se faire chez elle à Rambouillet une chambre à coucher, puis certain cabinet, dont elle l'entretint longuement, tout bas, devant tous, à Versailles[1].

Cela dut attrister Mme de Mailly, qui vit qu'elle ennuyait, et que le Roi peu à peu échappait. Elle chercha un amusement. Elle appela sa laide et spirituelle sœur, Mademoiselle de Nesle, dont la figure la rassurait. Cette grande fille, lâchée du couvent, avec une vive gaieté, remplit le maussade Versailles de sa jeunesse et de ses badinages, hardis, mordants, qui n'épargnaient personne. Elle étonna le roi en se moquant de lui. Et il y prit plaisir. Il ne pouvait plus s'en passer. Dès le 22 décembre, il voulait qu'elle soupât avec sa sœur aux petits cabinets (*Luynes*, II, 295). On eut peine à parer ce coup.

Cette rieuse était fort redoutable. Elle lançait d'ineffaçables traits. Dans le pays de cour, si sot, où on craint tant les ridicules, on avait peur. On remarqua le plat de la situation. Un ministre en enfance, une maîtresse usée, Toulouse la maman complaisante de l'escalier furtif, tout était misérable, ennuyeux, excédant. Il était trop facile de faire honte au jeune roi de sa patience. La Nesle était impitoyable, et le plus dangereux c'est que, sous ses plaisanteries, sous ce rire et ces riens, il y avait une force réelle.

Le roi était timide, il baissait la tête et riait. Ceux qui voyaient de près les choses, Bachelier, le valet intime, suivirent le vent, tournèrent. La première

---

1. *Luynes*, II, 226, 21 août 1738. Il ajoute : « Le fait est certain. » Mot grave, accentué, fort rare, chez un chroniqueur si discret, qui presque toujours ne veut pas voir, baisse les yeux.

girouette de France, Maurepas, tourna non moins vite. Il crut Fleury fini, et Chauvelin possible. Il avait vaillamment aidé à la noyade de celui-ci, profité de sa chute. Ministre de Paris, et en même temps de la Marine, il se trouva de plus comme un secrétaire de Fleury pour toutes les Affaires étrangères. Plus encore, son *alter ego* contre le parti Chauvelin, jansénistes et libres penseurs. En 1736, il accabla Voltaire pour les *Lettres anglaises*. En janvier 1739, il est changé; il écrit à Cirey, il courtise Voltaire et l'assure de son amitié (*Lettres* de Mme Du Châtelet, 125).

De graves circonstances arrivaient, la guerre presque certaine, donc Chauvelin, le seul capable de la soutenir. Elle éclatait déjà entre l'Espagne et l'Angleterre. La mort prochaine de l'Empereur allait la rendre européenne. Si Fleury restait là (c'est-à-dire l'impuissance et l'absence de gouvernement), un grand désastre était certain.

La Nesle ne perdit pas de temps. Aux premiers mois de 1739, sans faire bruit, et sous le couvert de sa sœur la Mailly, elle prit Louis XV comme on pouvait le prendre. Elle n'était pas belle, mais plus blanche que la Mailly, plus jeune que Madame de Toulouse. Elle ne coûtait rien et ne demandait rien, n'exigeait nullement que le roi renonçât à rien. Il n'était pas moins assidu le jour chez la maman; le matin, comme à l'ordinaire, il allait quelques heures bâiller au lit de la Mailly.

Situation bizarre. Par moments, le roi la sentait. Ce lien, triple, impur (deux sœurs et une mère) lui donnait des scrupules, pas assez pour le rompre, assez pour n'oser communier. Il y avait des exemples de la colère de Dieu, de gens qui, mettant l'hostie à la bouche, ayant avalé leur jugement, étaient tombés roides morts. Cela lui donnait à penser. Six années avec la Mailly, il avait fort tranquillement communié. Mais ici, avec ce mélange, il eut peur. Rien ne put le décider à hasarder la chose.

« Le roi a déclaré *qu'il ne fera point ses pâques.* Le grand prévôt lui demandant s'il toucherait les écrouelles (ce qui se fait après la communion), il a sèchement répondu : Non. » (*Argenson*, 5 avril 1739).

Fait grave, de retentissement immense à Paris et partout. Barbier (III, 167) se demande comment le fils aîné de l'Église n'a pas dispense du pape pour faire ses pâques en quelque état qu'il soit.

Les ultramontains altérés espéraient éluder et tromper le public en faisant dire une messe basse au cabinet du roi, de sorte qu'on ne sût pas s'il communiait. « Le roi dédaigne cette ridicule comédie. Il ne veut pas jouer la farce. Il échappe à son précepteur » (*Argenson*).

CHAPITRE X

Guerre d'Autriche. — Grandeur et décadence de la Nesle. (1740-1741.)

Le chimérique espoir du salut par la royauté, d'un roi affranchi par l'amour, l'idéal d'une douce royauté de la femme donnant aux nations le progrès et la liberté, c'est longtemps le roman du dix-huitième siècle. Les meilleurs l'adoptaient. L'excellent d'Argenson, obstiné à chercher son homme en Louis XV, à soupçonner en lui un mystère d'avenir, croit qu'un matin l'amour va tout faire éclater. Voltaire, moins aveuglé, dans son ironie même, ses moqueries légères (imitées d'Arioste), ne désespère jamais. A chaque avènement de maîtresse, il croit voir l'inerte Charles VII réveillé tout à coup à la gloire par Agnès Sorel.

Sous la Mailly, la Nesle, Châteauroux, Pompadour, toujours revenait cet espoir. S'il fut un jour moins vain, incontestablement ce fut en 1739. Pour cette fois, le roi parut aimer. Avant, après la Nesle, ses maîtresses ont fort peu de prise ; il n'en regrette aucune. Mais celle-ci vraiment semblait avoir mordu. La voyant sans cesse, en deux ans, il lui écrit deux mille billets. Et, à sa mort, on le crut fou.

On sait malheureusement très peu de cette femme. On en a quelques jolies lettres. Elle apparaît pour disparaître. Elle n'agit que sous le couvert de sa sœur et presque ténébreusement. Elle est prudente, hardie. Tous, amis, ennemis, s'accordent à reconnaître, qu'avec une parole acérée et brillante, elle eut un esprit vaste et fort, qui n'eût reculé devant rien. On n'en parla guère qu'à sa mort. Paris savait à peine son nom, au moment même, où, entraînant le roi, elle semblait lancer sur l'Autriche et l'Europe la plus vaste révolution.

Frédéric, dans ses beaux *Mémoires*, ne nous dit pas assez cela. Seul alors en Europe, mal avec l'Angleterre, mal avec la Russie, s'il n'eût senti la France pour lui, il n'eût bougé. Il sut parfaitement ce qui se passait à Versailles. Les anti-Autrichiens, la Nesle, y étaient maîtres, quand il agit contre l'Autriche.

Tout cela tenait à un fil, au plus fragile, au plus incertain des miracles, à la question de savoir jusqu'où l'amour pouvait refaire un roi. De sa honteuse enfance, de sa jeunesse aride, sortirait-il un homme? Était-il bien capable de la métamorphose qu'aurait pu seul le haut amour? grand problème et douteuse énigme.

L'aimable monument, un peu efféminé, de 1739, la belle fontaine Grenelle, a la mélancolie des

destinées obscures. Une jeune reine (Paris ? ou la
France ? ou la Mailly ? la (Nesle ? tout cela est mêlé)
trône sous la couronne de tours. A ses pieds le beau
fleuve et la molle rivière couchés lèvent sur elle un
œil aimant, croyant. D'elle viendra l'émancipation ?
un cours heureux, prospère, le flot des temps meilleurs ?... Il se peut. Pourquoi pas ? Rien ne doit
l'effrayer. Une rêverie guerrière est dans son doux
visage. Et son poing sur la hanche dit assez qu'elle
est prête aux plus hardies résolutions. Je ne sais
quel nuage est pourtant sur le tout d'incertain avenir.
Haute est l'aspiration... Impuissante peut-être, elle
ira se perdant où vont ces eaux, où coule cet élément fluide, qui fuit aux grandes mers.

Voltaire, vif et crédule, ne douta pas. Il se croyait
sauvé. En janvier (1739), il veut quitter Cirey, s'établir à Paris. Depuis quatre ans, il avait fait *Mérope*.
Il faisait *Mahomet*, brûlait de les jouer. Il voulait
retourner au terrain du combat, être là pour répondre
aux articles, aux pamphlets que semaient Desfontaines et autres avec l'appui de la police. Il allait
éclater dans les sciences par l'ingénieux et très neuf
Mémoire sur le Feu, par son *Newton* qui, depuis l'exil de
Chauvelin, n'avait pu s'imprimer. Paris était son vrai
théâtre. Après cinq ans d'absence, il rentrait agrandi,
immense, rayonnant en tous sens. A Cirey, il était
malade de sa terrible activité, meurtrière dans la
solitude. La fièvre à chaque instant. Il défaillait deux
fois par jour (décembre). De là mille choses vaines.
Il va chasser, il achète un fusil. La nuit, il rêve, il

rime cent folies satiriques, libertine image des cours. Le plus fou eût été d'aller en Allemagne chez le prince de Prusse, qui l'appelle et l'attire, essaye de l'enlever. Voltaire ajourne, écrit des lettres adorables, où il voudrait donner à ce roi de demain ce que n'ont guère les rois, un cœur et des entrailles, un peu de douceur, de bonté.

Très sagement, Mme Du Châtelet, pour l'éloigner à jamais de la Prusse, en commun avec lui achète un hôtel à Paris (2 avril 1739). Elle y va mener son malade. Pour deux cent mille francs on acquiert l'hôtel Lambert, qui était aux Dupin, au gendre de Samuel Bernard, hôtel bien connu de Voltaire, qui lui rappelle un meilleur âge, quand il jouait *Zaïre* avec la belle Mme Dupin. A la pointe de l'Ile, au paisible quartier des grands hôtels de la magistrature, loin du centre, à portée du monde, en vue de Saint-Gervais où l'ange de Newton apparut à Voltaire, c'est une fort noble résidence (aujourd'hui des Czartorisky). Très sérieuse toutefois et regardant le Nord. Mais la décoration et les fresques suaves des grands maîtres suppléent le soleil. Mme Du Châtelet espérait tenir là cet esprit si mobile par un salon royal où lettres et sciences eussent brillé dans leur harmonie, éclipsant le salon artiste de Mme La Popelinière. Elle comptait sur l'hôtel Lambert, sur cet attrait du monde, ce rajeunissement. Elle en avait besoin. Elle avait séché en six ans de travail et d'inquiétude, du vain effort de captiver Voltaire. Les torts étaient à celui-ci, aux indomptables ailes qui le portaient de tous côtés.

Il ne s'en cachait pas. A ce moment aimable qui semblait pour toujours les unir à Paris, il fait les vers bien tristes : « Si vous voulez que j'aime encore, etc. » Vieux à quarante-quatre ans, il espérait mourir paisible en cet hôtel, en son Paris natal, entre l'étude et ses amis. Vain espoir! une autre carrière, et sans repos, s'ouvrait pour lui, éclatante, d'éternel exil.

Une réflexion naturelle aurait dû modérer l'idée qu'on se faisait du changement du roi. S'il s'était abstenu de faire ses pâques au 5 avril, c'est justement parce qu'il était dévot. En mai, il y parut. Le rude évêque de Chartres le fit trembler d'un mot. Sans rappeler sa faute, il fit penser au châtiment : « Sire, après la famine, voici bientôt la peste qui n'épargnera pas les grands. » Ce coup porta. Le roi à la messe, eut une défaillance.

Des gens pourtant qui voyaient de bien près, son Bachelier qui vivait avec lui huit heures par jour, s'enhardissaient. Bachelier fait écrire des mémoires sur la tolérance, et les fait transcrire par le roi. La persécution janséniste se ralentit. La police hésitait, elle ne troubla plus les malades. Si l'on n'eut pas encore la liberté de vivre, on eut celle de mourir en paix.

La Charolais, cette Condé, joyeuse, hardie, ayant pris à Compiègne la Nesle avec elle et chez elle, poussa le roi à une chose qu'on n'eût pas cru, à faire un tour au vieux. Fleury, le matin, arrivait pour travailler avec le roi, avait la clé, ouvrait lui-même.

Un jour à l'ordinaire, avec Barjac, qui lui portait son portefeuille, il veut ouvrir, ne peut. Barjac essaye aussi. En vain. Malignement, le roi qui entendait, laisse gratter, frapper, enfin ouvre, en disant froidement : « C'est que j'ai changé les serrures. » (*Luynes*, II, 454.)

Grande révolution ? Non, au fond peu de chose. Il s'est donné la joie de casser le nez à Fleury. Mais il n'en a guère moins à blesser la Mailly, même la Nesle. Dans sa nature mauvaise de magister qui aime à châtier, il s'amuse à voir le vieux prêtre la flageller des plus sensibles coups, sur les amis de Chauvelin, sur Mailly, mari de sa sœur, même sur leur père, M. de Nesle. Spectacle curieux. Il force les deux sœurs d'avaler l'amertume d'aller prier Fleury pour leur père et demander grâce.

Au point le plus sensible, la préférée le trouva sec. Pour couvrir les grossesses, cacher l'inceste, il veut la marier. Il lui fait espérer un prince, le comte d'Eu. Et il lui donne un gentilhomme, neveu de l'archevêque Vintimille, petit protégé de Fleury. La voilà mariée de la main de Fleury, moquée, la fière et la moqueuse.

Les quelques lettres qu'on a d'elle disent sa triste situation. Fleury impunément l'ayant humiliée, on la sentait branlante, et l'on se tenait à distance. Toute mariée et posée qu'elle était, elle menait sa vie de demoiselle, seule en sa chambre, sauf les chasses où il fallait aller avec le roi et la Mailly. Que faisait-elle dans cette chambre close ? c'est ce qu'auraient voulu savoir ses ennemis. Ne pouvait-on s'introduire dans la place? La société de la reine y songeait. Une de ses dames imagina de lui adresser une femme adroite, de deux visages et deux paroisses, Mme Du Deffand. Correspondante de Voltaire, elle est d'autre part plus qu'amie du président Hénault, l'homme de la reine. De plus, elle est parente des De Luynes, chez qui invariablement soupait la reine. Cette Deffand avait toujours fait des affaires. D'abord, elle se fit quelques rentes chez les maîtresses du Régent, puis servit Mme de Prie. Vivant alors chez Madame Du Maine, elle avait bien envie de s'en émanciper, d'acheter une maison. La Nesle aurait pu y aider, ou bien les ennemis de la Nesle si par la bonne dame on avait jour chez elle. La Du Deffand lui écrivit, se présenta comme amie de Voltaire, flatta et caressa. La Nesle fit semblant de la croire, répondit dans un abandon tout charmant de crédulité, jusqu'à dire qu'elle serait charmée d'être en tout dirigée par elle (sept. 1739, édition 1865, tome I, p. 1-9).

La solitaire n'en agissait pas moins. En 1740, elle eut deux victoires coup sur coup. Seule, elle eut les étrennes du roi au 1er janvier. En février, malgré Fleury, elle fit un ministre de la guerre, Breteuil. Maurepas n'osa parler contre, suivit l'influence nouvelle et laissa le vieux cardinal.

Cette année-là est grande. En mai, Frédéric devient roi. En octobre, meurt l'Empereur. La guerre arrive, et le héros.

Le voici donc, le grand acteur du temps. Il reviendra de moment en moment, et nous le peindrons par ses actes. Il suffira de dire ici que personne ne l'avait prévu, qu'on ne supposait pas qu'un artiste, musicien, poète, qui, longtemps prisonnier et longtemps solitaire, n'aimait que les arts de la paix, qui déjà à trente ans avait l'embonpoint d'un autre âge, déployât tout à coup l'activité du militaire, qu'instruit par ses succès, instruit par ses revers, il serait peu à peu le plus grand général du siècle. Étonnant caractère qui, parmi ses défauts, ses fautes, n'en donna pas moins à son temps la plus haute leçon : *le triomphe de la volonté*.

Le piquant, dans sa destinée, c'est qu'en réalité l'Autriche, par ses persécutions cruelles et ses intrigues, fit ce grand ennemi qui faillit la détruire. Son mauvais génie à Berlin avait été, vingt ans durant, le rusé Seckendorff, ambassadeur d'Autriche, chargé d'étouffer son enfance et de l'empêcher de régner. Vienne en lui redoutait un prince absolument français, élève de nos réfugiés. On irritait son père, un brutal Allemand, contre *ce Français, ce marquis*. Il faillit lui couper la tête, fit mourir ses amis, l'accabla, l'écrasa, le força d'épouser une parente de l'Autriche. Il ne fut épargné que quand il parut méprisable, enfermé dans l'étude des arts qu'on croit futiles ; s'il faut le dire enfin, avili par les dons de l'Autriche même.

Déjà gras et fiévreux, seul aux marais du Rhin, dans cette pitoyable situation (qui l'eût cru ?), il amassait une force, il entassait en lui un trésor d'énergie, de volonté puissante. L'heure sonne. Il apparaît d'airain.

Ce scribe, cet ami de Voltaire, faiseur de petits vers et bon joueur de flûte (c'était sa grande prétention), mène tout droit l'armée à la bataille... Il a peur, mais la gagne. Dès lors il est très brave, froid et lucide au feu. C'est le grand Frédéric.

On fut bien étonné. Mais il n'avait rien fait de téméraire, au contraire, une chose très sage autant qu'hardie, prudente et fondée en raison.

D'abord la Silésie qu'il prit aux Autrichiens, est anti-autrichienne de race et de croyance, protestante, anti-catholique. L'invasion fut très populaire. La place principale fut livrée par un cordonnier (*Dover*).

Frédéric semblait seul, sans allié, faire ce grand coup de tête. Mais en réalité, il avait la France avec lui. Au moment de l'invasion, en décembre 1740, notre Bellisle, dans la plus splendide ambassade, avec un appareil de prince, éblouissait l'Allemagne, lui prêchait la croisade contre Marie-Thérèse, le démembrement de l'Autriche.

Comment n'eût-il pas cru que Fleury tomberait, que le roi allait être entraîné à la guerre? Frédéric, si français, savait parfaitement notre cour. Tous regardaient Versailles. Berlin, Madrid et Vienne avaient ce palais sous les yeux avec tous les détails topographiques, anecdotiques, la chronique de chaque jour. Chauvelin, l'ennemi de l'Autriche, Chauvelin, l'absent, l'exilé, y semblait très présent, présent au

Conseil par Breteuil, ministre de la guerre, présent aux salons et partout par MM. de Bellisle, dans la chambre du roi par Bachelier, présent et puissant par la Nesle qui un moment emporta tout (décembre 1740).

Frédéric savait à merveille la vraie situation. C'est l'Autriche elle-même qui avait tué Fleury, usant et abusant de sa crédulité, le rendant ridicule. Elle l'emploie pour médiateur et sauveur dans sa guerre des Turcs. Elle lui emprunte douze millions sur un gage ; elle l'attrape et donne le gage aux Hollandais. Ce sauveur, ce médiateur, elle s'en moque, et, nous voyant brouillés avec l'Anglais pour la défense de l'Espagne, vite, elle se ligue avec l'Anglais.

Frédéric savait sans nul doute que Louis XV, peu ami de la guerre, en ce moment y était entraîné, non seulement par ses maîtresses, mais par sa famille même. La famille royale, très espagnole de cœur et unie à l'Espagne par un double mariage, priait et suppliait le roi d'armer pour la cour de Madrid et contre l'Angleterre. Mais l'Angleterre, l'Autriche, liguées sous Charles VI, plus encore sous Marie-Thérèse, c'était alors même personne. Le coup le plus terrible qui eût averti l'Angleterre, c'eût été de marcher sur Vienne.

Les difficultés étaient moins en Allemagne qu'à Versailles. Dans ces plans si hardis où le roi se faisait traîner, une chose lui plaisait, il est vrai, celle de donner l'Empire au Bavarois, vieux client de Louis XIV, de suivre cette idée de son aïeul, de faire un Empereur (catholique autant que l'Autrichien). Mais une chose ne lui plaisait pas : c'était d'agrandir le roi de Prusse, chef naturel des protestants. Fleury en gémissait. Et le roi aussi en dedans. Poussé par la Nesle et Fleury en deux sens opposés, il tombe à un état de néant pitoyable. Un matin il lui passe de faire de la tapisserie, de reprendre (à trente ans) les sots petits goûts de l'enfance. On court vite à Paris demander à M. de Gesvres (le célèbre impuissant) tout ce qu'il faut pour ces travaux de femme. Même à la Cour, on rit. Le courtisan français qui ne tient pas sa langue, fait compliment au roi : « Sire, votre grand aïeul n'a jamais, comme vous, commencé à la fois quatre *sièges* (de chaises ou fauteuils). »

Comment le soulever de là? lui donner un moment de cœur, de volonté? L'amour et la paternité, si puissant sur Louis XIV, pouvaient bien moins sur Louis XV. Nul désir des enfants. En trente années et plus, il n'en eut ni de la Mailly, ni de Pompadour, ni de Du Barry. La Nesle essaya cette prise, elle voulut ce gage du roi (au grand moment décisif des affaires). A la fête des Rois (le 6 janvier), elle est enceinte.

On le sut à l'instant. Fleury se crut fini. Il fut plat, à l'instant, comme un ballon piqué, si plat que le 25 il fait sa cour à Frédéric, lui écrit que « l'Autriche n'ayant pas rempli les traités, la France est absolument libre, ne la garantit point ». En même temps, cet homme de quatre-vingt-dix ans donnait ici la comédie honteuse de dire qu'il n'avait nulle idée, nul parti, ne savait où aller, avait l'esprit perdu. Il fait l'évaporé, l'innocent et le simple. Il a réduit sa taille (*Arg.*), il paraît plus petit, veut faire pitié. On dit : « On ne peut pas tuer ce vieux prêtre. »

Avec cela, il reste. Il traîne, il niaise, il ajourne. Le succès exigeait deux choses : agir dès mars, — et marcher droit à Vienne. — Une troisième était demandée par Frédéric : que Bellisle agît seul avec lui, et dirigeât tout.

Bellisle n'avait point commandé (pas plus que Frédéric), mais chacun à le voir, à l'entendre, sentait le génie. Frédéric le croyait le seul homme de France (avec Chauvelin et Voltaire). Le 13 février, on le fait maréchal, commandant de l'armée future.

Mars passé, rien encore. Avril, rien. Et déjà en avril Frédéric a gagné sa première victoire (de Molwitz), un brillant appel à la France, ce semble. Que fait-elle? il attend.

Fleury renouvelait sa manœuvre de 1733. La Nesle, en mai, joue le tout pour le tout. Elle entrait au cinquième mois de sa grossesse. Le roi, plus qu'on n'eût cru, semblait attendri d'elle et de cette espérance, de ce moment délicat et souffrant. La Nesle en profita. Fleury boudait, se tenait à Issy. Elle dicta au roi une lettre où il disait « qu'il pouvait rester à Issy ».

L'occasion est une place de gentilhomme de la chambre que Fleury veut pour son neveu. Elle a forcé le roi d'écrire. La lettre est là, mais non pas envoyée. Le roi est chagrin, agité, ne dort plus. Bref, la Nesle elle-même a peur, emploie sa sœur pour faire la reculade, détruire la lettre, et Fleury reste.

Il en coûta la vie à cent mille hommes (pour commencer, le désastre de Prague). Il en coûta la guerre indéfiniment prolongée, où la France s'épuisa, s'usa.

Contraste étrange ! A ce moment de mai où le roi nous inflige à perpétuité l'homme de la paix et de l'Autriche, lui Louis XV est dans l'Empire proclamé le roi de la guerre, le roi des rois. C'est l'Agamemnon de l'Europe. La Bavière, la Saxe et le Rhin, la Pologne, l'Espagne et le Piémont, et le victorieux roi de Prusse, tous traitent avec la France, veulent suivre la France au combat (18 mai, 5 juillet 1741).

Bellisle apporta à Versailles cette couronne (on peut dire) du monde. Il arrivait lui-même avec le succès singulier d'être le favori, l'ami personnel de trois rois : l'Empereur bavarois, le roi de Pologne, le roi de Prusse. Et, avec tout cela, à peine il arrache d'ici une promesse de vingt-cinq mille hommes ! Si tard, et en juillet ! on agira trop tard. Excellent répit pour l'Autriche.

Le pis, c'est que Bellisle, en revoyant Versailles, le retrouvait changé. A ses idées premières, favorables à la Prusse (au grand roi protestant), un autre plan peu à peu succédait, plus agréable au roi, un plan soutenu des Noailles, et essentiellement catholique. Le roi, la famille royale, nullement ennemis de l'Autriche, sympathiques à Marie-Thérèse, ne voulait rien au fond que lui prendre le Milanais, pour créer à l'infant Philippe, gendre de Louis XV, un grand établissement au nord de l'Italie, comme celui de Don Carlos à Naples. Chaque semaine arrivait de Madrid une lettre de la gentille Infante. Louis XV si paresseux lui répondait toujours, lui écrivait à chaque instant. En secret. Et tous le savaient. Noailles, le roué du Régent, aujourd'hui sacristain, porte-chape à l'église (*Arg.*), s'était fait bassement l'avocat de ce plan, qui allait armer contre nous le Piémont, l'allier à Marie-Thérèse.

On refroidit la Prusse également. Pour récompenser l'Allemagne de sa confiance en nous, on en faisait quatre morceaux, tous faibles et dépendants. Plan perfide qui dut irriter Frédéric. S'il abaissait l'Autriche, ce n'était pas pour faire un autre tyran de l'Allemagne. Pour comble d'ineptie, on blessa celle-ci, en faisant de son Empereur un général de Louis XV (août).

Noailles, l'avocat de l'Espagne, n'en fut pas moins l'ami de l'espion que l'Autriche avait ici, Stainville (*Choiseul*). Ces Stainville, des Lorrains à deux maîtres, à deux faces, se fourrant partout, sachant tout, voyaient avec bonheur le beau plan de Noailles qui, nous ôtant bientôt nos meilleurs alliés, la Prusse et le Piémont, rendrait force à Marie-Thérèse.

Contre la famille royale et les Noailles, la Nesle fut de plus en plus faible. Elle avait près du roi deux rivales : l'Infante et Choisy.

L'Infante, petite-fille de quinze ans qui, tombée à Madrid aux mains d'un démon, la Farnèse, dressée assidûment par elle et écrivant sous sa dictée, par elle agitée, dépravée, flattait et caressait son père, priait, pleurait, se désolait, se mourait de n'être pas reine.

Et Choisy? c'était pis qu'une maîtresse, c'était une maison qui rendait toute maîtresse inutile : c'était le tombeau de l'amour.

Un confident ministre de Fleury acheta pour Louis XV (vers novembre 1738) cette *petite maison* pour s'amuser, chasser, bâtir un peu. Le ministre des plaisirs du roi, l'effronté Charolais lui donna caractère, y créant une sorte de *parc aux cerfs* des dames. Le règlement cynique de Choisy était celui-ci : Six lits de femmes en tout : *point de maris*. Les dames étaient invitées seules.

Dès lors, pourquoi une maîtresse? Le roi n'était pas fort, quoi qu'on ait dit. On voit dans De Luynes, Argenson, etc., qu'il a souvent des défaillances. Parfois il se remet en buvant coup sur coup quatre verres de vin pur (*Barbier*). Il chasse. Mais le curieux tableau qu'on voit à Fontainebleau, montre qu'on le menait fort près de la chasse en voiture, en petit carrosse de femme.

Le plus souvent la Nesle se tenait à Choisy, afin que la place fût prise. Mais le roi allait et venait, souvent à Rambouillet près de Madame de Toulouse, peu, très peu à Versailles. Fleury s'en allait à Issy. Les ministres en vacances quittaient Versailles alors, s'amusaient à Paris (*Barbier*, III, 288). Ainsi, point de gouvernement.

Le Nesle, enfonçant peu à peu, se décida enfin à

traiter avec les Noailles. Elle avait éprouvé combien ils étaient dangereux. Pour la perdre, ils avaient tenté un piège assez grossier, d'employer un jeune homme, le fils de Noailles même, qui près d'elle ferait l'amoureux. Elle en rit, mais traita avec le père qui avait grande envie d'être chef du Conseil, traita avec sa sœur, Madame de Toulouse, la pieuse maman du roi. Celle-ci, qui pour l'affaire de son fils avait pâti dans sa vertu, s'immola encore plus peut-être pour la fortune de son frère et (ce qui surprit d'elle) sans décence ni précaution.

L'excellent tableau de famille qui nous donne à Versailles le portrait de la dame, intelligente certes, avec de jolis yeux, sucrée, grassouillette et vulgaire, dit assez jusqu'où la commère pouvait aller dans l'intérêt des siens. Sa facilité maternelle du roi s'étendant aux deux sœurs, elle parut les adopter aussi, les embrassa et les enveloppa, leur fit de son appartement (ce lieu dévot, de deuil récent) un libre lieu commun, prêtant, dit d'Argenson, son lit, son canapé, son fauteuil et le reste. Honteux arrangement et fatal à la Nesle, qui, dans cette grossesse avancée, endurait les retours où s'amusait la malice du roi, ou vers la maman complaisante, ou vers la jalouse Mailly qu'il consolait et qu'on crut même enceinte.

La Nesle leur quitta la place, s'établit à Choisy, croyant y faire venir le roi, le tenir seul. Absente elle laissait le champ aux ennemis. Un coup lui fut porté. Ce fut son mari même, un jeune homme léger, qui lui porta ce coup mortel. Dans une chambre au-dessus du roi, il dit fort haut pour être entendu par la cheminée : « Il n'a après tout que deux laides. » Ce n'est que trop vrai. Elle n'avait jamais été belle. Elle était blanche, c'était tout. Elle n'était pas bien faite. Elle avait le cou mal attaché. La grossesse, cette terrible révélation de tout défaut, trahit ceux de sa taille. Le rire, sa grande puissance, n'embellit pas à ces moments. Le roi ne la voyait pas laide. Il fallut que quelqu'un le dît. Il le sut dès ce jour, alla moins à Choisy. Gisante à son neuvième mois, elle se trouva là comme un meuble inutile. A l'immobilité du roi, si nouvelle et si surprenante, on donna la raison plus surprenante encore et saugrenue : « L'argent manquait pour ces petits voyages » (*Arg.*).

Dans l'absence du roi, elle était en péril. Elle avait provoqué non seulement les plus hautes inimitiés, mais, ce qui est plus terrible, les basses. Les domestiques étaient ses ennemis. Son audace, qui affrontait tout, non contente de changer l'Europe, allait jusqu'à changer, réformer la maison du roi. Elle avait touché même l'homme qui vivait avec lui, le tout-puissant valet de chambre, à qui le roi disait tout, *rapportait*. Elle osa dire un jour : « Vous allez *rapporter* cela encore à Bachelier? » Non moins imprudemment elle avait signalé le commerce de places qui se faisait autour du vieux Fleury par ses vieux, Barjac et Brissert (un précepteur de son neveu). Ce Brissert, à lui seul, avait gagné plus d'un million. Enfin, ce qui donna l'alarme au monde de valets qui grouillait à Choisy, mangeant, pillant, volant sur les petits soupers, c'est qu'elle supprima ces soupers et l'orgie de champagne, montrant au roi qu'on se moquait de lui. Elle lui fit faire ses comptes et lui prouva qu'un Lazare volait ses bouteilles, etc. Elle exigea qu'on chassât ce Lazare. Dès lors ils sentirent tous qu'avec elle on ne pouvait vivre. Elle était clairvoyante. Elle prévit et dit : « Je mourrai » (*Argens.*, II, 234).

Supprimer les soupers! exiger que le roi restât sobre et lucide, qu'il ne s'enivrât que d'amour! Seule occuper Choisy, en écarter les dames complaisantes qui y venaient toutes à leur tour! c'était une réforme énormément hardie, qui touchait au roi même. Et l'on a beau me dire qu'il restait amoureux. Je sais mon Louis XV assez pour affirmer qu'en lui obéissant, il dut se faire très froid, triste, et laisser percer sa révolte intérieure, qui, entrevue fort loin, enhardit à agir. La maîtresse devenait un maître.

Le 11 août, elle fut très malade à Choisy. On la saigne deux fois, et le roi ne vient pas. Mais plusieurs fois par jour il a de ses nouvelles. Le 13, elle lui mande qu'elle se meurt. Il arrive. Elle ne le lâche plus. Elle veut mourir à Versailles, se met dans une litière. Mais elle se croit tellement menacée de ses ennemis qu'elle ne se met en route qu'avec une forte escorte. Elle arrive ainsi la mourante, armée en guerre et redoutable. Elle se fait donner l'appartement royal (et très voisin du roi) du cardinal grand aumônier de France. Là elle accouche (4 septembre). Elle accouche d'un fils, dont le roi est parrain et qu'il nomme Louis. Il semble ivre de joie.

Mais quelle ombre au tableau! A ce moment où elle est plus que reine, où tout s'aplatit devant elle, le roi (dans sa nature maligne, jalouse et toujours de bascule) relève Madame de Toulouse. Il fait à la maman le présent singulier de Luciennes, pavillon d'amour, bâti par la galante Conti, fille de La Vallière, et qu'aura plus tard Du Barry. Rambouillet est trop loin. Luciennes, justement sur la route de Versailles à Marly, sera la halte naturelle. Nul don de plus haute faveur.

Autre fait et plus grave. Le roi, revenant du salut, au milieu de vingt-cinq personnes, se mit à jaser politique, à rire du roi de Prusse et de *son* hardiesse à Molwitz, où on disait qu'il avait fui (*Arg.*, 236). Mot stupide, et bien dangereux, qu'on prit avidement, en concluant sans peine que le roi tournerait contre la Prusse, contre les idées de la Nesle, penchant plutôt vers le plan catholique, vers les Noailles, leur sœur, Madame de Toulouse : bref que la Nesle, en son triomphe même, n'était pas forte au cœur du roi.

La Nesle était le grand scandale, le parti des impies, de l'alliance protestante, l'ennemie de l'Autriche, du parti des honnêtes gens. *Si la main de Dieu* la frappait, c'était un grand coup pour sauver la catholique Autriche, la touchante Marie-Thérèse, « que les anges devaient défendre », selon la prophétie de Fleury. Dieu, en de tels moments, ne refuse pas un miracle. La Nesle n'était pas née pour vivre. Mal conformée, elle eut de plus une fièvre miliaire qui pouvait l'emporter. Il en fut avec elle, selon les vraisemblances, comme pour le petit Don Carlos, le fils de Philippe II, malade et qui peut-être serait mort de lui-même, mais on ne laissa rien au hasard : on aida.

Les horribles douleurs qu'elle avait se voient-elles dans ces fièvres? le dénouement rapide (si prompt qu'on ne put même l'administrer), est-il naturel en ces cas? Une circonstance effrayante, et de clarté tragique, s'y serait ajoutée (*Mém. de Rich.*, V, 115), c'est que son confesseur à qui en expirant elle dit pour sa sœur certain secret, n'eut pas même le temps de passer d'une chambre à l'autre, et tomba roide mort avant d'entrer chez la Mailly.

Cette mort est du 9 septembre. Le 13, l'Autriche fut sauvée.

Marie-Thérèse s'était enfuie de Vienne. Nous étions bien près, à huit lieues. L'ordre vient de Versailles de n'aller pas plus loin, et de tourner vers Prague, c'est-à-dire de ne pas toucher au cœur de l'empire autrichien. Quel est donc l'ennemi véritable? La Prusse, dans l'intime pensée de Versailles, et Frédéric. Il se le tint pour dit.

Marie-Thérèse put le 15 septembre jouer à Pesth sa belle et pathétique comédie. Enceinte, un enfant dans ses bras, elle pria les Hongrois pour elle, pour sa sûreté. Ces barbares héroïques oublient tous les massacres et les perfidies de l'Autriche. Ils tirent le sabre, ils crient : « Mourons pour notre roi Marie-Thérèse! » Et en effet, ressuscitant l'Autriche, ils ont fait mourir la Hongrie.

Mais revenons en France. Les gens qui connaissaient le roi sentirent parfaitement que, même en ce grand deuil, le seul qu'il ait eu de sa vie, ce qui le touchait, c'était bien moins la morte que la mort. Cette femme adorée ne fut pas exceptée de la règle commune : on ne mourait pas dans Versailles. Du moins on emportait le corps (pas encore expiré!), on le fourrait dans un hôtel voisin. Cela se fait pour elle, et, sans cérémonie, on la jette dans une remise. Devant mouler sa face en plâtre, on remarqua que sa bouche restait ouverte par une convulsion. Deux hommes forts ne furent pas de trop pour empoigner la tête, la serrer, et de force, fermer cette gueule béante. Cela parut bien drôle et amusant pour la canaille qui entra. Ces imbéciles croyaient que c'était elle qui éloignait le roi de leur Versailles. Ils firent à ce cadavre toute sorte d'indignités, tirant dessus des fusées, des pétards, outrageant de leur mieux « la reine de Choisy ».

On avait prévu à merveille que le roi n'exigerait aucune enquête. Les médecins furent prudents, ne virent rien. Le roi voulait-il voir ? Voulait-il bien sérieusement pousser à bout, connaître les gens hardis qui avaient fait le coup, et qui auraient cent fois mieux aimé avoir tout de suite pour roi un dauphin de treize ans?

Sa tête parut très affaiblie. Au-dessus il avait un petit entre-sol où il allait pleurer au lit de la Mailly, la faire pleurer, sur elle marmotter des *De profundis*. Au-dessous il avait Madame de Toulouse chez qui il allait faire l'enfant. L'énervation pleureuse et la peur libertine, et les enfances de Henri III, c'est tout ce qui semblait rester de lui.

Un acte cependant marque dans cette époque qu'il voulait expier. On lui dit que les maux du temps venaient uniquement du grand nombre des livres impies. Il y remédia. Il créa tout d'un coup, en une fois, soixante-dix-neuf censeurs. Tous choisis avec soin. Exemple, le sage et pieux Crébillon fils, le célèbre auteur du *Sopha*.

CHAPITRE XI

La conspiration de famille. — La Tournelle. — Désastre de Prague.
(1742.)

Quand Frédéric pressa Marie-Thérèse, Fleury d'un air béat dit au Conseil : « Elle est comme Jésus, sur la montagne, éprouvé par Satan. Mais les anges la soutiendront. » Voici comme les anges s'y prirent au moyen de Fleury.

Un jour, il va chez le petit Dauphin « pour assister à ses études ». Ce prince, qui n'avait que douze ans, mais qui avait déjà la grosse tête, le caractère lourd et fort qu'on a vu plus tard, parla au vieux ministre de la guerre commencée, l'interrogea sur la justice de cette grande entreprise. Fleury très volontiers s'y prêta, se laissa pousser, embarrasser, battre, jusqu'à être forcé de reconnaître « que c'était une guerre *injuste* ». Il sortit vite, pour n'en dire davantage. Tous restèrent stupéfaits. Le Dauphin fut dès lors l'espoir *des honnêtes gens* (*Rich.*, VI, 168).

Cet espoir dès longtemps était cultivé par l'Église.

Il n'avait que six ans quand le clergé de France, dans l'Assemblée de 1734, vint lui faire sa harangue, demander sa protection. L'enfant, assis, couvert, l'accueillit gravement, prit la chose au sérieux. Dans la réalité, en toute occasion, il se déclara pour l'Église avec la chaleur de sa mère, mais avec suite, autorité. Sa pesanteur physique y ajoutait. Il était à douze ans un gros homme et un personnage, déjà un Stanislas pour l'embonpoint, un Boyer pour l'esprit. Boyer, dont Voltaire a tant ri, borné et entêté, s'était merveilleusement exprimé dans son élève le Dauphin. Mais celui-ci, de plus, était mal né physiquement, mal conformé, comme sont les enfants conçus en dépit de l'amour, produits hétéroclites d'unions répulsives. Il grandit, il grossit, lourd, bizarre, discordant, entrevoyant parfois sa fatalité très mauvaise. A dix-sept ans, dans une lettre au vieux Noailles, il dit : Je traîne la masse pesante de mon corps. » Il eût fallu du mouvement. Mais il y fut absolument impropre. Il déteste la chasse, y va, pour son coup d'essai tue un homme. Une autre fois, il joue, et si gracieusement qu'une dame est fortement blessée (*Arg.*, VI, 229; *Luynes*, IX, 325).

Une chose très grave qui réfute ses panégyristes, c'est le jugement sévère que M. de Luynes lui-même (intime de Marie Leczinska) porte sur le Dauphin. Il le trouve *enfant* à vingt ans, variable et lourdement léger, passant d'une chose à une autre, de plus étrange, absurde; par exemple, chantant *Ténèbres* avec sa femme, la seconde dauphine, dans la chambre lugubre où fut *exposée* la première (*Luynes*, VIII, 367). Cela n'est pas d'un esprit sain, mais d'un cerveau, ce semble, marqué des manies sombres du roi demi-fou de Madrid.

Ce triste Caliban, qui après tout était honnête, se fût jugé peut-être, eût décliné la responsabilité des grandes choses, si les gens qui en étaient maîtres ne l'eussent incessamment poussé, mis en avant. Il se crut nécessaire, appelé et voulu de Dieu, fit effort et s'ingénia. Là parut un esprit très faux, un sot subtil qui dans la main des fourbes eût pu aller très loin et faire regretter son père même. Celui-ci l'aimait peu, le voyait comme un être à part, déplaisant dans le bien autant que dans le mal, en parfait contraste avec lui.

Le Dauphin fut le centre, le noyau fort et dur autour duquel la famille royale, et le clergé, l'intrigue espagnole-autrichienne, tous les éléments rétrogrades se groupèrent peu à peu. Nous devons les énumérer.

La reine, entre sa chaise et sa chaise percée, a l'air de n'agir pas, de souffrir seulement. Son infirmité la stimule. Quand sa chère Espagne est en jeu, elle fait écrire à Madrid les avis que ne donnaient pas nos ministres. Les intrigants Lorrains, les Polonais jésuites, la lancent par moments aux pieds de Louis XV. « Sire, sauvez la Religion » (c'est-à-dire proscrivez Voltaire ou l'*Encyclopédie*). Chose triste, odieuse, pour chancelier intime elle prend Saint-Florentin, ministre des prisons, geôlier des protestants, jansénistes et philosophes.

Les deux filles aînées, l'Infante et Henriette, qui ont seize ans (1743) sont une avec leur mère. La première, grande et belle, fort aimée de son père (stylée par la Farnèse), voulait non seulement une royauté du Milanais, mais ce qui est plus fort, à la mort de Fleury, faire ici un premier ministre.

Henriette, au contraire, très douce et maladive, avait beaucoup souffert. Promise au Bavarois, promise au duc de Chartres qu'elle aimait, qui l'aimait, puis refusée, brisée. Son père veut la garder. Il craint les Orléans, est jaloux de ses filles. Nulle plainte. Mais la pauvre Henriette (instrument de sa mère, du Dauphin), si elle ose parler, doit, timide et tremblante, aller d'autant plus droit au cœur.

Une enfant de dix ans, la véhémente Adélaïde, aura un bien autre pouvoir. Dans sa vivacité, son élan polonais, ses saillies précoces et baroques, elle amuse, elle étonne. Seule des filles du roi, elle obtint de rester près de lui, de ne pas subir le couvent. Elle prendra le roi sans nul doute, lui fera faire ce que veut le Dauphin.

Tous Espagnols de cœur, voulant le Milanais pour l'Infant et l'Infante. — Mais secondairement tous pour Marie-Thérèse. — Tous rêvant l'avenir de l'hymen autrichien, visant pour une infante d'Espagne le petit Joseph II [1].

---

1. « Mais il n'a pas six mois. » Il n'importe. Longtemps avant qu'il ne fût né, il est rêvé de la Farnèse, des Bourbons d'Espagne et d'ici. Cette Farnèse, en sa vilaine âme, eut toujours deux idées : 1° prendre à l'Autriche ce qu'elle peut ; 2° l'épouser (par ses enfants, petits-enfants). Dès son grenier de Parme, et avec la bassesse des petits princes d'Italie, elle avait pour *César*,

Funestes mariages, d'abord de Joseph II, plus tard de Marie-Antoinette! Un million d'hommes ont péri pour cela.

Bourbon, *Autriche*, *Espagne*, trinité sainte. Union ardemment désirée du clergé. Le sang du *Très-chrétien* et du roi *Catholique* ne peut mieux s'allier qu'à l'*Apostolique* Autrichien.

La guerre n'est qu'extérieure. On reste ami, parent. Le cœur est pour Marie-Thérèse. La *bonne* Autriche, l'*honnête* Autriche, ce sont des mots adoptés dans l'Europe. Sur la justice de cette guerre, l'opinion de Versailles et Madrid est tout à fait celle de Vienne. C'est celle des *honnêtes gens*. Le vieux Fleury, en entravant la guerre, sert directement la pensée de toute la famille royale. Elle pleure aux victoires de la Prusse. Elle pleure aux succès de la France. Dès ce jour est organisée, contre nous, contre la patrie, *la conspiration de la famille*.

Cette conspiration n'est devenue bien claire que plus tard, à mesure que grandit le Dauphin. Mais déjà elle existe, elle agit sourdement, saisit le roi d'autant plus sûrement qu'elle ne veut et n'insinue guère que ce qu'il eût voulu lui-même. De fond et de nature, d'éducation, de précédents, il était (sauf des

---

pour l'Empereur, pour l'Autrichien, cette admiration de valet qu'ont eue les Allemands, les Georges de Hanovre, restés valets sur le trône du monde. Dès 1726, elle flatte l'Autriche, nomme sa fille *Marie-Thérèse*. En 1741, Joseph est à peine sorti du sein maternel, que notre Infante de seize ans lui fait vite une épouse. Cette maladie de mariages autrichiens gagna de Madrid à Versailles, par cette Infante aimée de Louis XV, caressante, intrigante, et qui corrompit la famille.

échappées) homme du clergé et du passé, bon Espagnol, bon Autrichien.

L'opposition naturelle à cela furent les maîtresses. Dans quelle mesure? médiocre pourtant. La Nesle avait l'instinct du grand. La Mailly eut du cœur. Leurs efforts avortèrent. La Tournelle voulut, exigea *qu'il fût Roi*, le rendant seulement plus absolu, plus dur. La Pompadour lui fit un peu tolérer les idées. Mais ce ne fut jamais qu'en haine et envie du Dauphin. Donc, rien ne fut gagné. Le parti du Dauphin le reprit par ses filles. Ceci soit dit pour tout le règne. Revenons à la fin de 1741.

L'affaissement d'esprit pitoyable où fut Louis XV, sa peur profonde de la mort après la catastrophe horrible de la Nesle, donnait bon espoir au clergé. La Mailly, plus qu'usée, ne pouvait pas faire contrepoids. Le roi reprendrait-il maîtresse? cela semblait douteux. Le parti bien pensant croyait que, si parfois revenait l'ardeur libertine, la petite maison de Choisy y suppléerait de reste, les dames complaisantes, les nocturnes hasards sans amour et sans souvenir, donc, sans effet ni influence.

Il fallait un courage réel pour entreprendre de refaire une maîtresse, de rendre le roi amoureux.

Deux sortes de personnes y étaient cependant infiniment intéressées, les courtisans, les gens d'affaires. Parmi les premiers, Richelieu, jusque-là écarté, mais uni aux Tencin, ne désespéra pas de s'emparer du roi en lui donnant une maîtresse quasi royale, bâtarde des Condé. Dans le monde d'affaires, on présentait d'en bas un bijou plébéien, une enfant accomplie, une Pandore douée de tous les arts. Créature et filleule des Pâris, la petite Poisson était née *in telonio*, dans leur propre comptoir. Celle de Richelieu, La Tournelle avait vingt-cinq ans. Celle des Pâris, la Poisson, n'en avait que dix-huit. Laquelle des deux aurait le cœur et le courage de reprendre le rôle dangereux de la Nesle? Laquelle agirait pour la France? c'était au fond la question. La Tournelle, qu'on croyait bâtarde des Condé, donnait espoir; on supposait qu'elle serait, comme eux, du parti Chauvelin, anti-dévot et anti-autrichien. La petite Poisson promettait encore plus; le salon de sa mère, fort mêlé, recevait, avec les Fermiers généraux, beaucoup de gens de lettres, les plus libres esprits. Filleule de Pâris, elle était caressée de tous, et put jouer enfant plus d'une fois entre Voltaire et Montesquieu.

La mise en scène de l'enfant fut jolie et bien entendue. Les Pâris, relevés, redevenus puissants (Montmartel, banquier de la cour, Duverney, fournisseur général des armées), gardaient une note fâcheuse, celle d'avoir eu leur commis Poisson pendu en effigie. La petite Poisson avait un beau prétexte, touchant, d'aller au roi; sa piété filiale. On la faisait voltiger dans les chasses, en robe rose et phaéton bleu. Elle allait, revenait, tournait autour. Le parti contraire s'en moquait, disait : « C'est l'amoureuse du roi. » Quelque part qu'il allât, il revoyait ce doux petit visage, muet, qui pourtant implorait. Il souriait, regardait volontiers. On s'alarma. On coupa court en décidant le roi, non à prendre la fille, mais à faire grâce au père (en 1741). Cela finissait tout.

Les Pâris comprirent mieux qu'il fallait d'abord la marier, la faire dame d'un salon, une reine de la mode et des arts, mais surtout lui ôter ce très fâcheux nom de Poisson, dont on plaisantait trop. « La caque sent toujours le hareng, etc. » Le roi, qui avait eu la Nesle, un des grands noms de France, eût bien fort descendu avec celle-ci. La famille royale, la Cour, supportaient mieux la Nesle, disant : « Elle est de qualité. » Cela retarda la Poisson, et plus de trois années.

Pour le moment, Duverney, ajournant sa petite merveille, se rangea de l'avis des Tencin et de Richelieu, qui était de donner au roi une *princesse,* mais encore une Nesle. Monsieur le Duc, qui avait eu longtemps Mme de Nesle, se croyait père de plusieurs de ses filles, et il en avait doté, marié une à un gentilhomme. Bientôt veuve, fort belle et brillante, cette dame, qui se sentait Condé, en avait la hauteur malgré sa pauvreté. « Haute comme les monts », disait Mme de Tencin, sa patronne. Elle n'en fut pas moins basse, avare, débattant longuement dans sa froideur sordide combien elle aurait de son corps. Bien différente de la Nesle, elle facilita son traité, en demandant beaucoup pour elle-même, et rien pour la France, en se séparant des Condé qui soutenaient Chauvelin. Elle endura Fleury, et Tencin, et Noailles, les influences de famille. Elle employa Voltaire, l'homme de Richelieu, auprès du roi de Prusse, mais ce qui fut bizarre, le fit écrire aussi pour les plans de Tencin et la folle croisade qui nous brouillait avec la Prusse.

Revenons en septembre, en 1741. Fleury, disons plutôt Versailles (et la famille, les Noailles, Maurepas, etc.), parut se proposer deux choses : Sauver l'Autriche, et blesser Frédéric.

1° *On n'alla pas à Vienne*, comme il voulait. Et on amusa le public en portant jusqu'au ciel un brillant coup de main, Prague emportée par escalade. Maurice de Saxe, le bâtard, la commanda. Chevert l'exécuta. Et la gloire en fut à Maurice (18 novembre 1741).

2° Fleury accorda au roi Georges, oncle et ennemi de Frédéric, *la neutralité du Hanovre* (octobre 1741). Georges est mis à son aise. On ne peut l'attaquer. Et lui il peut donner des subsides à Marie-Thérèse, lui payer des Danois, des Anglais et, chose impudente, douze mille de ces Hanovriens que l'on vient de déclarer neutres.

3° Bien loin d'écouter Frédéric, on prend pour général celui qui lui déplaît le plus, un sot brutal, un Broglie, qui l'a blessé, le blesse encore. On rit de Frédéric. On élève ridiculement en face de ce grand homme un nain, ce Maurice de Saxe, officier subalterne et caractère suspect, qui a l'incroyable insolence d'être jaloux du roi de Prusse.

Frédéric sentait tout cela. Il se trouvait seul, sans terreur. Ce grand et ferme esprit avisait froidement à vaincre et à traiter sans nous.

L'infortuné Bellisle voit tout fondre en ses mains. Le Prussien et le Saxon flottent. L'Empereur a perdu tous ses États héréditaires. Bellisle, en mars, court à

Versailles. Il trouve autour du fauteuil de Fleury ceux qui perfidement ont agi contre lui, contre la Prusse et pour l'Autriche. La Mailly eut alors un beau mouvement de cœur. Elle força d'écouter Bellisle, qui écrasa ses ennemis.

Le roi ne disait rien, et l'on croyait que, pour des paroles si libres, il serait mis à la Bastille. Quelques honnêtes gens réclamèrent. La Mailly pleura pour l'armée, qui périssait si l'on brisait Bellisle. Le relever, c'était sauver l'armée, nous ramener la Prusse, raffermir l'Allemagne. — Revirement subit. Le roi signe un brevet qui le fait duc, et duc héréditaire. L'Empereur le fait prince d'Empire.

Tout cela vient bien tard. Frédéric, serré de très près, non soutenu par les Saxons, abandonné de nous, et seul, gagna la bataille de Chotusitz. Vainqueur, il écrivit à Broglie qu'il était quitte envers la France (mai). Broglie, sourd aux conseils de Bellisle, se fit battre et s'enfuit dans Prague.

Marie-Thérèse qui, avant la bataille, ne savait pas si elle ferait grâce au roi de Prusse, dégonfla, devint souple. Le traité était imminent. Bellisle accourt chez Frédéric, et s'emporte dans son désespoir. Frédéric froidement tire de sa poche les lettres que Fleury a écrites en Autriche, offrant de laisser là la Prusse, de faire rendre la Silésie si l'Empereur a la Bohême. Lettres honteuses où le radoteur confiait à l'ennemi tous ses chagrins secrets. Dans ces missives étranges, l'esprit *prêtre*, l'esprit de police, de lâcheté, d'enfant *rapporteur*, brillait, comme dans celles de 1737. Il a

accusé Chauvelin alors, aujourd'hui il dénonce Bellisle
(2 juillet 1742). Marie-Thérèse imprime tout cela pour
l'amusement de l'Europe. Versailles est démasqué,
honni. Le roi de Prusse s'arrange avec l'Autriche et
l'Angleterre (28 juillet). Hollande et Danemarck,
Pologne et Saxe, y accèdent bientôt, et six mois plus
tard la Sardaigne nous laisse aussi et traite. Seule
restera la France. L'autre année, Louis XV parut le
général du monde (août 1741). En août 1742 il n'a
plus d'allié que l'inutile Espagne et le Bavarois ruiné.

La situation était grande, terrible. Les nôtres, abandonnés, n'ayant ni Prussiens ni Saxons, sont enfermés dans Prague. Rien n'y vient plus. Dès août la
disette commence. Les bandes innombrables de Marie-
Thérèse, ses cavaliers barbares, guêpes féroces, volti-
gent tout autour et coupent toute communication.
L'impératrice dit : « Je les tiens. » Fleury prie, et elle
s'en moque. Elle veut qu'ils sortent désarmés, prisonniers. Bellisle, très généreusement, pour réparer
les fautes de Broglie, s'enferme dans Prague avec lui.
Il répond à Marie-Thérèse par des sorties terribles.
Dans l'une, nos Français vont droit aux batteries autrichiennes, les enclouent, avec grand carnage, enlèvent
le général Mouti. Insigne gloire, mais qui ne nourrit
pas. On tue, on mange les chevaux.

Cela le 22 août, que fait-on à Versailles ?

Une voix sourde, profonde, s'y élevait pour Chauvelin. Dans un si grand péril, dans un tel abandon,
tous sentaient qu'il fallait à l'heure même un pilote,
une main sérieuse au gouvernail. Les Condé, les

Conti, la Mailly, même le contrôleur des finances Orry, créature de Fleury, étaient pour Chauvelin. Mais personne hardiment n'osait s'avancer et déplaire, risquer « d'attacher le grelot ». La question était de savoir si les influences nouvelles, Richelieu et les autres, agiraient dans ce sens. Ils s'abstinrent lâchement.

Les Maurepas, les Noailles, tremblaient. Ils firent parler Fleury. Il dit que la religion était perdue si l'on rappelait Chauvelin. Il avoua que le Conseil n'était pas fort, qu'il fallait le fortifier, pour cela appeler... Tencin, avec le jeune d'Argenson (souple et fin valet des Jésuites). Le 27 août cela se fit. Tencin, que jusque-là on avait cru homme d'esprit, au pouvoir parut un néant.

Il y avait pourtant de vrais Français. Un M. de Merlé, que connaissait un peu Fleury, vint le trouver, prier pour notre armée, demander qu'on envoyât à son secours l'armée inactive de Maillebois. Fleury y consentit. Maillebois alla jusqu'à Égra. Mais cette fois encore on attrapa Fleury. Le secret agent de l'Autriche, Stainville (*Choiseul*), lui dit que, si près de la paix, il allait gâter tout par une collision inutile. Et il rappela Maillebois. Prague et nos enfermés furent abandonnés à leur sort.

Avec la faim, bientôt le froid sévit. On put voir (là comme en Crimée) à quel point ces extrémités, loin d'abattre l'âme française, la tendent au contraire et l'exaltent. La poudre leur manquait. Ils faisaient des sorties, des charges à l'arme blanche, et parfois en triomphe rapportaient un morceau de bois. Dans leur gaieté, leur bonté généreuse, ils partageaient leurs rations réduites avec de pauvres spectres de femmes indigentes qui trouvaient auprès d'eux plus de pitié qu'auprès des leurs.

Le roi était-il averti? M. de Beauvau, échappé à grand'peine, vint, lui dit tout. Et il restait muet. La Mailly se désespérait. Il parla, mais pour ne rien dire. Il ne fallait qu'un mot, rappeler Chauvelin. Son nom seul aurait fait songer Marie-Thérèse, eût aidé Frédéric dans l'idée admirable qu'il eut pour nous sauver, pour relever le Bavarois : c'était de décider les princes allemands à faire une armée de l'Empire. Mais sans la France, ils n'osaient faire ce pas.

Pour dire le vrai, le roi était tout absorbé dans le traité de La Tournelle. Elle exigeait des choses énormes et insensées : un duché (Châteauroux) ; plus l'état fastueux qu'avait eu Montespan ; plus des avantages futurs pour les enfants qu'on lui ferait. Et ce traité immonde publié à grand bruit, à son de trompe, le duché vérifié, enregistré en Parlement, comme on eût garanti un traité avec telle puissance étrangère.

Elle exigeait encore une chose bien dure, qui coûtait fort. C'était qu'on chassât la Mailly.

Donc le traité traînait. Une chose juge cette femme, c'est que, craignant pourtant que le roi à la longue ne perdît patience, elle usa d'un moyen étrange, de lui donner un passe-temps comique autant qu'infâme. Elle lui envoya à sa place sa sœur, amusante et cynique, laide et drôle, qu'il eut à Choisy.

Mais le roi enfin fait effort. La grande exécution

s'accomplit. Le secours de Prague ? Point du tout. Une chose bien plus importante à Versailles, l'expulsion de la Mailly (10 novembre 1742). Tencin, dit-on, en eut l'honneur. Le clergé volontiers en eût chanté des *Te Deum*. Car, tant que la Mailly restait, la Nesle n'était pas enterrée. Il y avait un cœur pour la France.

Le désastre de Prague ne fut plus qu'un fait secondaire. Marie-Thérèse y usait son armée. Elle voulait à tout prix sa vengeance. Les supplications sottes de Versailles avaient ajouté à son orgueil bouffi. Ne sachant plus que faire, nos ministres écrivent qu'il faut revenir.

Mais comment revenir ?... Plus de routes. Tous les ponts détruits. Des montagnes à passer. Très hautes, car elles versent des rivières opposées, au Nord et au Midi, à la Baltique, à la mer Noire. A ces hauteurs, le froid est redoutable. C'est peut-être ce qu'on calcula. Couler Bellisle à fond, c'était la pensée de Versailles. S'il meurt là, c'est fini ; c'est l'audace insensée. S'il passe en laissant derrière lui une armée gelée et détruite, ce sera mieux. Car il vivra condamné, flétri et maudit.

Mais enfin voici l'ordre. Il faut partir. C'est la nuit du 16 décembre (1742). Bellisle dit à Chevert : « Garde tous les malades. Tu ne te rendras pas. — Certes, non, général. » Il en était bien sûr. Il se fût fait sauter.

Maintenant le voilà, l'homme de l'entreprise, ce Bellisle, qui emmène la nuit ses quatorze mille hommes, les seuls qui marchent encore, affaiblis, amaigris. C'était la miniature du retour de Moscou. Bellisle n'en fût jamais sorti s'il n'y eût eu avec lui un homme de génie, Vallière, vrai créateur de notre artillerie. On emmenait trente canons. On ne sait pas comment, mais il leur mit des ailes. Partout où les affreuses bandes de la cavalerie de l'Autriche se présentaient sur nos gelés pour faire leur petite récolte de têtes, et de nez, et d'oreilles, nos canons volants y étaient pour faire voler leurs escadrons. C'est la première fois que l'on vit ces canons animés, pleins de verve française. Le très attentif roi de Prusse, studieux, et qui aimait son art, en profita, en fit autant, et d'un bout de l'Europe à l'autre dans la Guerre de Sept-Ans. Il imita Vallière, fut imité de Bonaparte.

On perdit énormément d'hommes. Mais on arriva à Égra, fièrement. On sauva le drapeau. Chevert se défendit à Prague, et si bien que Marie-Thérèse, le cœur crevé, y manqua sa vengeance, dut le laisser aller.

Le roi, pendant ce temps, avait eu sa victoire. La victoire achetée et que d'autres avaient eue. Les chiffres parlent. Il l'eut le 10. Du 17 au 26, notre armée fut gelée. Le 19, cette fille se montra triomphante à l'Opéra qui l'applaudit. Vingt jours après, le dévoiement de Fleury évacua le peu qu'il avait d'âme. Tous en rirent, et dans l'antichambre, chez le mort même, en en fit des chansons. Chacun se sentit soulagé. Le roi aussi. Il fut fort gai, et dansa une ronde à La Muette, d'après un air nouveau qu'on avait fait sur

Maurepas, sur son sexe équivoque, son incapacité d'amour (*Revue rétr.*, V, 213).

Cela ressemble à Charles VI.

C'est lui faire tort. Au moins Charles VI était fou.

CHAPITRE XII

Frédéric-le-Grand.
Furie de l'Angleterre. — La Tournelle. — Le Roi malade.
(1743-1744.)

Frédéric ne pouvait être accusé de nos désastres, c'est lui qui pouvait accuser. On avait constamment agi sans lui, et contre lui. On l'avait laissé seul au moment décisif d'avril 1742. Certes il avait le droit de nous tourner le dos.

Cependant il n'abandonna nullement notre Empereur, rendit même à la France de signalés services dans les derniers mois de Fleury et dans le long gâchis qui suit (1743). Services, en conscience, beaucoup trop oubliés.

Il suivit en cela son intérêt sans doute; mais, reconnaissons-le aussi, sa partialité pour la France, très forte au début de son règne. Ce sentiment intime, de son mieux il le cache. Il plaisante Voltaire et Bellisle. Mais tous ses actes sont français.

Il était un des nôtres, constamment inspiré et imbu

de la France. Jusqu'à quinze ans, il est fils du Refuge, élevé par nos protestants. Excellente influence, austère, qui, plus que tout le reste, créa en lui le nerf de l'indomptable volonté. De quinze à vingt, il copia Versailles. Sa grand'mère, la spirituelle Sophie-Charlotte, qui y avait été, qui fut près d'y régner en épousant le Grand-Dauphin, lui laissa trop sans doute l'admiration de cette cour. Sa charmante sœur Wilhelmine, plus âgée, qui put tout sur lui, fut élevée par une Italienne, et l'aurait fait plus que Français. La prison, la persécution du barbare Allemand son père, le changèrent, mais toujours dans le sens de la France. Il fut, dans sa longue retraite (de dix années), le disciple de nos philosophes. Les lourds convertisseurs que son père avait mis dans sa prison pour l'aplatir chrétiennement, le firent solidement anti-chrétien. *Français* signifiait pour lui *libre penseur*. Être un roi tout français, cela lui paraissait être *roi des esprits* et de l'opinion, grande puissance qu'il cultiva toujours et qui n'aida pas peu au beau succès de ses affaires.

Ce qui est grand en lui bien plus qu'aucun succès, c'est une suprême victoire d'avoir, plus qu'aucun homme, prouvé, réalisé, la profonde pensée de ce siècle : « *L'homme est son créateur.* Toute-puissante est sa volonté pour se faire, en dépit du monde. »

Deux choses auraient pu l'annuler, les deux énervations de vices et de misère. Ce prisonnier, ce vicieux, ce misérable, ce mendiant, par-dessus tout cela, fut de bonne heure marqué d'un signe qui promet peu l'activité. Dès vingt ans, il fut gras. Il parut perdre un sens, celui des femmes et de l'amour. Ses ennemis pouvaient le croire brisé. Mais c'était le contraire : le cerveau fut doublé. La volonté terrible qui fut en lui, domptant l'inertie naturelle en fit un type unique, extraordinaire d'activité, jusqu'à vouloir supprimer le sommeil. Solitaire dix ans à Rheinsberg et n'ayant nulle affaire encore, il se levait déjà en pleine nuit. A quatre heures, on le réveillait, et durement, en lui appliquant une serviette mouillée. Il travaillait huit heures, portes closes, jusqu'à midi. Il lisait, pensait, écrivait. Il se trempait d'un fatalisme dur (que Voltaire en vain combattait). Il écrivait des lettres, des histoires, des mémoires, un entre autres : *Comment faire la guerre à l'Autriche ?*

Devenu roi (mai 1740), il se trouva recevoir de son père une bonne armée disciplinée, qui ne s'était jamais battue, de très bons généraux, mais qui avaient peu guerroyé. Fort ridiculement on le compare à Bonaparte. L'heureux Corse eut la chance unique d'hériter de Masséna, d'Hoche, d'avoir à commander les vainqueurs des vainqueurs. Favori du destin, il reçut tout d'abord de la Révolution l'épée enchantée, infaillible, qui permet toute audace, toute faute même. L'armée de Frédéric, qui n'avait fait la guerre que sur les places de Berlin, était dressée sans doute (et sur les idées excellentes du vieil Anhalt). Mais tout cela n'est rien. Une armée ne se forme qu'en guerre et sous le feu. Son roi, non moins qu'elle novice, l'y conduisit, l'y dirigea, lui apprit plus que la victoire, *la patience*, la résolution invincible, et en réalité c'est lui qui la forma. Ce que ne fut pas Bonaparte, Frédéric le fut : *créateur*.

Bonaparte eut en main l'instrument admirable, homogène, harmonique, de la France si anciennement centralisée. Frédéric eut en main un damier ridicule, fait d'hier et de vingt morceaux, une armée composée et de recrues forcées, et d'hommes de toute nation. Il eut un pays sans frontière, bigarré, bref un monstre. C'est la création d'un besoin. Contre le monstre Autriche, il a fallu le monstre Prusse. Comment eût-il agi, ce corps dégingandé, s'il n'eût en Frédéric trouvé l'unité, le moteur?

Ses contemporains sont sévères dans leur jugement sur lui. Ils en parlent comme d'un roi. Mais il fut encore plus le grand chef des résistances européennes. Dans l'odieux moment où l'aveugle Angleterre se déclara pour Vienne et pour la catholique Autriche contre les libertés de l'Allemagne (1742), — au moment où l'intrigue fit cet indigne coup d'accoupler l'Autriche et la France (1755), que devenait l'Europe sans l'homme extraordinaire qui seul la vainquit, la sauva?

Cet homme, tellement maître de lui, fait un frappant contraste avec son temps. La violente Angleterre de Georges, l'Autriche colérique, rancuneuse, de Marie-Thérèse, la furie de Madrid, l'ineptie de Versailles, bref l'aliénation de tous, ne laisse voir qu'un homme en Europe. Un seul a son bon sens. Il a l'air du gardien des fous pour empêcher à chaque instant qu'eux-mêmes ne se blessent et se brisent.

On ne dit pas assez tout ce qu'il fit pour nous en ce moment. Il se compromit même (*Dover*). De sa personne, il alla visitant les princes de l'Empire, les engageant à se confédérer, à faire une armée neutre qui aurait couvert la Bavière, découragé la pointe que l'Autriche voulait faire en France. Son influence ôta deux armées à nos ennemis : 1° celle du Hollandais que l'Anglais voulait leur donner et que le roi de Prusse paralysa plus d'une année ; 2° les troupes Anglaises de Flandre que Georges, ce furieux Allemand et plus Autrichien que l'Autriche, envoyait à Marie-Thérèse. Pour nous sauver ce coup, Frédéric eut besoin de menacer et de dégaîner presque. Il signifie à Georges que s'il fait un pas dans l'Empire sans l'aveu de l'Empire, la Prusse à l'instant même saisira son Hanovre. Georges avala sa rage. Mais sa jalouse haine pour Frédéric, s'envenimant, le fit de plus en plus, contre tout intérêt anglais, serviteur de l'Autriche et bourreau (s'il eût pu) pour détruire la Prusse et la France.

L'Angleterre (d'elle-même calculée, raisonnable, et sérieuse dans les intérêts) avait en ce moment un accès singulier, allait comme un homme ivre qui suit non pas sa route, mais de droite et de gauche, poussée ici et là. Après la torpeur de Walpole, sous Carteret et Pitt, elle s'était éveillée de fort mauvaise humeur. Comme un boxeur méchant, fort, sanguin, qui veut des querelles, elle cherchait à qui donner

des coups. Fureur instinctive et aveugle, que de
façon diverse on travaillait habilement. D'une part
la banque maritime, les noirs comptoirs de Londres
qui dans l'Amérique envoyaient leurs contrebandiers,
commanditaient le vol, voulaient que leurs brigands
fussent inviolables aux Espagnols. Il fallait écraser
l'Espagne qui criait : Au voleur! — D'autre part,
une masse plus désintéressée, mais sotte et violente,
au nom de la *Famille*, s'émouvait pour Marie-Thérèse
contre l'intérêt protestant, contre le roi de Prusse.
Son oncle Georges II était à corps perdu dans ce courant. — Un troisième mobile, commun à tout parti,
c'était la haine de la France, l'idée que cette France
qui flottait sans pilote, allait recommencer Louis XIV,
la monarchie universelle. On n'avait jamais su ici-bas
ce que peut la haine tant que cette Angleterre ne
donna son héros, l'enragé M. Pitt, ce furieux malade,
de colère calculée. Tous les plans de ruine et de
démembrement, rêvés de Marlborough et d'Eugène,
étaient au cœur de Pitt. Deux vieilles gens de soixante-
dix ans, Stairs, Sarah Marlborough, ressuscitèrent
pour hurler avec lui. Stairs, l'Écossais camus, un
dogue à figure d'assassin (qui tua son frère à douze
ans), avait eu à quarante la jouissance unique de
marcher sur le pied au grand Roi, qui ne pouvait
plus remuer. Et la furie Sarah, l'impudique exploi-
teuse de la pauvre reine Anne, ce vampire enrichi
de carnage, du sang de la France, en avait soif
encore. Elle fut d'autant plus une plaideuse pour
Marie-Thérèse, prête à lui donner tout. Pour son

impératrice, elle courait les rues, lui ramassait l'argent, pleurait, priait pour elle. La *famille* est en cause et la *propriété*. Vingt peuples délivrés de l'Autriche, rentrés dans le droit naturel de la liberté élective, sont proclamés par l'Angleterre la propriété de la femme, de son fruit né, à naître, de ce ventre plein de tyrans.

Dans cet accès bizarre, la terre de la Loi, l'Angleterre se déclara contre la Loi, contre l'élection régulière que l'Allemagne unanime fit de son Empereur à Francfort. Elle biffa le choix des Allemands, nia la liberté germanique. Couronné à Francfort, et couronné à Prague, l'Empereur bavarois, avait pour lui le Droit incontestablement. Force énorme, si son défenseur, si la France n'eût été trahie.

Fleury mort, l'Espagne voulait nous donner un ministre. D'autres timidement auraient insinué Chauvelin. Mais qu'en a-t-on besoin? « N'avons-nous pas le roi? » C'est le texte qu'en chœur chantèrent les deux partis, Noailles d'un côté, de l'autre Richelieu. Merveille! le roi parle. On le pousse, on le presse, et on obtient cela. Il parle. Il parle haut et sec. A propos de Tencin, il dit d'un ton bref : « Plus de prêtre. » Il est donc bien changé? Point du tout. Pure imitation. Il copie assez bien la sèche impertinence de Richelieu, de La Tournelle. Il n'en reste pas moins ce qu'il fut, un jouet, l'automate de Vaucanson.

Lorsque la vieille Madame la Duchesse osa (février et avril) lui présenter les lettres, les mémoires francs, hardis, que lui adressait Chauvelin, on lui fit croire sans peine que cela blessait son honneur. Maurepas et Noailles, les plus intéressés à exclure Chauvelin, y réussirent sans doute par d'adroites insinuations. Le roi, si peu sensible, indifférent même à l'outrage (on l'a vu en 1730), crut avoir de lui-même une royale colère, et fit ce qu'on voulait. Il aggrava l'exil de Chauvelin (avril), fit entrer Noailles au Conseil.

La Tournelle avait *une étoile*, et y croyait, bien sûre de faire du roi le plus grand roi du monde (Voy. sa lettre dans Goncourt). Admirons les premiers effets de cette étoile : Chauvelin en disgrâce et Noailles au Conseil.

Noailles, qui, sous la Régence, avait eu des vues saines, d'heureuses lueurs, n'avait dans sa vieillesse gardé que ses défauts, une imagination mobile, une versatilité bizarre, qui le faisait sans cesse voltiger d'une idée à l'autre. Brillante, étourdissante, sa parole était la tempête. Pour ajouter l'éloquence du geste, il jetait son chapeau en l'air (*Arg.*). Bref, homme de talent et d'esprit, de vaste connaissance, sans cœur, ni fond, ni caractère, faux dévot (et flatteur de la trahison de famille), il offrait la grotesque image d'Arlequin à soixante-cinq ans.

Richelieu, La Tournelle, se montrèrent là très lâches. Dans la terrible crise où nous entrons (avril 1743), lorsque l'invasion de toutes parts nous menace et gronde, ils laissent la famille et le parti dévot remettre à ce vieil étourdi la défense de nos frontières.

Georges, Marie-Thérèse, ne doutent plus de rien.

Ils sont sûrs de finir en une campagne. C'est moins que la guerre, c'est la chasse, c'est la curée. Qui veut des morceaux de la France ? Mais sa ruine n'est pas ce qui plaît à Marie-Thérèse. C'est bien plus la vengeance. A Prague, à Égra, on le vit. Il lui faut des Français vivants à outrager. Cette femme de vingt-huit ans, toujours grosse ou nourrice, avec sa beauté pléthorique, ivre de sang et bouffie de fureur, a beau être dévote ; on voit déjà ses filles en elle et le fantasque orgueil de Marie-Antoinette, et les emportements de la sanguinaire Caroline. Elle sème ; les siens récolteront. Elle fonde sur le Rhin et chez nous l'exécration du nom d'Autriche. Ses manifestes terroristes, des pères aux fils, jusqu'en 93 s'imprimeront dans la mémoire, ses menaces de mutilations, le nom de son Mentzel, choisi par elle pour aplanir la route, décourager les résistances par d'horribles excès de férocité calculée. On réclame. Elle en rit, et désavoue Mentzel en l'avançant et le récompensant. Dans ses proclamations, il dit au paysan que *qui ne vient à lui, sera forcé lui-même de se tailler en pièces, de se couper le nez et les oreilles.* Nombre de ces barbares, sous l'habit musulman, avec charivari de tambour et tam-tam, donnaient une agonie de peur au paysan, qui, dans ses cris au ciel, mêlait confusément le Turc avec Marie-Thérèse.

Invasion hideuse, à laquelle le sot Georges, la brutale Angleterre n'eurent pas honte de s'associer. Ce grand peuple a des temps où il ne voit plus goutte, va comme un taureau, cornes basses. Le portrait ridicule que nous donne Comines des Anglais arrivant en France avec Édouard IV pour faire la guerre à Louis XI, convient (quatre cents ans après). Bravoure et gaucherie, maladresse incroyable, foi sotte à la force physique. Tels vous allez les voir à Dettingen. Georges, par une savante manœuvre, veut couper Noailles d'avec Broglie, empêcher leur jonction. Et il se fourre dans une impasse. Le loup a voulu prendre, est pris. Voilà qu'il ne peut plus ni nourrir son armée, ni avancer, ni reculer.

Ce joli coup était moins de Noailles que du très habile De Vallière qui sut placer ses batteries de façon que la masse anglaise, bien exposée en espalier sur la rive opposée du Mein, devait, défilant en arrière, subir en plein le feu, avaler tout jusqu'au dernier boulet. Qui sauva Georges? L'étourderie de nos brillants courtisans de Versailles. Le neveu de Noailles, Grammont et la Maison du Roi, ne voulurent pas que l'artillerie eût l'honneur de l'affaire. Cette cavalerie dorée s'élança, elle alla charger justement devant nos canons et les empêcha de tirer. L'avant-garde, sans ordre de même, suivit ce faux mouvement. Nos pauvres jeunes milices, amenées d'hier à l'armée, tinrent peu, et, ce qui étonna, nos fiers gardes-françaises, superbes au pavé de Paris.

Même perte de chaque côté, mais Georges était sauvé. Les Autrichiens allaient le joindre. Noailles, pour n'être pas saisi entre les deux, dut repasser le Rhin. Triste nécessité, et on la rendit ridicule. Le roi dit que notre Empereur, le Bavarois, traitant avec Marie-Thérèse, il ne voulait pas les gêner et rappelait les armées de l'Empire. Cette déclaration chrétienne et pacifique de conciliation enhardit nos ennemis. Elle n'aida pas peu à décider le traité du Piémont et de Marie-Thérèse. Le Piémont sentait bien que nous étions trop Espagnols, que nous ne travaillions en Italie que pour notre fille l'Infante. (13ᵉ septembre 1743).

Grand coup contre Madrid, grand coup contre Versailles, c'était juste l'endroit sensible des deux cours, l'affaire de la famille. L'Infante (poussée par la Farnèse), dans sa tendre correspondance qui était constamment en route de Madrid à Versailles, dut tremper son papier de larmes. Le roi embarrassé, voyant que le Conseil craignait de prendre avec l'Espagne des engagements compromettants, ne consulta qu'un homme, celui que La Tournelle appelait *Faquinet*, Maurepas. Il méritait ce nom. L'heureuse occasion de faire contre la France l'affaire de la famille, Maurepas la saisit aux cheveux, dressa solidement, ou plutôt copia le traité insensé. C'était déjà le *Pacte de famille* qui mariait la France à l'Espagne, l'associait aux aventures de la patrie de Don Quichotte. Rien de stipulé pour la France, généreusement elle donnait *tout le Milanais* à l'Espagne (donc guerre éternelle au Piémont).

Guerre déclarée à l'Angleterre, et dès lors maritime (la guerre jusque-là n'était qu'Hanovrienne). Article grave, qui eût dû faire trembler Maurepas, comme ministre de la marine; il avait construit des vaisseaux, mais en bois si mauvais que nos amiraux déclaraient qu'ils ne pouvaient tenir la mer.

Le comble de l'imprudence c'était qu'on s'engageait à ne jamais traiter avec l'Anglais *qu'il n'eût restitué Gibraltar*. Donc on fermait la porte à tout arrangement possible.

Ce fut le premier acte du *roi gouvernant par lui-même*, acte accordé à la famille, acte de père plus que de roi. Et en même temps, chose bizarre, il en faisait un autre absolument contraire. Richelieu, La Tournelle eurent l'autorisation d'une démarche (indirecte et secrète) auprès du roi de Prusse. Le roi sut, approuva que leur homme, Voltaire, allât à Berlin, « comme persécuté de Boyer ». Il lut et goûta même la risée que Voltaire faisait de ce Boyer, le vrai chef du clergé qui, depuis Fleury, avait la *Feuille*, c'est-à-dire en réalité donnait comme il voulait évêchés, abbayes, et tous les biens d'Église, disposait de ce fonds énorme. Ce sot gouvernait le Dauphin. Peu à peu, autour d'eux, une cour se formait dans la Cour, de gens pieux qui ne censuraient pas le roi tout haut, mais qui pour lui priaient, levaient les yeux au ciel. Tout le travail de Richelieu était de bien montrer au roi cette cour opposée à la sienne, ayant déjà tout prêt son successeur, le petit saint, le nouveau Duc de Bourgogne. D'autre part, La Tournelle, avec sa hauteur, son audace, le sommait d'imiter Frédéric, d'être vraiment roi.

Il se trouvait précisément que le roi de Prusse à Berlin renouvelait l'Académie que, sa grand'mère créa sous les auspices de Leibnitz. Il fut ravi de recevoir Voltaire. Il savait parfaitement la puissance de l'opinion dont Voltaire devenait de plus en plus le maître. Les tragédies de l'un, et les victoires de l'autre avaient coïncidé. On jouait *Mahomet* à Lille le jour où l'on apprit la victoire de Molwitz ; Voltaire dit la nouvelle ; la salle enthousiaste applaudit à la fois Frédéric et Voltaire. Acquérir celui-ci, c'était conquérir un royaume, le grand peuple penseur, dispersé, il est vrai, mais fort, et qui ne donne pas seulement la fumée de la gloire, mais toujours à la longue la réalité du succès.

Frédéric, malgré tels côtés petits ou ridicules, vu de près, saisissait au moins d'étonnement. En arrivant de France et de la molle vie de Versailles, on ne pouvait voir la vie rude et forte du roi de Prusse, son énorme labeur, sans être frappé de respect. Cet homme qui, dans les froides nuits du Nord, déjà à quatre heures du matin siégeait en uniforme (et tout botté), à son bureau, devant une montagne de lettres, de dépêches, d'affaires privées, publiques, avant qu'il fût onze heures, avait fait chaque jour ce qu'un autre eût fait en un mois. Le tout annoté de sa main pour les bureaux qui le soir même devaient avoir fait les réponses. N'ayant nulle confiance en personne, il lui fallait entrer dans un détail extrême. Seul général, seul roi, seul administrateur, il était encore juge dans les affaires douteuses. Gouvernement étrange, absurde ailleurs. Ici, comment faire autrement ? Roi du chaos, d'un État discordant de pièces qui hurlaient d'être ensemble, d'un État tout nouveau où rien n'était encore, ni les institutions, ni les choses, ni les personnes, il lui fallait périr ou bien jouer le rôle du *Grand esprit*, de l'âme universelle du monde (Mirabeau). Du reste simplicité extrême. Nul faste et point de cour. Nulle crainte même que ses goûts d'artiste ne le diminuassent aux yeux des plus intimes. Il était bien sûr d'être grand.

Ce qui est amusant, bizarre, c'est qu'avec cette vie terrible, tendue de stoïcisme, il se croyait épicurien. Il était en paroles plus que mondain, cynique, imitant un peu lourdement ce qu'il croyait le ton des salons de Paris. Quant aux réalités, il est bien difficile de croire ses ennemis en ce qu'ils ont dit de ses vices. Il n'aurait pas gardé cette âme forte et ce nerf d'acier. Il n'eût pas eu dans son palais (avec la vie d'Hélagabal) pour amis personnels les plus honnêtes gens et les plus graves de l'époque, lord Keith et lord Maréchal.

Frédéric était favorable. Il se savait l'objet personnel des colères, des haines de Marie-Thérèse et de Georges surtout, qui, dans sa bassesse envieuse, eût voulu ruiner de fond en comble la naissante grandeur de la Prusse. Avec le misérable Auguste de Saxe, ils complotaient non seulement de lui ôter la Silésie, mais de démembrer son royaume. L'arrangement ne fut pas difficile entre deux parties dont chacune se voyait absolument seule. C'était un mariage de nécessité, de raison.

Union discordante, au fond, et sans solidité. Le roi

de France, qui venait de mettre tout son cœur et sa sincérité dans le sot traité de famille pour l'Espagne contre le Piémont, allait maintenant s'allier à la Prusse, ce Piémont du Nord. Ce roi, tout catholique, qui tenait son Conseil chez un cardinal, chez Tencin, allait contre sa conscience jouer le rôle faux de relever le parti protestant, en s'unissant à la Prusse, à la Suède, à la Hesse et au Palatin. On pouvait croire qu'il y avait là-dessous quelque chose. Au fond, que voulait-on? Une seule chose, conquérir la paix, s'aider de la pointe hardie que Frédéric voulait faire en Autriche, ne point irriter Georges en touchant son Hanovre, ne point fâcher Marie-Thérèse, la toucher seulement au point le moins sensible, à ses extrémités éloignées, excentriques (aux Pays-Bas), bref l'alarmer assez pour en tirer la paix et le Milanais pour l'Infante.

En tout Noailles était mis en avant et semblait diriger. Derrière était Tencin. Le roi ne se fiait qu'au cardinal, ne parlait que de lui, disant à toute chose : « Mais Tencin le sait-il? Tencin, qu'en pense-t-il? », etc. Tout Paris le savait (*Nouvelles à la main*, Rev. r., V). Jamais on ne vit mieux combien cette tête de roi était creuse. Du Tencin d'autrefois, l'intrigant, le rusé, la ruse même avait disparu. Il restait un grotesque, vieux galantin fardé, la ganache amoureuse. Sa cervelle affaiblie, à travers le grand plan de l'alliance de Prusse (plan protestant), en jeta un autre contraire, tout catholique, d'une descente en Angleterre, d'une restauration des Stuarts. Le roi y mordit fort. Il était trop visible que cette tentative si incertaine allait avoir l'effet certain de nous faire perdre les amis protestants que nous tâchions de nous faire dans l'Empire. N'importe. On passa outre. Noailles insista pour qu'on fit chef de l'expédition l'aventurier Maurice, l'homme à la mode, protestant, mais qui par là même offrait à Tencin l'appât d'une éclatante conversion. Maurice marchandait peu, eût daigné imiter Turenne. Il promit de se faire instruire (*Taillandier*). Folle de soi, l'affaire fut faite encore plus follement, comme croisade et restauration des Stuarts, ce qui devait doubler et décupler les résistances. On ne songeait pas même à s'aider de l'Écosse. Directement Maurice devait aller dans « la rivière de Londres ». Le secret était impossible. Rassembler une armée, enlever de Nantes à Dunkerque toutes les embarcations, c'était suffisamment avertir les Anglais. Ils eurent deux mois pour eux. Une grosse flotte anglaise fut mise « dans la rivière de Londres ». Les nôtres, pour passer, prennent judicieusement le moment des tempêtes, l'équinoxe de mars, et le passage est impossible.

Le ridicule qu'ils auraient eu dans la Tamise, ils l'eurent au continent. Quoi de plus sot que de ménager Georges en ne l'attaquant pas où il est vulnérable, en son Hanovre, mais de menacer l'Angleterre, d'alarmer ce grand peuple, d'exaspérer sa haine? Nos alliés d'Empire les protestants du Rhin furent furieux de cette sottise catholique. Le Hessois, loin d'être avec nous, voulait, de sa personne, aller défendre l'Angleterre.

Il y avait de quoi dégoûter Frédéric. Il pouvait deviner qu'on n'agirait qu'aux Pays-Bas. Le simulacre de descente avait eu cet effet de faire rappeler en Angleterre ce qu'il y avait d'Anglais en Flandre, et l'on pouvait dans ce pays, dégarni à bien bon marché, réaliser le plan des courtisans, arranger pour le roi une belle campagne, lui dire qu'il avait égalé Louis XIV, son aïeul, et surpassé le roi de Prusse. Qui eût triomphé ? La Tournelle, sa chance, son bonheur, *son étoile*.

Frédéric s'obstinait à nous croire de bonne foi. On croit ce qu'on désire. Les belles lettres qu'il écrivait alors sont un peu juvéniles. Il y a du calcul, et le calcul de la sagesse, mais aussi très visiblement une chaude espérance, une passion. Avec son air prudent et doucement moqueur qu'il eut toujours, il était ivre de la France. C'était entre lui et Voltaire la fraîcheur du premier amour. Il ne marchande pas les protestations à Louis XV, se posant comme inférieur même, comme allié fidèle et dévoué. Il écrit à Noailles : « S'il ne tenait qu'à moi, vous auriez pris vingt mille hommes et gagné trois batailles. » Il dit qu'il ne demande que le rôle des anciens Suédois, dont l'épée fut toute française. Tout cela est sincère. La Prusse et la vraie France auraient eu le même intérêt.

La comédie des conquêtes de Flandre par le Roi s'était faite en mai. Entouré du corps du Génie (alors le premier de l'Europe), armé des foudres de Vallière et d'une artillerie supérieure, le roi fit sa rapide et brillante promenade par des villes fort peu défendues.

Courtrai, Menin, Ypres, Furnes, sont pris en trois semaines. Tout ce qui arrêta Louis XIV est trop facile à Louis XV. Tout cède à son *étoile*. Cette *étoile* pourtant reste encore à Paris. Elle étale son deuil et pleure à l'Opéra. Elle s'établit chez Duverney, pour avoir les premières nouvelles. Elle pousse contre Maurepas qui l'a fait retenir ici les plus sinistres plaintes et des cris de vengeance. « Il faut nous en défaire », dit-elle (lettre du 3 juin, ap. Goncourt). La reine, condamnée à rester, obéit ; mais La Tournelle perd patience. Elle part, sûre d'être pardonnée.

Une guerre plus sérieuse nous venait sur le Rhin. Coigny, son vieux gardien, l'avait fort mal gardé. L'Autrichien était dans l'Alsace et la Lorraine ouverte. Stanislas en danger s'enfuit de Lunéville. Pour le coup Frédéric croit que l'on va agir. Il écrit (12 juillet) au roi directement une lettre qu'on croirait d'un ami. « Il va prouver cette amitié, va partir le 13 août, et il sera le 30 à Prague. Il espère que le roi ne le laissera pas seul dans un pas aussi grave, qu'il fait en partie pour la France. Il faut frapper trois coups, en Bavière, Bohême et Hanovre, mettre Bellisle à la tête de nos armées, comme l'homme qui a la confiance de l'Allemagne. Il faudrait employer Maurice « ou quelqu'un de déterminé » pour l'expédition de Hanovre. — Et surtout cette fois agir à temps. — Mais plus de défensive ; on a péri par là. L'offensive donnera le succès. Elle fut le secret de Condé, de Turenne, de Luxembourg, de Catinat, qui donnèrent tant de gloire aux armées de la France. »

Ces excellents conseils ne furent point écoutés. On donna à l'ardent Maurice le poste de l'immobilité, la garde de nos côtes. Bellisle fut retenu à Metz « pour préparer les vivres ». Deux vieillards, Noailles et Coigny, eurent le poste de l'action, la forte armée du Rhin, avec un grand renfort du Nord. Énorme supériorité sur l'Autrichien, qu'on eût pu par des coups rapides accabler, enterrer en France, empêcher à jamais de rejoindre Marie-Thérèse. Les deux podagres furent chargés de cela : Noailles, lourd, gros comme un tonneau; Coigny, usé et indécis. Si l'ennemi fuyait, le suivrait-on, prendrait-on l'offensive? Notre armée d'Italie, en ce moment, en donnait bel exemple. Chevert (commandé par Conti), avec autant d'élan qu'il fut ferme dans Prague, avait vaincu les Alpes à leurs pas les plus rudes, forcé (contre le roi de Sardaigne en personne) les gorges âpres de la Stura, les batteries, barrières et barricades d'un nid d'aigle, Château-Dauphin (18-19 juillet 1744). L'armée du Rhin a moins d'ambition. Son offensive en Allemagne sera sur notre frontière même, le siège de Fribourg, à deux pas. Opération certaine que le Génie fera en tant de jours devant le roi, qui seul aura l'honneur de la campagne.

Le roi de France apprit l'invasion à Dunkerque, où il se délassait près des deux sœurs. Celles-ci, amenées à l'armée dans un royal cortège de dames, de princesses du sang, y trouvèrent un accueil de risées si cruel qu'elles rentrèrent en France, ne se rassurèrent qu'à Dunkerque. Les Suisses, dans leur jargon, d'abord firent de gros rires « sur les putains du roi ». Nos soldats rechantèrent les vieux refrains moqueurs sur Montespan et Maintenon. Les honnêtes Flamands voient avec horreur ces deux sœurs dont l'aînée donne au roi la cadette, cet accord dans l'inceste. La Tournelle, toujours guindée haut, toujours reine, eût ennuyé le roi si ses goûts de bassesse, sa trivialité n'avaient eu leur détente avec la Lauraguais, sa sœur, petite, grosse, mal tournée, cynique, un avorton rieur, qu'il appelait *la rue des mauvaises paroles*, une laide avec qui on ne se gênait pas. Il alternait ainsi de la tragédie à la farce. Plus de réserve. Il a cassé les vitres. A chaque ville, on loge les deux sœurs à portée. Tout près aussi son confesseur, le bon Jésuite Pérusseau. Non que le roi s'en serve (il ne fait même plus ses prières). Mais il le veut tout près, en cas de maladie, de mort, pour être sur-le-champ absous.

Au départ de Versailles, il tenait tellement à ne pas faire un pas sans mettre en ses bagages cet homme indispensable, qu'il ne lui donna pas le répit d'un seul jour pour se préparer.

Près de ce douteux personnage, un autre qui l'était beaucoup moins suivait le roi, son aumônier, Fitz-James, évêque de Soissons, pour l'administrer au besoin.

Caractère violent, et figure menaçante, Fitz-James, à La Tournelle, donnait l'effroi constant du parti des dévots. Ce parti la suivait. Il eut un grand régal à voir les risées de l'armée et La Tournelle en fuite, à voir cette orgueilleuse, « haute comme les monts », poursuivie des sifflets. Pour comble, arriva à Dunkerque un témoin plus haineux, plus malin, de sa honte, celui qu'elle appelait *Faquinet*, qu'au fond elle craignait, Maurepas. Ennemi capital et de famille, qui naguère, avant sa faveur, héritant de l'hôtel où elle logeait, l'avait chassée, jetée sur le pavé. La brouille était à mort. Elle n'avait pas pu obtenir du roi son renvoi. On l'avait éloigné en exigeant qu'il fît sa tournée de ministre dans nos ports. Il eut des ailes, la fit en un moment, et quand elle le croyait bien loin, il lui apparut à Dunkerque, pour l'observer humiliée, la tenir sous son froid regard.

Voilà le roi forcé d'aller du Nord au Rhin, et précipitamment, et pour la guerre la plus terrible. Ce n'est pas la place des femmes. Mais La Tournelle avait trop peur, le voyant ainsi entouré, le connaissant si faible. Elle jura qu'elle suivrait le roi, qu'on ne l'en arracherait pas. Dans ce brûlant mois d'août, le sang déjà aigri de mortifications, de fureurs, d'orgies obligées, elle tomba malade en route, et retarda le roi. Il lui fallut à Reims s'aliter, se purger. La médecine lui parut si mauvaise qu'elle se croyait empoisonnée. Le roi très froid, porté aux idées funéraires, entretint la malade de son futur tombeau, en discuta la place. Bref, il partit devant, pour Metz.

Les deux sœurs, établies à Metz fort scandaleusement dans l'abbaye de Saint-Arnould, communiquaient avec le roi par une longue galerie de bois, que le prieur bâtit « pour que Sa Majesté pût aller à la messe ». La galerie extérieure et en vue fut plus choquante encore en barrant quatre rues. Force murmures du peuple, justement indigné de ces plaisirs impies qui, en tel moment, narguaient Dieu.

Le 3 août, à un long souper qui dura dans la nuit, on fit boire le roi sans mesure. Excès fatal. Il s'y joignit, dit-on, un coup de soleil d'août, et très probablement le triste abus, l'effort d'un amour refroidi auprès d'une malade au sang tourné, qui portait un germe de mort.

Le 4 août, le roi tombe. C'est la fièvre putride. Alarme immense. — Que va-t-on devenir ?

On a fait cent récits de la douleur du peuple, des églises assiégées, des prières, des pleurs, des sanglots. Il est sûr qu'on gardait alors beaucoup encore de cet amour de mère que la France avait eu pour l'enfant Louis XV. Mais on a dit trop peu que, dans cette douleur, entrait (et pour beaucoup aussi) la terreur de l'invasion, l'irruption horrible de ces bandes de mutilateurs, l'effroyable récit de ce qu'ils faisaient en Alsace. On les crut à Paris. Lamentable faiblesse d'une grande nation qui se croit ou perdue ou sauvée dans un homme ! grand contraste à ce qu'on a vu cette année aux États-Unis. Le premier magistrat assassiné, nul trouble. Nulle crainte, et point d'émotion. Une chose éclata, c'est qu'en les républiques la vie, la mort d'un homme pèse peu. Le salut subsiste en chose moins fragile : *l'immortalité de la Loi*. Avec la monarchie, le gouvernement personnel, on doit toujours attendre les revirements dangereux et soudains qui tiennent au hasard de la vie d'un individu.

Du 4 au 12, le mal va son chemin, et nul médicament n'agit. Les deux dames tiennent le roi portes closes. Les princes du sang, les grands seigneurs, restent dans l'antichambre, exclus et indignés. Cependant le grand chirurgien, La Peyronie, déclare que peut-être le roi n'a pas deux jours à vivre. Il dit : « Il faut l'administrer. »

Le long et beau récit original (de Richelieu lui-même certainement (*Mém.*, VII) ne peut être abrégé. Seulement il ne dit pas assez combien dans ces alternatives déjà pesait le futur roi, le Dauphin, que l'on attendait. Cela seul fait comprendre l'extrême embarras du Jésuite quand La Tournelle le pria de ne pas exiger dans la confession qu'elle fût renvoyée avec honte. Pendant qu'elle parlait, il voyait le Dauphin absent. Tous le voyaient, ce lourd enfant sévère, le vrai juge de Louis XV, vrai croyant, intraitable, que rien ne ferait reculer. Il arrivait. Cela enhardissait et les princes, et les prêtres. Fitz-James, pour en finir, alla jusqu'à user des moyens populaires, faisant à la paroisse fermer le tabernacle, même ameutant le peuple, enfin de sa personne à grand bruit déclarant aux sœurs que le roi les chassait.

Le roi eut une peur extrême. Il fit, dit tout ce qu'on voulait, même un peu plus encore. Les médecins l'avaient abandonné. On le jugeait perdu. On démolissait sans façon la fameuse galerie. Déjà la solitude se faisait autour du mourant. Les ministres emballaient, et les princes partaient pour l'armée. L'absence des médecins fut le salut du roi. Un empirique lui donna l'émétique. Et dès lors il fut beaucoup mieux.

La reine était venue, et il lui demanda pardon. Pour le Dauphin, on craignait que la vue du successeur ne fît mal au malade. Au nom du roi, il lui fut défendu d'avancer plus loin que Verdun. Il y est le 15 août, et ses sœurs. La petite, Adélaïde, fort passionnée pour son père, se mourait d'être arrêtée là. Châtillon, le dévot gouverneur du Dauphin, prit sur lui de continuer. Mais la vue du Dauphin fut peu agréable à son père.

Promptement rétabli, le roi put passer en Alsace. Noailles et Coigny, inquiets, trop occupés de Metz, bien moins de l'ennemi, l'avaient (malgré leur force supérieure) laissé partir, laissé apporter à Marie-Thérèse un renfort redoutable qui accabla le roi de Prusse. Sans souci de son allié, Louis XV s'en tint à la petite affaire marquée pour but de la campagne. Il vit prendre Fribourg (octobre), ennuyé de la guerre et fort impatient de revenir à ses plaisirs.

Son retour fut une vraie fête. On lui savait un gré infini, non d'avoir rien fait, mais de vivre. L'invasion n'avait pas eu lieu. On fut ivre de joie. La cour l'appela le Bien-Aimé. Paris lui arrangea un triomphe d'empereur romain. Il entra lentement, et dans les carrosses du Sacre, pour qu'on pût jouir de le voir, qu'on se rassasiât de sa présence. Une part dans ces transports évidemment revenait à la reine, à ses douces vertus domestiques qui touchaient fort le peuple, à l'union rétablie de la famille royale. La maîtresse au contraire lui était un objet d'horreur. Au retour sa voiture fut arrêtée à La Ferté, elle faillit être mise en pièces. A Paris, elle osa aller voir la rentrée du roi, se mêler à la foule ; elle fut accablée d'affronts, on lui cracha au nez. Elle rentra désespérée. Tout son orgueil l'abandonna. Elle écrivait à Richelieu (pour le montrer au roi) que, si elle pouvait rentrer, elle ne demanderait nulle vengeance, ne ferait nulle condition, se rendrait « à l'ordre du maître » (*Rich.*, VII, 51).

Elle était à ses pieds. Mais d'autre part le roi qui avait vu à Metz la bonté de la reine, sa passion pour lui, qui voyait à Paris la foule si heureuse de leur réconciliation, ne pouvait qu'hésiter à rompre encore, à mécontenter tout le monde. Loin de disgracier les amis du Dauphin, il avait désigné (octobre) M. de Châtillon pour l'honorable mission d'aller recevoir la Dauphine.

Tout cela agissait si bien qu'après ce long sevrage d'amour physique, il pensa à la reine. C'était la nuit du 9 novembre. La reine était couchée. Ses femmes entendirent gratter à la porte de la chambre. Elles dirent : « C'est sûrement le roi. » La chose était peu vraisemblable après une interruption de quatre années. La reine, fort timide (de son infirmité), en avait presque peur. Elle dit : « Vous vous trompez. Dormez. » Avertie une seconde fois, elle fit même réponse. A la troisième fois où l'on gratta plus fort, elle se décida à faire ouvrir. C'était trop tard. Le roi était piqué. Il traversa le Pont-Royal et alla tout droit rue du Bac, où sa maîtresse demeurait (*Rich.*, VII, 53).

Elle s'y attendait si peu qu'elle fut comme foudroyée, s'évanouit. Puis, sentant mieux son avantage, elle reprit toute sa hauteur. Il s'excusait. Elle dit : « Je me tiens contente de ne pas être envoyée par vous pour pourrir en prison. Quant à retourner à Versailles, il faudrait pour cela faire tomber trop de têtes. » A grand'peine il obtint qu'il n'y aurait que des exils. Un coup sur le duc de Chartres, en son gouverneur qui venait de se distinguer à Fribourg. Un coup sur le Dauphin, en son gouverneur Châtillon, durement exilé pour toujours. Exil des ducs de Bouillon, de La Rochefoucauld, etc. Il ne disputa pas, se hâta de dire : oui.

Cette nuit d'émotions de tout genre lui rendit, ou doubla sa fièvre. Elle eût voulu qu'il exilât les princes, l'évêque de Soissons, qu'il chassât Maurepas. Là, le roi résista. Il ne fut pas moins ferme à refuser ce que la Nesle avait eu seule, un gage d'amour et d'avenir. (*Rich.*, VII, 79). Ses transports, ses fureurs ne lui valurent pas d'être enceinte. De telles alternatives lui portèrent le sang au cerveau. Au matin sa tête éclatait.

Le roi, pour lui complaire, sans chasser Maurepas, imagina pour lui une cruelle mortification, une exquise torture, celle de porter à la maîtresse sa lettre d'excuse et de rappel. Le *faquinet* plia, s'efforça dans la honte de garder sa grâce légère, voulut baiser la main. Il n'eut de la malade qu'un mot : « Donnez... Allez-vous-en ! »

Elle le croyait son assassin. Dans ses délires de fureurs, de regrets, elle criait qu'à Reims il avait.

empoisonné sa médecine, soutenait que la lettre du roi était aussi empoisonnée. Richelieu le croyait comme elle, et il l'a dit à Soulavie (VII, 72). Accusation peu vraisemblable. Maurepas, incapable de crimes autant que de vertus (comme le disait très bien Caylus), n'usa pour tuer l'orgueilleuse que de ponts neufs et de chansons. Sa vie n'avait pas l'importance de celle de sa sœur la Nesle. Sa mort importait moins au salut de l'Autriche et aux intérêts du clergé. On savait La Tournelle, ainsi que Richelieu, vouée uniquement à sa propre fortune, plus qu'aux idées d'aucun parti.

Le roi la regretta dans la mesure de son mérite. Le 6 décembre, jour de sa mort, il alla à la chasse, il alla au Conseil, et puis à La Muette souper avec quelques amis.

Il tint à peu de chose qu'une mort autrement importante ne changeât la face du monde, celle de Frédéric, que notre abandon accabla. En un mois il prend un royaume, occupe la Bohême, mais sur-le-champ la perd. Son agent envoyé près de Noailles et de Coligny les prie d'exécuter le traité, d'occuper celle des deux armées autrichiennes qui est de ce côté du Rhin. Ils la laissent échapper. Au moins il eût fallu la harceler, la ralentir. Ils la laissent marcher, leste et libre, et rejoindre Marie-Thérèse. Le roi de Prusse était déjà embarrassé par les troupes légères de l'Autriche qui voltigeaient autour, prenaient ses magasins, ses vivres. Quand la seconde armée arriva, il se vit à la lettre noyé d'un océan de guerre. Grande et terrible épreuve pour l'armée prussienne qui eut vraiment besoin d'une solidité merveilleuse. Le roi, dans sa retraite, fut lent et redoutable, faisant ferme ici, là prenant des postes importants, là menaçant et offrant la bataille (24 octobre). On ne combattait pas. On aimait mieux l'user, l'affamer, guettant un moment de désordre où le lion, effaré de cette âpre chasse, irait tombant dans quelque fosse. Sa garnison de Prague, qui en sort (26 novembre), meurt de froid. La moitié est gelée. Notre cruelle retraite de 1742 se renouvelle pour la Prusse (déc. 1743). Frédéric, un moment, manqua de peu la mort. Il était entré dans Kolin avec ses gardes, le quartier général et beaucoup d'embarras. Toute la plaine autour était couverte de la cavalerie des barbares. Ils chargent les gardes avancées, les refoulent, fondent dans la ville (Trenck). Si cette attaque aveugle eût été plus habile, le roi pouvait périr ou (pis encore) aller à Vienne.

Combien il dut maudire l'abandon de la France! Par elle il eut pourtant une grande gloire, de se sauver seul par des coups de génie. Réunir, maintenir unie une armée poursuivie de cette effroyable nuée, en combiner sans cesse le vaste mouvement rétrograde, de manière à serrer et rapprocher les corps pour arriver ensemble en Silésie, en présentant toujours un redoutable front, — là recevoir la grande invasion à la pointe des baïonnettes, la relancer si bien qu'elle fût trop heureuse d'échapper à son tour en couchant cinq nuits sur la neige, — ce fut chose admirable, et plus que dix victoires.

CHAPITRE XIII

La Pompadour. — Fontenoy. — Voltaire et l'origine de l'*Encyclopédie*.
(1745-1746.)

L'opposition du roi et du Dauphin s'est fortement marquée à Metz. Elle nous donne le fil intime de l'histoire de Versailles et de nombre de faits qui autrement seraient inexplicables.

Le roi, imprudemment, ne chasse le gouverneur du Dauphin que pour lui donner un homme beaucoup plus dangereux. Jusque-là le Dauphin n'avait pas son guide-âne. Il l'eut dans ce nouveau venu, La Vauguyon, homme de trente-neuf ans, et de certain mérite. Voilà l'inséparable ami du prince, ou, disons mieux, son âme, et il sera plus tard le gouverneur de Louis XVI. Dévot peu scrupuleux, il se démasquera en se faisant compère et patron de la Du Barry.

En février, La Vauguyon arrive et la cour du Dauphin plus que jamais est le foyer des critiques contre Louis XV. En février, le parti opposé offre au roi, au bal de la Ville, la brillante maîtresse qui, malgré le

Dauphin, va régner vingt années. Le roi, fort peu séduit, ne l'accepte pas moins (de la main des banquiers, des Pâris, ses patrons), en haine de ses censeurs dévots.

Il était naturel que le roi, à la longue, las de ses hautaines maîtresses, la Nesle et La Tournelle, peut-être aussi trouvant un peu nauséabondes les facilités de Choisy, acceptât ce que jeune il avait refusé, une femme d'esprit, une intelligente amoureuse.

Mlle Poisson, filleule des Pâris, et la fille du Poisson pendu (en effigie), était de race de bouchers. De là de sots lazzis sur la viande et sur le poisson. Elle n'avait nullement la fraîcheur des belles de la boucherie. Dans ses portraits, elle est gentille et fade, d'agréable médiocrité. Elle crachait le sang de bonne heure ; c'était peut-être la faute de sa mère (une grosse beauté hardie et forte) qui, spéculant sur elle, la fit trop travailler. On lui fit prédire à neuf ans « qu'elle serait maîtresse du roi ». Sa mère, dont la maison attirait fort les gens de lettres, sans cesse faisait l'exhibition du prodige, vantant ses talents et ses charmes, disant : « C'est un morceau de roi. »

La mère Poisson, qui ne rougissait guère, autour de Louis XV, fit comme un siège, une attaque en tous sens. Elle l'essaya en Diane, on l'a vu. Elle l'essaya en musicienne. Elle brillait sur le clavecin, enchanta la bonne Mailly. L'effet fut tout contraire sur La Tournelle. Une dame ayant eu l'imprudence d'admirer, La Tournelle lui marcha sur le pied et lui écrase un doigt.

Donc, il fallut attendre. Le Normand, Fermier général, plus qu'ami des Poissons et peut-être père de la petite, la maria à son neveu d'Étioles. Posée, encadrée dans le luxe, elle put dégorger ce qu'elle avait de bas, se former et prendre attitude. Elle eut un salon, réunit artistes et gens de lettres, les trompettes de la renommée. Mais son grand moyen de succès, c'est qu'elle se fit un théâtre, avec décors, costumes, machines, etc. Elle jouait, déployait le talent d'une agréable actrice de second ou de troisième ordre. Elle chantait d'une voix de serin, qu'on disait voix de rossignol. Cela retentissait plus haut. Le président Hénault en fut ravi et put en parler chez la reine. Plus directement les Tencin s'en occupèrent. Encore plus un Binet, un parent des Poisson et valet de chambre du Dauphin. Il la vantait au roi. Mais, chez le Dauphin, il disait qu'elle ne voulait rien qu'une place de Fermier général.

Par un autre canal encore elle arrivait au roi, par son écuyer Briges, qui l'eut d'abord. Enfin tous firent si bien qu'un soir il la reçut. Il n'en fut pas charmé. Elle avait vingt-trois ans, quatre ans de mariage, deux enfants. Elle était fatiguée, molle et loin d'être neuve. Elle fit si peu d'impression que même, un mois après, il ne s'en souvint plus. Il fallut aider sa mémoire, lui rappeler certain soir, certaine dame. On lui disait que, depuis ce soir-là, la pauvre dame était restée éprise, que son mari était horriblement jaloux, qu'elle était tourmentée, désespérée, pensait à se tuer. C'était en avril. Le roi allait en Flandre. On brusqua tout, on la lui ramena (la nuit du 22) à souper. Richelieu y était et n'en fit pas grand cas. Mais, lui parti, en excellente actrice, elle dit qu'elle était perdue, qu'elle ne pouvait pas retourner, qu'il fallait qu'il la prît, la cachât n'importe où. Situation piquante. Le roi la mit au petit entre-sol qu'il avait sur sa tête. Là, quelques jours, en secret, il l'eut, il la nourrit, tremblante et désolée des lettres folles qu'écrivait le mari. Il vit comme on tenait à elle, sentit le prix de ce trésor. La voilà attachée décidément. Il ne la cache plus. La famille sombrement muette, les murmures, les mines maussades le piquent. N'est-il donc pas le maître? Pour faire dépit à tous, il la déclare maîtresse, et, pour comble d'éclat, à Pâques.

Quelle chute après cette bâtarde des Condé, que le roi appelait *princesse!* Celle-ci, la grisette, *la robine* (comme on dit tout bas), n'est pas *née*. Eh bien, c'est tant mieux. Le roi la crée et la fait *naître;* il y met son plaisir. En quinze jours il la décore, l'honore, lui donne un train et des palais. Il la titre du nom sonore d'une maison éteinte. Elle est et restera la *marquise de Pompadour* (22 avril-6 mai 1745).

Le roi était si mal avec sa famille au départ pour la Flandre, qu'il ne dit pas même adieu à la reine. Il aurait bien voulu laisser ici le paquet le plus lourd, son gros jeune dévot. Mais cela était difficile. Arrivé le 9 mai au camp, devant Tournai, il apprit dans la nuit que l'ennemi marchait, qu'il y aurait bataille. Il défendit qu'on éveillât son fils, partit, voulant peut-être qu'il ne le joignît pas à temps. Mais le Dauphin fît hâte, ne lui donna pas ce plaisir.

L'armée était très forte (aux dépens de celle du Rhin); elle n'avait guère moins de quatre-vingt mille hommes. Et tout cela était mené par un malade, par Maurice, hydropique, à qui, au départ, on venait de faire la ponction. Ce que ce héros de la mode avait tant poursuivi, et par tant de moyens, intrigues et coups d'audace (plus que coups de génie), le commandement en chef, il l'avait, et mourant il ne voulait pas le lâcher. Autant qu'il le pouvait, il cacha son état. Il assiégeait Tournai, mais souffrait tellement qu'il vit par l'œil d'autrui, chargea ses lieutenants de chercher, de choisir un lieu propice à la bataille (*Rich.*). — En passant l'Escaut on trouvait trois villages, Autoing, Fontenoy et Barry, où l'on fit trois redoutes, et de plus les villages avaient devant eux deux ravins. Cela paraissait fort. Ce qui gâtait la chose, c'est que l'armée française avait dans le dos la rivière. La retraite c'était l'Escaut. — Des ponts étaient jetés tout prêts, un spécialement pour le roi en cas d'échec. La retraite de tant de mille hommes à la file sur des ponts étroits est une opération scabreuse. Notez que pour garder ces ponts, on mit sur les deux rives un corps de vingt mille hommes qui restait l'arme au bras. — Notez que pour garder le roi, on immobilisa encore sa Maison, une armée de six mille hommes d'élite avec une batterie de canons. Plan étonnant, d'après lequel les combattants réels n'étaient plus guère que cinquante mille. Notre supériorité de nombre était parfaitement annulée.

Maurice vint de Tournai dans une carriole d'osier, vit fort bien le danger (dit Richelieu[1]). Mais le temps lui manquait pour changer de position. L'ennemi avançait, conduit par un fils du roi Georges, le duc de Cumberland, et le roi allait arriver.

Le 11 mai, de bonne heure, le brouillard s'étant élevé, notre artillerie tirait déjà. Le roi était placé un peu haut et près d'un moulin, de manière à voir sans danger. Couvert de sa Maison, de ses canons à lui, il était gai. Et, dans ce groupe de seigneurs, de ministres, qui l'entouraient, pendant que le Dauphin priait tout bas sans doute, il se mit à chanter et à faire chanter une chanson, trop gaie, de corps de garde. Cela ne parut pas humain, au moment d'une si grande destruction d'hommes. « C'était bravoure? » — J'en doute. Les très braves sont calmes et froids dans les grandes attentes.

Les Anglais, Hollandais, Hanovriens regardaient cependant comment percer à nous. Il fallait franchir les ravins; puis on était en face de trois redoutes, de Barry sur la droite (regardant les Anglais), d'Autoing à gauche et Fontenoy au centre. Dans ces redoutes tonnaient cent vingt canons. L'embarras cependant pour Cumberland n'était pas médiocre de s'être avancé là, si près du roi de France, nez à nez, et de reculer. Le vieil Autrichien Kœnigseck conseillait de tâter, de ne pas s'engager à fond. Cependant le prix

---

1. J'ai tous les récits sous les yeux. Le meilleur est celui que Richelieu fit pour Louis XVI, en 1783 (*Rich.*, VII), sauf le point où il veut faire croire que seul il eut l'idée, si simple, que tout le monde avait.

était grand. Non pas Tournai, mais le roi même. Pour qui se souvenait de Poitiers, de Pavie, de nos rois prisonniers, cette présence de Louis XV était une grande tentation.

Il y avait des gens acharnés. De même que chez nous la brigade Irlandaise flairait le sang Anglais, dans les rangs anglais le Refuge, les fils des protestants altérés de combats, auraient donné leur vie pour prendre le petit-fils de Louis XIV. Ces gens-là les premiers durent voir où il fallait frapper. Le défaut de notre ordonnance dont Maurice fait l'aveu, c'est qu'entre Fontenoy, Barry, il y avait du vide, et nos lignes bâillaient. Franchir le ravin sous le feu, puis en courant passer à travers les boulets croisés de Barry et de Fontenoy, ce n'était pas chose impossible. Mais il n'y avait guère de retour, ayant le ravin derrière soi, peu de chance de le repasser. Il fallait avancer, dépasser nos canons, les laisser derrière (inutiles). Alors on perçait notre armée, on la coupait en deux et l'on prenait le roi de France, ainsi que le Prince Noir prit Jean.

Et cela se fit presque. Le ravin fut passé. Et l'on passa encore entre les deux redoutes sous la grêle. Cette grêle elle-même fit serrer les Anglais, les massa en une colonne. Nos canons dépassés derrière ne tiraient plus, et les petites pièces que trainait l'ennemi de moment en moment, de la colonne ouverte, vomissaient le fer et le feu. Elle avançait alors et faisait quelques pas. Six heures durant, elle a vança. Comment pendant six heures Maurice fit-il peu pour réunir nos forces, comment nous laissa-t-il faire si longtemps des charges inutiles, partielles, sur la masse qui nous foudroyait?... Beaucoup s'y obstinèrent. On dit que M. de Biron eut, sous lui, six chevaux tués.

L'homme de Maurice, d'Espagnac, est ridicule ici quand il veut nous faire croire que ce désastre était le comble de l'habileté, que plus l'ennemi avançait, et mieux il était pris, que ce massacre utile des nôtres avait mis justement les Anglais dans la souricière. Ce qui est sûr, c'est que Maurice, tremblant pour le roi, commençait à effectuer la retraite. Mais plusieurs ne voulaient pas se retirer. Nos Irlandais frémissaient de fureur.

Ce spectacle terrible, et rapproché du roi, le fit suer à grosses gouttes, dit le témoin, valet de chambre (*Rich.*, VII, 143). Au moulin, il était en vue, des boulets arrivaient et le passaient parfois. Il descendit plus bas. Tous, autour de lui, fort émus. Les uns disaient que, si le roi mettait en sûreté sa tête sacrée, on pourrait disposer de ce gros corps qui le gardait. Que le roi prît part au combat, nul n'en avait même l'idée.

Le Dauphin seulement, avec son tact sûr pour déplaire, demandait à charger, à joindre la cavalerie. Cela le perdit pour toujours; Louis XV jamais ne l'emmena, ne l'envoya, ne l'employa à rien. Il crut, à tort sans doute, que les conseillers du Dauphin l'avaient poussé perfidement pour faire mieux ressortir l'inaction du roi. Elle était remarquée et surprenait. Nos Français, avec leurs idées de roi vaillant à la François I*er*, comprenaient peu cette sagesse. Ils l'appelaient « Louis du moulin » (*Frédéric*).

Beaucoup regardaient de travers ce moulin qui paralysait les six mille hommes de la Maison du Roi, qui gardait ses canons, si nécessaires alors. En les faisant tirer, on avait chance encore. Cela crevait les yeux, et chacun le disait. On ne l'entendait que de reste. Mais le roi ne l'entendait pas. Richelieu hasarda de dire « qu'il faudrait des canons ». — « Où les prendre ? » dit un courtisan. — Tout près. Je viens d'en voir. — Oui, mais le Maréchal défend que l'on y touche. — Le roi peut l'ordonner. »

Là-dessus grand silence. Alors timidement (non sans effort, et d'un véritable courage), Richelieu, risquant sa fortune, demanda si Sa Majesté voudrait envoyer ces canons.

Le roi parut troublé (*Rich.*, 141). Il hésita, puis consentit, ne pouvant guère faire autrement. Ces canons, à l'instant traînés devant la masse anglaise, tirés à quelques pas, y firent une horrible trouée. Le roi y lâcha sa Maison. Tous se lancèrent, même les pages. D'autre part, Maurice avait pu enfin faire parvenir aux corps isolés un ordre de charger d'ensemble. La colonne qui en six heures devait avoir perdu beaucoup, sous le canon tiré de près, n'était plus que de dix mille hommes ; et sous la charge, elle fondit.

Fontenoy et la prise de tous les Pays-Bas, opérée heureusement par les manœuvres habiles de Maurice et de Lowendahl, avançaient-ils la paix ? Point du tout; au contraire. Les Anglais ulcérés poussèrent en furieux dans la guerre des subsides, gorgeant Marie-Thérèse, et les principicules nécessiteux de l'Allemagne, nous foudroyant de leurs guinées. — La grosse reine des brigands du Danube riait, engraissée de ses pertes. Des subsides énormes de Londres, elle avait de quoi faire son mari Empereur, noyer la Prusse de barbares. Nos victoires inutiles de Flandre servaient si peu à Frédéric qu'il dit : « Autant vaudraient des batailles au bord du Scamandre ou bien la prise de Pékin. » Au moment où il espérait quelque diversion de la France, il apprit qu'au contraire notre armée d'Allemagne, affaiblie pour celle de Flandre, venait de repasser le Rhin. Marie-Thérèse, impératrice, était encore plus implacable, enflée d'orgueil et de fureur. Elle ne voyait, n'entendait plus. Frédéric, par expérience, savait qu'elle ne devenait bonne qu'en recevant les étrivières. Il les lui prodigua. A chaque refus, une victoire.

D'août en octobre 1745, la ligue (d'Autriche, Saxe, Angleterre, Piémont) était vaincue partout. En Flandre on avait pris Bruges et Gand, et l'on investissait Bruxelles. En Italie, une armée espagnole, partie de Naples, et ayant joint notre armée de Provence, secondée des Génois, avait séparé brusquement le Piémontais de l'Autriche. Ce qui est bien plus grave, les Montagnards d'Écosse avec le Prétendant descendent à Édimbourg (2 octobre). La claymore à Preston brise l'épée anglaise. Les enfants de Fingal et l'aigre cornemuse traversent l'Angleterre et directement vont à Londres.

Tout est merveilleux dans l'affaire, sublime et fou. C'est un chant d'Ossian. Charles-Édouard, second fils du roi Jacques, qui n'avait rien de lui, rien des Stuarts, mais tout de la Pologne et de sa mère Sobieska, unit trois avantages, beau et intrépide, ignorant, ne sachant rien de réel, du possible. Quand notre embarquement manqua (en mars 1744), il eût trouvé tout simple de passer en bateau sur des coques de noix. Il resta ici, remuant Versailles en dessous par son frère, plus adroit. Par Tencin il agit, par Richelieu qui espérait commander une descente.

Versailles hésitait fort, voulait, ne voulait pas. On prêta seulement deux vaisseaux à un armateur irlandais, de Nantes, qui disait « faire la course ». On ne donna nulles troupes, quelques armes à peine, et peu, très peu d'argent. Le brave prince ne s'arrêta pas à tout cela. Il avait son roman en tête, de laisser là les Jacobites trop prudents, mais de se jeter tout d'abord dans les Hautes Terres, chez ces vaillants sauvages aux courts jupons d'Écosse, sans calcul et prêts au combat. La folie Polonaise et la folie Gaélique, cela pouvait faire quelque chose d'extraordinaire, de grand. L'absurde de la chose, l'improbable aidaient au succès. Arrivant seul et sans force étrangère, il avait plus de chance. Nul souci des moyens. Il calculait si peu qu'il avait pris l'habit le plus impopulaire, le plus mal vu en Angleterre, celui du séminaire écossais de Paris.

Tout se fit par gestes et regards, car il ne savait pas leur langue, ni eux la sienne. Ils le virent, furent émus. Dès qu'ils furent douze cents, la cornemuse en tête, ils descendirent dans Édimbourg; alors, ils furent trois mille. Sans se compter, ils chargent les Anglais à Preston Pans, et les défont. Toute l'Écosse se déclare. Mais la difficulté était de mener jusqu'à Londres ces fils de la montagne, si attachés au sol natal.

Beaucoup laissent le prince, qui n'avance pas moins. Plus il enfonce en Angleterre, plus il espère deux choses : que le vieux *loyalisme* va remonter au cœur des Jacobites anglais, que la France, l'Espagne, rougiront à la fin, ne voudront pas le voir périr.

Le secours fut étrange : trois compagnies françaises, juste assez pour nous compromettre sans le fortifier. Les Jacobites d'autre part, loin d'avoir quelque élan, furent plutôt effrayés. Ils ne voulaient rien faire sans une grosse armée de la France. Les whigs, les anti-jacobites ne bougeaient pas non plus. Il en fut justement comme à l'invasion de Guillaume en 1688. Nul mouvement de l'un ni de l'autre parti. Mais cette fois, la chose fut d'autant plus plaisante qu'elle eut lieu au moment où les Anglais, croyant la guerre très loin, en Allemagne, bouillonnaient de vaillance, guerroyaient de parole, impitoyablement soufflaient le feu, le fer. La guerre? Mais la voici, à deux journées de Londres. L'un dit : « Je suis marchand ; — moi banquier; moi fermier. » C'est l'affaire du roi, des soldats.

Situation comique. Celle d'Auguste III devant le roi de Prusse ne l'est pas moins ; il s'enfuit en Pologne, et Frédéric, pour la seconde fois, gardant la Silésie, a fait plier Marie-Thérèse. Le Savoyard, chassé par nous de la Savoie, de tous ses États presque, voit tomber ses places une à une ; on conduit en triomphe notre Infant Philippe à Milan. En Flandre, nous serrons Bruxelles. Tant de succès, par-dessus Fontenoy, mettent le roi plus haut qu'il ne le fut dans tout son règne. Ses censeurs de Versailles sont désespérés. La maîtresse, déclarée à Pâques, au mépris des saints jours, n'a pas porté malheur. En septembre, à Versailles, elle a son Fontenoy.

La ligue universelle de la Cour, les lazzis, les chansons qui l'attaquent, les innombrables *poissonades*, obligent la Poisson d'avoir un grand mérite. Elle a celui des convenances. Tout au rebours de La Tournelle, si insolente pour la reine, celle-ci devant elle est humble et tendre, semble demander grâce, même avoir besoin d'être aimée. A sa présentation, sous les yeux de tant d'ennemis, elle fut et charmante et touchante. La reine lui sut gré de son trouble, la rassura, lui fit un accueil quasi maternel. Elle jugea qu'après tout, si le roi devait avoir une maîtresse, celle-ci était la meilleure. Cette faveur alla bien loin. Elle la fit dîner avec elle à Choisy.

Grand coup pour le Dauphin. Vrai lumière sur Versailles. La reine n'était pas en tout de la cabale. Ses lettres (à l'occasion de Fontenoy, *Arg.*, éd. J., t. V, *sub fin.*) montrent qu'en bien des choses elle était séparée du Dauphin. Elle le fut bientôt de ses filles, vouées passivement à leur frère, contre la Pompadour, lui enlevant le roi et blessant la reine elle-même.

Tant que nous n'avions pas le *Journal de M. de Luynes*, nous ne savions pas la part immense que les filles du roi eurent dans sa vie. Et partant nous ne sentions pas combien la Pompadour fut utile pour faire équilibre à cette funeste influence. Nous aurions pu le deviner pourtant en voyant qu'aux premières années, les hommes de valeur, Argenson, Machault, Duverney, Quesnay, les Encyclopédistes, sont tous avec la Pompadour. C'est évidemment le parti de Voltaire et de Montesquieu. Dans le très beau pastel que Latour a fait d'elle, déjà pâle et usée, elle se pare de ces beaux génies. Elle a sur son bureau, très ostensiblement, l'*Esprit des Lois*, la *Henriade*, je crois même un volume de l'*Encyclopédie*.

Elle était médiocre et froide, mais dirigée par des têtes plus fortes (une Lorraine surtout, Mme de Mirepoix). Elle sentit très bien, dès la seconde année, qu'elle n'avait nulle chance de garder un amant satisfait, un homme secrètement dominé par ses filles, que par l'amusement, une vie d'art et de plaisir, tout opposée à la torpeur malsaine de ces influences secrètes. Son *théâtre des cabinets* groupa près d'elle un monde de courtisans, d'artistes, tous ravis d'approcher le maître. A la réalité, aux soupers, aux caresses qui servaient le parti dévot, elle opposa l'illusion et la fantaisie du théâtre, les séductions de l'esprit. Elle s'y mit, s'y usa sans réserve. Sa jolie voix et son talent d'actrice, cent sortes de costumes la renouvelaient tous les soirs. Sa douceur fade allait à l'*Herminie* du Tasse ; sa simplicité (fausse) lui permettait de jouer les bergères, *Églé* et *Galathée*. De bonne heure, elle fait des rôles humbles de vieille, et pour bien faire entendre qu'elle ne prétend qu'amitié pure, elle joue *Uranie*, dans une robe pailletée d'étoiles.

 Quelque peu digne qu'elle en fût, il est sûr qu'elle fut (pendant près de dix ans, 1745-1755), avant la grande guerre, un centre pour les arts et les lettres. Elle fut bien moins une maîtresse qu'un ministère. Ceci explique un peu pourquoi elle eut besoin de tant d'argent. Elle ne put avoir, avec cette énorme dépense, le désintéressement de la Mailly, la Nesle. Des arts charmants naissaient, dans la décoration intérieure dans l'ameublement. C'est un trait spécial, original du siècle. Ces dix ans en furent l'apogée. Le déclin commença après, vers 1760.

Par là elle avait prise sur le roi, pour qui l'intérieur était beaucoup, si ce n'est tout. La question était de savoir si, de l'art, il pouvait passer aux idées de progrès politique, social, aux nouveautés qui venaient rajeunir, sauver ce monde vieilli. C'était là le débat et le combat réel entre la Pompadour et la famille royale. Déjà assez adroitement on avait introduit Voltaire, comme victime de la cabale du Dauphin. La forte antipathie de Louis XV pour son fils lui fit même accepter les risées que Voltaire faisait tous les jours de Boyer. Celui-ci se plaignant de passer pour un sot, le roi dit : « C'est chose convenue. » Richelieu, La Tournelle, firent envoyer Voltaire auprès de Frédéric. On lui fit rédiger le manifeste de la descente en Angleterre. La Pompadour inaugura le théâtre des cabinets par son *Enfant prodigue*. Voltaire fut entraîné. Elle le fit académicien, gentilhomme de la chambre, historiographe du roi. Dans sa vivacité crédule, il partageait le rêve de d'Argenson et de tous. Ils croyaient que le *Bien-Aimé*, à force d'amour et d'éloges, de flatteries qui étaient des leçons, aurait pu être transformé, mis sur la voie des grandes choses.

Il est certain que la nécessité semblait fatalement y pousser elle-même. Sans un changement radical qui étendrait l'impôt à tous, au clergé et à la noblesse, on succombait, on périssait. La Pompadour avait pour patrons les Pâris, ce Pâris-Duverney, qui, sous Monsieur le Duc, voulait imposer le clergé. Machault, contrôleur général, partageait cette idée. Elle le soutint, le prit à cœur, le défendit longtemps. C'était l'idée du siècle, et pour la France et pour l'Europe. Voltaire, après la guerre, ne voit pour l'Allemagne ruinée nul remède que ceux de Frédéric (plus tard de Joseph II), la sécularisation des biens ecclésiastiques (éd. B, t. XLVI, 334).

Question financière qui touchait le terrain moral. Le clergé, c'était le passé. On ne pouvait toucher au clergé qu'en suscitant l'idée nouvelle. Non formulée encore, elle se faisait jour par les belles lueurs isolées qui perçaient çà et là dans les sciences et les arts.

Faire un corps général des lettres, arts et sciences, au point du dix-huitième siècle, c'était évidemment le travail préalable.

Voici ce qui advint. Le vieux et savant d'Aguesseau, malgré les côtés tristes, misérables de son caractère, avait deux côtés élevés, sa réforme des lois, et une passion personnelle, le goût et le besoin de l'universalité, certain sens encyclopédique. Un jeune homme, un jour, vint à lui, homme de lettres vivant de sa plume, et assez mal noté pour des livres hasardés que la faim lui avait fait faire. Le vieux avec stupeur l'écouta, déroulant le gigantesque plan du livre où seraient tous les livres. Dans sa bouche, les sciences étaient lumière et vie. C'était plus que parole, c'était création. On eût dit qu'il les avait faites, et les faisait encore, ajoutait, étendait, fécondait, engendrait toujours. — L'effet fut incroyable. D'Aguesseau, un moment au-dessus de lui-même, oublia le vieil homme, fut atteint du génie, grand de cette grandeur. Il eut foi au jeune homme, protégea l'*Encyclopédie*.

Prodigieuse sibylle du dix-huitième siècle, combien d'autres il fit ou changea, ce grand magicien Diderot! Il souffla, certain jour; il en jaillit un homme, et son homme opposé : Rousseau.

L'énorme et indigeste monument, l'*Encyclopédie*, tout informe qu'il est, étonnamment fécond, où la Révolution déjà coule à pleins bords, avait pourtant besoin, contre son ennemi le clergé, d'avoir son ami le roi. C'est pour la Pompadour un titre de l'avoir si longtemps, si obstinément soutenu, jusqu'à l'achèvement, pendant plus de dix ans. Plus d'un article hardi en fut fait à Versailles, au petit entre-sol qu'occupait Quesnay, l'illustre créateur de l'Économie politique, le médecin de la Pompadour.

CHAPITRE XIV

Le Roi conquis par la famille. — Règne de Madame Henriette.
Paix de 1748.

Le fait le plus obscur et le plus surprenant dans toute l'histoire de Louis XV, c'est l'assentiment passager qu'il donna aux grandes vues d'Argenson l'aîné, l'utopiste, disciple de l'abbé de Saint-Pierre.

Le fameux d'Argenson le père, le rude homme de police sous Louis XIV, qui eut la large étoffe d'un grand homme et d'un bas coquin, eut deux fils d'un esprit contraire. Le cadet fut très fin, un renard, valet des Jésuites. Par eux, il monta vite, les ayant bien servis dans leur très grande affaire de faire reine Marie Leczinska. La reine s'en souvenait, l'aimait. Au grand drame de Metz, il joua double jeu entre la reine et la maîtresse. Cela le fit très fort quand celle-ci revint (nov. 1744), et il put faire donner les Affaires étrangères au frère qu'il croyait diriger. Il n'y voyait qu'un simple. Mais justement cette simplicité loyale, hardie, fut une force, — à ce point qu'un moment il fit marcher le roi contre la Cour et la famille, dans la vraie voie de la raison.

Il voulait l'alliance *protestante* de Prusse, Saxe et Hollande (plus, celle du Piémont qui aurait été chef de la libre Italie). La famille voulait l'alliance *catholique*, d'Espagne-Autriche (avec une Italie soumise aux Espagnols).

D'Argenson séduisait le roi par l'espoir de la paix. Le roi semblant si haut (octobre 1745), heureux partout en Flandre, en Piémont, en Écosse, il y avait des chances réelles pour regagner, détacher de la ligue les États secondaires, Saxe, Piémont, Hollande. Cela était sensé.

Il existait vraiment un parti en Hollande, anti-anglais et anti-orangiste, qui se lassait de suivre l'Angleterre. Il y avait pour le Piémontais un intérêt réel à se mettre avec nous.

Quant à la Saxe, à la Pologne, réunies sous Auguste III, d'Argenson faisait un roman. Il eût voulu une Pologne héréditaire, l'assurer aux Saxons, aux Allemands, dans la supposition très vaine que ces peuples d'esprit contraire s'uniraient pour former une barrière contre la Russie.

Pour l'Italie, le plan était très beau. Une fédération d'États égaux entre eux. Un gardien armé, le Piémont, qui aurait eu Milan. Venise aussi avait un peu de Lombardie. La Toscane redevenait république. L'Espagnol gardait Naples. Mais tout prince étranger devait opter, jurer de se fairer Italien. L'Autrichien à jamais chassé. La France se chassait elle-même et généreusement s'excluait de l'Italie, libre par elle.

La vraie difficulté était notre petite Infante, son mari qui alors tenait Milan. Le roi, à cause d'elle, était fort Espagnol. Retirer Milan à sa fille pour le donner au Savoyard, cela devait lui être dur. Il était, il est vrai, pour le moment mécontent de l'Espagne que le succès rendait indocile, insolente. Il était peu content de l'Infante elle-même, qui ne se fiait pas à lui seul, intriguait en dessous avec Versailles (le Dauphin, Noailles, Maurepas). De plus l'Infante, belle et jeune, mariée sans mari (avec l'Infant toujours absent), avait en attendant pris un vieux galant, un évêque ambassadeur de France. Point fort sensible au roi, qui était jaloux de ses filles.

Il aimait la géographie. De sa main il traça le plan du partage nouveau qui rognait la part de son gendre. Tout se fit entre lui et d'Argenson. Pas un mot au Conseil. Maurepas cependant le sut, et avertit l'ambassadeur d'Espagne. Il accourt, il crie, pleure. « On l'entendait hurler » (*Arg.*). C'est bien pis à Madrid. « On se couvre la tête de cendres. » Ici, la reine et Henriette, la Cour, tout entourait le roi de désolation et de deuil. Le traité (qu'il signa à contre-cœur) alla fort lentement à Turin. Très rapide, au contraire, marchait une armée autrichienne. Le Piémont a peur, nous trahit. Nos Français sont surpris, et les sots Espagnols qui pleuraient tant pour le traité, pleurent maintenant de l'avoir refusé, d'être battus, chassés partout.

L'affaire d'Écosse alla de même. On paya pour

Charles-Édouard des Suédois qui ne partirent pas. On envoya Richelieu à Brest pour embarquer des troupes; beaucoup d'argent, nul résultat. Cependant le roi Georges a rassemblé trente mille hommes, qui refoulent Édouard au Nord. Vainqueur en reculant à Falkirk, il n'en est pas moins vaincu décidément à Culloden (avril 1746). Là des massacres horribles. Un sur vingt décimé. Le fer, le feu partout, la froide application du plan suivi depuis, de faire des Hautes Terres un désert.

Toutes les forces de la France (1746) sont concentrées en Flandre pour la guerre de parade que le roi fait en mars. On réunit pour lui cent vingt bataillons près d'Anvers, cent quatre-vingt-dix escadrons. Anvers pris sur-le-champ, le roi a ce qu'il veut, et le 30 mars, au début même de la campagne, il a fini la sienne, revient droit à Versailles. Le maréchal de Saxe, Lowendahl et Conti continueront l'œuvre facile de prendre les villes de Flandre, et Maurice gagnera l'inutile victoire de Raucoux.

Toute l'année 1746, oisive pour le roi, passe comme un tourbillon de fêtes, sauf en juillet un deuil assez court. La dauphine espagnole meurt le 6 à Versailles, et son père, Philippe V, le 20. Cela finit le long règne de la Farnèse. Le nouveau roi, Ferdinand VI, se défie de cette belle-mère, l'éloigne, s'intéresse fort peu à son frère, D. Philippe, mari de notre Infante. D'autant plus les deux intrigantes, l'Infante et la Farnèse, perdant terre en Espagne, se reprenaient ici sur Versailles et voulaient y jeter le grappin. Le moyen eût été d'y mettre une seconde dauphine, une sœur de la morte (une naine toute noire, dangereux diablotin). Elles s'y prirent maladroitement et révoltèrent le roi. Par un procédé double, en lui écrivant des tendresses, elles animaient le Dauphin contre lui. « Dévotes, harpies, catins », tâchaient de le rendre amoureux. Elles parlaient au nom du roi d'Espagne, qui n'en savait un mot. L'Infante en vint enfin, dans sa fureur d'enfant gâtée, au point qu'elle gronda son père, le menaça. Cela trancha. Le roi fit écrire à Madrid que nous avions ici trop d'horreur pour l'inceste, qu'on n'épousait pas les deux sœurs. Il suivit d'Argenson, il accepta son plan de demander plutôt une Saxonne, de regagner ainsi la Saxe et la Pologne à l'alliance française.

Après la Saxe la Hollande. D'Argenson insistait pour qu'on fît celle-ci médiatrice. Des conférences furent ouvertes à Bréda. Il y reprit son plan, de nous regagner le Piémont en lui donnant Milan, en resserrant la part de l'Infant, notre gendre. Propositions secrètes qui transpirent à Madrid. L'Infante et la Farnèse pleurent, crient. Un tonnerre de sanglots s'entend des Pyrénées. Quel est l'indiscret? Le roi même. Il dénonce là-bas celui qu'il approuvait ici. Comment? Par extrême faiblesse. Il avait une lettre suppliante de Philippe V mourant. Il sentait que l'Infante serait désespérée, furieuse, si (sans lui dire un mot) on lui ôtait Milan, la couronne de fer, pour la donner au Savoyard. Il eut peur de sa fille, rejeta tout sur Argenson.

Celui-ci était seul. Il pouvait se vanter d'avoir réuni tout le monde, mis les partis d'accord. Tous contre lui. Il eût fallu bien du courage dans la Pompadour pour l'aider contre la Cour et la famille. Ce triste visage (à la crème, qu'on voit dans le pastel) n'en était guère capable. Elle baissait. L'année 1746 fut terrible pour elle. Le pouvoir lui venait, mais la vie s'en allait, d'abord la santé, la beauté. Si le roi eût été un peu absent, elle eût pu remonter. Il ne le fut qu'un mois, et elle ne put pas respirer. Ministre tout le jour, la nuit chanteuse, actrice, mise au lait et crachant le sang, elle s'exterminait. Et le roi était ennuyé. Aux ballets où elle figure, il bâille. « J'aime la comédie », dit-il, et il y bâille aussi. Il ne se plaît un peu qu'aux Italiens, au spectacle où elle n'est pas. Elle semble finie déjà (1747). Elle a l'air épuisé, « sucé », dit d'Argenson. Elle souffrait du mépris de Paris. Point d'affront qu'à Versailles elle n'ait du Dauphin, de Mesdames. La nuit, c'est pis encore. Le roi allait toujours chez elle, ce qui trompait les simples. Mais en réalité, c'était pure habitude. On sut lui mettre en tête qu'elle était très malsaine. Sous tel ou tel prétexte, il couchait sur un canapé (*Hausset*).

« La Pompadour va être renvoyée. Le roi vivra dans sa famille. » (*Arg.*, 1747.)

La famille? qu'était-ce? Non, certes, le Dauphin. C'est un peu la Dauphine, une bonne Allemande. C'est beaucoup, c'est surtout la fille aînée du roi, la très douce Madame Henriette, sa petite sœur Adélaïde.

Madame Henriette était une pâle fille du Nord, très

maladive et très timide, qui avait près du roi comme
un respect tremblant, presque peur. Cela lui plaisait.
C'était un cœur charmant et bon, un cœur brisé et
la victime de son père, qui l'avait traitée durement.
Élevée presque avec le petit Orléans et jouant avec
lui, elle avait bien cru l'épouser. Mais le roi était tout
à fait pour les Bourbons d'Espagne, ne voulait nullement approcher Orléans du trône. Il aimait mieux
d'ailleurs l'Infante. Il immola Henriette, ne la maria
point. Qu'arriva-t-il? Cette bonne sœur n'en fut pas
moins toujours du parti de l'Infante à qui on la sacrifiait. Comme les chiens battus qui d'autant plus
s'attachent, elle se donna toute à son père. La cabale
dévote lui faisant un devoir de l'envelopper, le gagner,
elle trouva ce devoir très doux. Élevée par la vieille
M™ de Ventadour, une dévote bien peu scrupuleuse,
Henriette prit le rôle qu'on voulait; elle força sa
timidité, fit chez elle des *soupers* au roi (*Luynes,
Argenson, Campan*, etc.). Chose certainement pénible à
une si modeste personne, et si souvent malade. Mais
elle se vainquit tellement qu'il se trouva chez elle à
l'aise plus que partout ailleurs, s'habitua à elle, comme
à un doux animal domestique dont on ne peut plus se
passer, qui ne se plaint jamais, accepte tout caprice,
qui voit sans voir et souffre tout.

Succès réel du parti du Dauphin, qui par la sœur
faisait arriver, réussir, tout ce qui eût choqué du frère.
Le roi croyait pour elle n'en jamais faire assez. Il lui
donne à Versailles (où elle n'avait besoin de rien) *huit
cent mille livres de rente*, justement quatre fois plus

qu'à la Pompadour, qui en a alors deux cent mille. Tout à l'heure, il va lui créer une Maison, dames et grands officiers, presque au point d'éclipser la reine.

La reine y gagna fort. Autant le roi avait été jusque-là sec pour elle, même dur, autant il fut aimable. Nul doute que la très bonne fille n'eût obtenu cela de lui. La reine eut des étrennes, et la Pompadour n'en eut plus. Le roi fit le jeu de la reine, et pria les seigneurs de la distraire un peu. Enfin il fit la chose qui ravit tout le monde. La *Bête* fut chassée, je veux dire Argenson. Quelle joie pour notre Infante! Qui peut lui faire cela, sinon son humble sœur, empressée à servir celle à qui on l'a immolée.

Argenson renvoyé (février 1747), c'est toute une révolution. Nous tournons le dos à la Prusse, à la Hollande et au Piémont. Nous reviendrons de plus en plus aux alliances catholiques, aux Espagnols, aux Autrichiens.

Même avant qu'il ne tombe, on a à regretter d'avoir négligé ses avis. L'alliance du Piémont manquée nous ruine en Italie, nous amène en Provence les bandes autrichiennes, dont nous étions noyés, sans un hasard heureux, l'insurrection de Gênes (Voy. le très beau récit de Sismondi). L'alliance de Hollande qu'Argenson travaillait, et qu'on fit avorter en envahissant ce pays, y tua le parti de la France, donna force au parti anglais et orangiste. La populace des ports fit ce qu'elle avait fait pour Guillaume III en 1672. Elle voulut, exigea un stadthouder, imposa à la république un très indigne chef, Orange, serviteur des Anglais. Notre imprudente attaque eut ce beau résultat de sceller l'union de l'Angleterre et de la Hollande, d'opérer l'anéantissement définitif de celle-ci.

Nous demandions la paix en offrant humblement de rendre nos conquêtes. Et l'on n'en voulait pas. Cependant tout le monde était bien las, surtout les États secondaires, pauvres comparses du grand drame où ils ne gagnaient que des coups. Les obstinés eux-mêmes commencèrent à se faire plus doux aussi, quand Maurice menaça Maëstricht, le boulevard de la Hollande, quand il gagna tout près la victoire de Lawfeldt, peu décisive, il est vrai, mais sanglante. Puis il emporta Berg-op-Zoom. Sac cruel qui montra combien s'aigrissait cette guerre, et terrifia la Hollande. Si l'on prenait aussi Maëstricht, notre armée débordait, et ce riche pays, si peu fait à la guerre, se voyait appelé aux cruels sacrifices, aux affreux moyens de défense qu'il prit contre Louis XIV, s'inondant, se noyant, s'infligeant un désastre plus grand que n'eût fait l'ennemi. L'Anglais aussi, ayant anéanti jusqu'au dernier de nos vaisseaux, ayant fait son œuvre de guerre, devenait pacifique pour ne pas nous laisser reprendre avantage sur terre. Donc on négocia. Malgré le maréchal de Saxe qui raisonnablement voulait d'abord Maëstricht, on se dépêcha de traiter.

Le but primitif de la guerre, où était-il? Et qui s'en souvenait? L'Autriche, que l'on devait détruire, malgré sa cession à la Prusse, était plus forte que jamais.

Le mari de l'Infante, son établissement, sa royauté lombarde, qu'étaient-ils devenus? Notre Infante voyait tout lui échapper, l'espoir même. Le frère de son mari, Charles, le roi de Naples, s'il eût succédé en Espagne à Ferdinand (faible et malade), entendait laisser Naples au second de ses fils, non à son frère Philippe, le mari de l'Infante. Donc, celle-ci, qui, avec la Farnèse, a régné à Madrid, qui un jour eut Milan, qui (d'après le traité de 1736) pouvait espérer Naples, se voit entre trois trônes, à terre.

Elle savait très bien l'intérieur de Versailles. Elle voyait monter Henriette. Celle-ci, sans esprit, sans adresse, quasi muette, nulle, avait gagné le roi. Comment? par cela même, par l'excès de l'obéissance. On savait bien pourtant ce qui était derrière et la poussait. Que lui ferait-on faire? Comment userait-elle de ce pouvoir croissant? Trois personnes étaient inquiètes, fortement attristées : la reine, la Pompadour, l'Infante.

La reine, tout à coup flattée du roi (déc. 1746, déc. 1747, *De Luynes*), n'avait pas pris le change. Elle se refroidit pour ses filles, se fatigua du baiser d'étiquette qu'elles lui donnaient toujours chaque fois qu'elles entraient dans sa chambre (*Luynes*, VIII, 173, 12 janvier 1748).

La Pompadour imagina pour partager, neutraliser la grande faveur des deux aînées, de tirer du couvent et de faire venir à Versailles Madame Victoire, jolie fille, grande fille, déjà de quatorze ans.

L'Infante, corrompue et hardie (comme élève de la

Farnèse), qui avait hasardé déjà, comme on a vu, d'intimider son père dont elle savait le faible cœur, hasarda un moyen d'arrêter le progrès de son goût singulier pour Henriette. Voltaire, sous le Régent, avait fait une pièce hardie contre l'inceste, *Œdipe*. Elle le pria (c'est lui qui nous l'apprend) de faire une *Sémiramis*. L'inceste était fort à la mode. Le roi de Pologne, Auguste II, disputait sa fille à son fils. La chanoinesse de Lorraine qui se tua pour son frère, avait fait éclat et légende (1742). Les Choiseul imitèrent. La femme de Hérault, le dévot lieutenant de police, était publiquement maîtresse de son père, très riche, que souffrait le mari. Les mœurs étaient sur cette pente. La pièce aurait paru toucher bien moins Madame (après tout respectée) que des gens bien connus. Elle aurait averti, mais non blessé directement.

Voltaire était alors retiré, mécontent. Son zèle de courtisan avait fait mauvaise campagne. Sa familiarité hardie, parmi les flatteries, avait choqué le roi, choqué la Pompadour qui visait à la majesté. Il avait fui Versailles, revenait volontiers à Sceaux chez la duchesse du Maine. Cette vieille petite fée, brouillée avec la Cour, jusqu'au dernier jour conspirait, mais littérairement, accueillait les satires. C'est chez elle jadis que Voltaire fit *Œdipe* (1721). Chez elle, il fit *Sémiramis* (1747). Il l'achevait à Sceaux (décembre).

En janvier il est à Versailles, voit mieux le terrain, et prend peur. Madame Henriette, à ce moment, quitte le petit appartement qu'elle occupait au Nord pour le grand logement royal qui termine l'aile du Midi, qu'elle quittera bientôt pour un appartement central entre le Dauphin et le roi (*De Luynes*). Là elle est le médiateur, le *chef du conseil* de la famille (c'est le mot qu'emploie d'Argenson); Voltaire, fort inquiet, écrit de Lunéville, pour ajourner *Sémiramis* (fév. 1748).

A Versailles, une scène violente éclairait la situation (17 avril, *Luynes*, IX). La Pompadour n'osant attaquer Henriette, lui opposait une poupée. Elle faisait venir de Fontevrault la petite Madame Victoire. Le roi pleura en revoyant cette enfant toute aimable, et bonne autant que belle. Elle se suspendit à lui, ne s'adressa qu'à lui. Il se montra très faible. Dépenses énormes, et ridicules honneurs (pour une enfant de quatorze ans), rien ne fut épargné. Henriette souffrait et se taisait. Mais Adélaïde éclata. Elle crevait de jalousie. Elle cria. Tout en retentit. Elle s'indignait, non pour elle, mais pour sa sœur, l'aînée, une princesse de vingt et un ans, à qui la nouvelle venue dérobait les honneurs et le cœur de son père. On vit là pour la première fois la violence d'Adélaïde, le pouvoir qu'elle aurait. Elle n'avait pourtant que quinze ans. Mais on lui obéit. Victoire fut éloignée, et logée au second étage, confinée dans le petit rôle de soigner deux petites sœurs.

Voltaire, chez Stanislas, loin du danger, avait repris courage. L'Infante, pour qui il fit la pièce, disait-on, allait arriver. Et ce drame qui punit l'inceste ne pouvait déplaire à la reine. Il fut probablement montré à son père Stanislas. Bref, *alea jacta...* Le 29 août, la pièce est représentée à Paris. On voulait retrancher deux vers trop dangereux. Mais on eût paru craindre. Tout au contraire la Pompadour pensa que tout serait couvert, toute allusion écartée, si lui-même le roi se faisait protecteur de la tragédie. Elle lui fit donner un décor pour *Sémiramis.*

Ce que l'auteur avait le plus à craindre, c'était qu'une parodie, trop claire, ne forçât de voir et de comprendre. Cette peur le jeta dans une étrange agitation. Il écrit à la fois de tous côtés, prie le cardinal Quirini, prie Mme de Luynes, prie la reine elle-même. Six lettres à la reine! qui répond froidement que la parodie est d'usage. Heureusement pour lui, la Pompadour qui n'avait pas moins peur, ayant (par le décor) fait le roi patron de la pièce, fit défendre la parodie (septembre).

Voltaire la remercia, par une autre imprudence, — vaillante et honorable. — C'était le moment triste où le traité brusqué qui finit cette guerre, d'un trait de plume nous ôtait nos conquêtes, toutes ces places fortes que l'on venait de prendre, ce royaume des Pays-Bas. Le maréchal de Saxe entourait et tenait Maëstricht, la clef de la Hollande, — bien plus l'occasion d'infliger aux Anglais un affront solennel, de voir prendre la place, à leur nez, sans rien faire. Il gémissait, écrivait à Versailles. Et Versailles était sourd. Excessives étaient les misères, il est vrai. Il ne restait d'argent que pour les fêtes. Les dévots d'autre part, la famille, toujours avaient maudit la guerre, fait des vœux pour les Autrichiens. On précipitait tout. On jetait les fruits de la guerre et du sang de tant d'hommes, on brûlait de se dépouiller. Peu réclamaient. Voltaire l'osa. Dans certains vers, au roi et à la Pompadour, il finit par ce trait : «... Et gardez tous deux *vos conquêtes*. »

Le traité était fait, mais n'était pas signé (il ne le fut que le 18 octobre). Plus il était honteux, plus on trouva blessant le conseil de Voltaire. On n'avait pas osé s'irriter pour *Sémiramis*. Pour les vers, on cria. Mesdames et leur parti s'élancent et courent au roi (Voy. Laujon dans *Hausset*). L'État, le roi étaient perdus, si un homme de sa maison, son *domestique*, osait lui donner des avis, mêlant impudemment au nom du roi la Pompadour. Celle-ci s'aplatit, ne dit pas un mot pour Voltaire. Pour bien faire comprendre à Mesdames qu'elle n'était plus rien près du roi, qu'une amie, une *ancienne* amie, elle joua la vieille *Baucis* (nov. 1748). Le roi la releva de ces humilités en la nommant surintendante de la maison de la reine (*Campan*). La reine, refroidie pour ses filles (*Luynes*, VIII, 173), d'autant mieux recevait les respects de la Pompadour.

Le vrai mot, juste et fort, sur la paix d'Aix-la-Chapelle, fut dit aux Halles, resta proverbial. Pour injure, on disait : « Bête comme la Paix. »

Nous rendions *un royaume*, les Pays-Bas; et *un empire*, les Indes, où notre grand machiavel Dupleix faisait l'œuvre de ruse, de cruauté, de force, qu'ont faite les Anglais par lord Clive.

Nous avions dans les Indes un génie, un héros. Nous ruinons Dupleix, emprisonnons La Bourdonnais.

Et cette paix contenait la guerre. Le traité fut si vague et si mal fait pour l'Amérique qu'à volonté l'Anglais pouvait mordre sur nous. D'où la Guerre de Sept-Ans.

Étrange chose qu'après Fontenoy nous subissons encore la vieille honte de Dunkerque, le rétablissant comme il fut quand l'Anglais mit le pied sur la tête de Louis XIV.

Un trait encore nous entra plus au cœur : *l'hospitalité de la France violée cruellement, pour obéir à l'étranger*. Louis XV avait donné parole à Charles-Édouard de ne jamais le renvoyer. L'Angleterre l'exigea. Ce héros, Polonais et fou, n'entendit à nulle offre, nulle raison, nulle prière. Il n'obéit pas plus à une lettre de son père. Dans son hôtel garni, avec tous ses vaillants, il était armé jusqu'aux dents. Peut-être il avait quelque écrit. Il voulait se faire tuer, et pouvoir à jamais déshonorer le roi de France. On croit de plus qu'il était amoureux, aimait mieux mourir que partir. On le surprit en traître, à l'Opéra, on le lia. Pendant ce temps on prit tous ses papiers. On l'emporta. Il faillit crever en route de fièvre et de fureur, criant « Paris! ou Paradis! » (*Arg*., III, 221-227.)

Tout cela fut cruel, nous retourna au cœur notre plaie de Dunkerque. Chacun se sentit avili. Un jeune homme, Desforges, qui avait vu la chose à l'Opéra, ne put se contenir. Il fit les vers fameux qui le mirent longtemps à Saint-Michel. Tous les dirent et les surent :

Peuple, jadis si fier, aujourd'hui si servile !
. . . .

CHAPITRE XV

Madame Henriette. — Les biens d'Église défendus et sauvés.
(1748-1751.)

Cette ruine d'honneur, parmi tant de ruines, ce guet-apens royal fut senti, je crois, du roi même. Pris en ce vilain cas, comme homme et gentilhomme, il semble que dès lors il commence à se mépriser. Je le vois tombé bas, et dans telles choses honteuses qui jusque-là lui auraient répugné. Il a goût à l'argent, tripote et boursicote. Puisant à volonté au Trésor, il n'en est pas moins faufilé dans la bande des loups-cerviers, spéculateur en blé. Très dangereux trafic. Dans quel but? Augmenter un peu l'argent de poche, de jeu, de fantaisies furtives. Il a quitté l'armée pour toujours. Le travail, qu'on lui fit aimer un moment, la Pompadour a su fort aisément l'en dégoûter. Que faire? Enterré aux malsains cabinets de Versailles, aux malpropretés de Choisy, il fuit le jour. La nuit, il s'amuse à griser ses filles.

Il était tout à fait indigne et incapable de soutenir la grande révolution, qui, de Law aux Pâris, de ceux-ci à Machault, Turgot, alla marchant toujours dans la pensée du siècle et qui devait plus tard se formuler ainsi : *unité d'administration, suppression graduelle du privilège (et de classe et d'états), — égalité d'impôt.*

Nécessité l'impérieuse, l'embarras infini où se trouva l'État après la guerre, faisait mettre les fers au feu, par un premier appel, timide encore, aux quatre milliards du clergé. Chacun croyait qu'en France il possédait le tiers des biens. S'il daignait faire aumône à l'État d'un minime *don*, la charge portait toute sur les curés, le bas clergé. Le haut, de luxe et de luxure, dépassait la Cour même. Clermont, vaillant abbé de Saint-Germain-des-Prés, qui avait deux mille bénéfices à donner (et à vendre), vivait avec les filles, enlevait des danseuses, tenait bon gré mal gré par force ou peur la Camargo.

La France agonisante pria ces fiers seigneurs de payer quelque peu. Machault voulut d'abord que l'impôt du *Vingtième*, commun à tous, s'étendît au clergé (1749). Puis il lui demanda une *Déclaration de ses biens* (1750).

L'obstacle était que, nulle réforme ne se faisant dans les dépenses, plusieurs (d'Argenson, par exemple) croyaient qu'on ne ferait qu'augmenter le gâchis. L'obstacle était la défiance qu'opposaient les pays d'États, leur attache à leurs privilèges. L'obstacle était surtout la désespérée résistance du grand privilégié, du plus gras, le clergé.

Si celui-ci eût été prévoyant, par quelque sacrifice, il se fût honoré, soutenu sur la pente où il glissait. Il préféra l'abîme. Il mit son adresse à périr. Il sut, par deux moyens, entraîner le roi avec lui. Moyens grossiers, qui réussirent :

1° Dès qu'on parle d'argent, le clergé, calme depuis dix ans, redevient fanatique. Il alarme le roi, se bat avec le Parlement, reprend la guerre aux jansénistes, aux protestants, bref, fait craindre une Fronde ;

2° Il obsède le roi directement par la famille, employant sans scrupule l'*ultima ratio*, la seule force efficace auprès d'un homme si vicieux, l'énervante influence, l'aveugle dévouement de Mesdames qui s'y immolèrent.

Mesdames Henriette, Adélaïde, vrais jouets de l'intrigue, de la fatalité, avaient le cœur très haut, n'avaient ni adresse ni ruse. Leur sœur l'Infante fort justement disait que c'étaient « deux enfants ». Celle-ci était tout autre, formée par la Farnèse, si dépravée. C'est depuis son voyage en France (1748-1749) que le roi vécut cyniquement à l'italienne, ne ménagea plus rien.

L'Infante, presque chassée d'Espagne, et pas encore en Italie, existait comme en l'air. Elle venait mendiante, affamée, sans chemise, demandant de l'argent, beaucoup d'argent, une grosse pension, puis des grandeurs, un trône, et le premier vacant, Naples ? Espagne ? Pologne ? la Corse au moins. Elle était prête à tout. Ayant vu la faiblesse du roi pour Henriette, elle la préférée comptait avoir bien plus. Elle disait venir pour quinze jours. Elle resta un an, serait restée toujours, si elle eût pu, eût oublié sans peine son ennuyeux Infant qu'elle n'avait presque jamais vu.

Elle était partie si petite que le roi, qui lui écrivait sans cesse, ne la connaissait pas. Il alla au-devant, et eut l'agréable surprise de la trouver fort belle, grande, fraîche, parée d'une gentille petite fille. Elle avait un grand air, et ses sœurs à côté semblaient de maussades bourgeoises.

Elle avait fort bien deviné que la Pompadour, en haine de Mesdames, lui ferait bon accueil, ne lui nuirait pas près du roi. Elle eut en effet tout d'abord (chose mortifiante pour Henriette) la chose que celle-ci demandait, que le roi hésitait de lui donner, l'appartement de l'escalier secret qui permettait de le voir à toute heure. Faveur inestimable pour l'Infante qui avait tant à dire, tant à demander.

Ce qui fut bien plus dur pour Henriette et pour la famille, c'est que la Pompadour fit chasser Maurepas (avril 1749). Maurepas, leur homme, leur ministre. La reine et ses filles en pleurèrent. Le prétexte de la maîtresse fut certaine chanson sur ses infirmités de femme, « sur les fleurs (les fleurs blanches) qui naissaient sous ses pas ». Plus, une accusation ridicule de poison, renouvelée de La Tournelle. Ce que celle-ci n'avait pu, si belle, au moment le plus tendre, la Pompadour fanée le fit, mais par l'appui sans doute de l'escalier secret à qui on ne refusait rien.

L'Infante paraissait s'établir tout à fait. Le roi, que cela plût ou déplût à la reine, lui faisait rendre mêmes honneurs. Elle siégeait l'égale de sa mère, près de ses sœurs humiliées. Elle usait, abusait, demandait toujours davantage. Elle eut la forte pension. Il eût fallu de plus que le lendemain de la guerre, on y rentrât pour la faire reine. Reine? c'est peu. Son idée fixe était de conquérir l'Empire, de faire sa fille *impératrice*. Funeste idée! Elle en viendra à bout, et pour cette sottise le sang coulera par torrents. Mais il y faut le temps. Sa folle impatience fatiguait, excédait le roi. Son départ fut pour lui et pour tous un soulagement (oct. 1749).

Elle fut très funeste à ses sœurs. Le roi, fait au laisser-aller du Midi, se lâcha, et, pour le ressaisir, Mesdames durent descendre beaucoup. C'était Fontainebleau, et le moment des chasses qui finissaient le soir par de longs soupers de chasseurs où l'on buvait la nuit. Il fallut que Mesdames subissent et la fatigue de ces courses, et l'orgie, où, jeunes demoiselles, elles étaient tellement déplacées. On s'y contenait peu ; car, depuis cette année, on trouva que la Pompadour même gênait : on ne l'emmena plus.

M. de Luynes, si timide, n'ose omettre pourtant ce qui crevait les yeux. A ces *retours de chasse*, le roi n'eut plus personne que Mesdames, toutes seules, aux petits cabinets (*Luynes*, 22 déc. 1749, 12 nov. 1750).

Quels étaient ces repas? D'Argenson nous l'apprend (III, 550); il parle d'une *cuisine nouvelle*, ailleurs du goût des salaisons, âcres, irritantes, qu'elles prirent, des vins dangereux d'Espagne qu'elles buvaient. Indigne amusement de voir ces pauvres dames enivrées par obéissance. Adélaïde, si jeune, ayant six ans de moins, était vaincue sans doute par le vin, le sommeil. La malade Henriette, elle-même bientôt frappée et aveuglée, endurait cette veille et ces excès forcés qui la menèrent vite à la mort.

Une chose surprend, c'est que le Dauphin, si pieux, et qui avait tout pouvoir sur ses sœurs, n'ait pas essayé quelque chose pour les sauver, n'ait pas obtenu d'elles que, par excuse de santé ou autrement, elles éludassent cette honteuse tyrannie. Le roi ignorait tout à fait ce qu'il était ou faisait dans l'ivresse (Voy. *Hausset*, l'aventure du privé et de la d'Estrades à Choisy). Le matin, aucun souvenir.

Versailles tâchait de ne pas voir. Mais le roi, comme le Régent, eut besoin de montrer les choses. Parfois, ayant soupé sans elles, il lui passait l'idée de les voir, et il les voulait, mais telles qu'elles étaient, *sans paniers* (*Luynes*, X, 173, 23 déc.), dans le déshabillé de cette heure avancée.

Les paniers étaient tellement dans l'habitude, qu'une femme sans cela semblait nue. A Choisy, il était permis de s'en passer, d'aller en robe flottante (de là plus d'un scandale). Mais à Versailles, lieu de cérémonie, c'était bizarre, choquant. Elles obéissaient, et traversaient ainsi appartements et corridors, non sans pâtir sans doute, et faire pâtir aussi d'excellents serviteurs qui voyaient et baissaient les yeux.

La Pompadour, un vrai premier ministre, et partant responsable, sentait la royauté s'avilir, s'abîmer. Elle n'entreprit pas, comme la Nesle, de défendre au roi l'orgie du soir. Elle priait qu'au moins la chose ne fût pas solitaire, dans le secret des cabinets. Elle voulait que le roi soupât en bas, et dans une belle salle, moins fermée, qu'on faisait exprès (*Luynes*, *ibid.*). Le Dauphin aurait dû, ce semble, y aider fort, obtenir par ses sœurs que l'on se rangeât à cela. Sa cabale montra une étrange immoralité, et on peut dire aussi une grande dureté pour la malade, cet instrument qu'on immolait. On voulut l'employer à mort et jusqu'au bout. Elle était bien commode pour le parti dévot. Tant muette fût-elle, on la faisait parler. On cachait le Dauphin. On montrait Henriette, comme la personne dirigeante de la famille, et *le chef du Conseil* (*Arg.*, III, 311).

Tout cela était peu connu hors de Versailles. Paris savait en général que le roi menait une vie déplorable. Le public arriéré en restait au temps éloigné, à ces vilains jeux d'écoliers, qui jadis par deux fois ont fait chasser les camarades. On disait : « C'est un Henri III. » D'autres aussi, par un pressentiment, trop précoce, mais non erroné, supposaient que déjà il avait commencé ces vols ou ces achats d'enfants qui n'eurent lieu que plus tard (1754-1764). On était d'autant plus disposé à le croire que des princes, seigneurs ou fermiers généraux, enlevaient, séquestraient réellement des enfants, des filles, des dames même captives (ex. Charolais, Clermont, Melun, etc.). Une fille, à Noël (*Barbier*, IV, 407), s'échappa, effarée; elle avait dix-sept ans, et on l'avait tenue dès l'enfance à l'état sauvage. Que souffraient ces victimes? On le sut par de Sade (1754). Horrible histoire, certaine. Dans les razzias qu'on faisait d'enfants pour le Mississipi, l'imagination populaire s'exalta et reprit les vieilles histoires du Moyen-âge, de lèpre et de bains de sang. Les enleveurs étaient des exempts déguisés. Ce mystère faisait dire : « C'est lui, c'est cet Hérode, épuisé de débauche, qui est devenu ladre et qui veut se refaire par le sang innocent. »

Il n'y a jamais eu dans les plus sombres jours de la Révolution, un jour où le cœur du peuple ait été si atteint. Dès novembre 1749, on avait vu des filles enlevées par la police, filles publiques d'abord, puis pauvres servantes sans place ou jeunes ouvrières, et enfin de petits enfants. On dit que les archers, pour chaque tête, avaient quinze écus. Ce métier progressa. Un archer qui avait volé un petit écolier, trouva plus lucratif, pour trente écus, de le rendre aux parents (février 1750, *Barbier*, IV, 437). D'autres furent volés par des femmes, vendus à des gens riches (448). De là, de furieuses batteries. Au quartier Saint-Antoine, un enfant enlevé crie, on sort des boutiques, on poursuit les exempts. Les gens du port leur cassent bras et jambes. Dès lors tous les matins la foule est dans les rues.

Au 22 mai, quatre batailles. Rue de Cléry, un commissaire a sa maison dévastée, saccagée. A la Croix-Rouge, un cocher crie qu'on lui prend son enfant. Les laquais qui portaient l'épée, dégainent. Avec le peuple, ils forcent la maison d'un rôtisseur chez qui un archer s'est sauvé. Deux hommes y furent tués dans les caves, tout brisé. Rien de pris. On rapporta au rôtisseur son argenterie le lendemain. Autre combat aux Quatre-Nations et au Palais. Et là le peuple tend les chaînes, veut faire des barricades, brûler le commissaire dans sa maison. Il tue plusieurs archers.

Mais le combat terrible a lieu (23 mai) à Saint Roch. Là, on tire sur le peuple, et on est forcé pourtant de lui livrer un archer qu'il a pris en flagrant délit d'enlèvement. La foule traîne le corps à l'hôtel de Berrier, lieutenant de police, puis s'arrête, se laisse amuser. La cavalerie vient, charge, balaye la rue Saint-Honoré.

Le peuple a le cœur gros. L'orage s'amoncelle. Quoiqu'en mai, il faisait un vent sec, froid, du Nord. Chose très grave en révolution. Sur le bruit que Berrier est allé à Versailles, la foule va au Cours l'y attendre. Plusieurs, moins patients, se mettent à dire : « A Versailles! » — D'autres : « Brûlons Versailles! » Cela chauffait très fort.

La peur était grande à la Cour. D'abord, on n'en avait rien dit. Puis, on avait dit : « Ce n'est rien. » Et là-dessus la Pompadour était venue voir sa fille à Paris, dîner chez un ami. Tout pâle, il lui dit : « Mais, madame! ne dînez pas ici. Vous allez être mise en pièces. » Elle fuit, elle vole, rentre jaune à Versailles. Tous sont pénétrés de terreur.

Le 23 mai, ce fut bien pis. Ayant toute la Maison du roi, une armée, on tremblait. On mit des gardes au pont de Sèvres et au défilé de Meudon.

On eût dit que déjà la Bastille était prise, ou que

les affamés du 6 *octobre* étaient en marche. Versailles est confondu. Les femmes se suspendent au roi, l'enlacent. Il ne faut pas qu'il fasse le voyage de Compiègne. Qu'il reste avec ses gardes, bien entouré de sa Maison armée. Elles obtiennent que l'on n'ira pas. Puis on change d'avis. On prend le parti pitoyable d'y aller furtivement. Le soir, il couche à La Muette, puis avant le jour, rasant Paris sans y entrer, il fait son échappée qui a l'air d'une fuite. Il disait aigrement : « Qu'ai-je besoin de voir un peuple qui m'appelle Hérode? » A Paris, on disait : « Est-ce mépris? C'est peur. » Donc, tout s'envenima, et ce fut un divorce. Madame Adélaïde, « haute comme les monts », blessée dans son orgueil, son amour pour son père, fut ulcérée à mort. Et elle ne pardonna jamais.

Ce nocturne passage du roi le long des murs, on en assura la mémoire par un large chemin. Beau monument du règne. C'est le *chemin de la Révolte*.

On put juger de l'état violent où se trouvait le peuple par le mépris qu'il fit des affiches du Parlement, les injures qu'il lui adressa. Dans son irritation la foule s'en prend à tout le monde, poursuit comme mouchard, comme enleveur, le premier passant (*Barb.*, 429). Rien pourtant ne calma autant que la justice du Parlement sur quelques misérables, un archer qui vendait, revendait des enfants. La foule s'amusa de voir fouetter de rue en rue des enleveuses infâmes. Elle eut plaisir à voir étrangler et brûler deux petits Henri III, je veux dire deux garçons qui trop naïvement avaient singé Versailles et les jeunes seigneurs si mollement punis (en 1724). Dure leçon pour les mœurs de Cour (6 juillet). Mais en même temps le Parlement, pour relever l'autorité, consoler la police, fit pendre trois pauvres diables qui légitimement, justement, avaient résisté.

On eut beau faire. L'autorité était blessée, à n'en point relever. Elle-même s'avilit, se contredit, se démentit. D'une part, Berrier vint déclarer au Parlement qu'il n'y avait eu nul enlèvement. D'autre part, les archers, craignant l'enquête et la potence, vinrent montrer les ordres de Berrier pour qu'on fît les enlèvements, ordres royaux qui venaient de Versailles, de d'Argenson cadet, ministre de Paris (20 juillet 1750, *Barb.*, IV, 455).

Cette agitation violente donnait une grande force aux résistances du clergé, décidé à ne payer rien. Dans sa grande Assemblée qui se tenait ici, il trônait, pérorait à l'aise, voyant Paris contre le roi, et d'autre part les États provinciaux qui ne voulaient pas plus sacrifier leurs privilèges à l'uniformité d'impôt. L'Assemblée ecclésiastique se posait fièrement le chef des résistances, le parti de la liberté. Audace révoltante en tout sens. Dans le clergé, ainsi qu'en ces États, le haut rang écrasait le bas. Fausses et dérisoires républiques au profit des privilégiés!

Si terrible était le clergé d'opposition républicaine, si emporté ce corps où les sots devenaient des fous, que la Cour en tremblait. Plusieurs osaient parler des États généraux (imprudents idiots!). — D'autres ne parlaient pas, mais pensaient au Dauphin, au vrai roi du clergé. Ils avaient hâte, se disaient : « Louis XV n'a que quarante ans. » Le roi savait leurs vœux, se souvenait de Jacques Clément, disait parfois tout haut : « J'aurai mon Ravaillac. » La crainte alla au point qu'ordre fut donné à Versailles de ne laisser entrer aucun abbé (*Argenson*, III, 362).

Le Dauphin était en disgrâce. Suspect en ce moment, le lourdaud avait fait de plus une étrange lourdise, d'écrire à Maurepas, l'exilé, le futile oracle de l'intrigue, où la famille et le clergé voyaient l'homme du futur règne. On pinça l'envoyé, valet de chambre du Dauphin. Le roi le fit fourrer aux cachots de Saumur, ne dit rien à son fils, mais le suspecta d'autant plus.

Jamais le roi n'avait été si triste. Entouré de tant de dangers, il recula, réduisit ses demandes. Il fit dire au clergé « *qu'il n'exigerait pas le vingtième, qu'il se contenterait de la déclaration des biens* ». Il déclara dissoute l'effrayante Assemblée, renvoya chez eux ces Brutus au plus tôt dans leurs diocèses (15 sept.).

Ainsi il retombait pour jamais dans l'impasse dont Machault voulait le tirer. Il se fermait les mines d'or, les milliards du clergé. Les affaires étaient tristes, l'intérieur encore plus, Henriette toujours plus languissante. Un mortel ennui le saisit. Il avait beau aller, voler d'un lieu à l'autre, la tristesse l'y attendait (*Arg.*). En vain la Pompadour voulut l'amuser de Bellevue, petit palais de poche improvisé. On y joua la farce des *Pots de chambre* (ou petites voitures) de Paris. Mais le roi ne rit guère. Bellevue avait le défaut d'être trop bien placé, au point de mire des Parisiens qui d'Auteuil le voyaient illuminé, le maudissaient. Ils en faisaient mille contes, exagérés et faux, par exemple, qu'on y avait mis pour un million de fleurs de porcelaine. Tout cela ennuyeux. Elle aurait bien voulu le tirer de ce noir nuage par quelque jolie petite femme. Elle fit à Verrières de galants pavillons pour une ménagerie en ce genre. C'était trop tôt encore. Il était sombrement engagé dans la tragédie, un drame obscur qui n'éclata que vers la fin de février.

En octobre 1750, Henriette succombait à la situation. Les meneurs le sentaient. Il leur fallait un autre appui. Quoique le roi eût reculé, le clergé renvoyé n'en voyait pas moins s'écouler le délai de six mois qu'on lui donnait pour déclarer ses biens. Le Dauphin était en disgrâce, et cela au moment où, devenant majeur, il serait entré au Conseil. S'il n'y entrait, s'il n'était là pour contenir, intimider Machault, celui-ci (armé du besoin) pouvait bien passer outre, faire lui-même et par des laïques cette terrible enquête que redoutait tant le clergé. On allait découvrir le mystère, ouvrir l'Arche, pleine d'or, étaler cette grande pauvreté du clergé qui montait à quatre milliards.

Le temps pressait. On n'avait pas deux mois jusqu'au 28 octobre, jour décisif où l'on verrait si le Dauphin entrerait au Conseil, ou si le roi le tiendrait à la porte (et l'excluant exclurait le clergé).

Comme en septembre 1742, un miracle se fit en

octobre 1750. Le Dauphin, le clergé obtinrent ce qu'ils voulaient. Mais bien plus, le roi, le Conseil, l'autorité publique, tout alla dans un sens nouveau. Tout fut retourné comme un gant.

Explique qui pourra. Dans une révolution si brusque, je ne sens plus la main douce, faible, malade, la molle influence d'Henriette. Je sens déjà une jeune main, violente, et qui veut casser tout. Je sens celle qui emportera d'un tourbillon l'année suivante (1751), et qui en février va avoir son avènement. C'est le règne d'Adélaïde.

Enfant, elle avait rêvé d'être une Judith. Il en fallait une pour le Dauphin, pour le clergé, pour tous les honnêtes gens. Elle dut s'avancer et sauver le peuple de Dieu.

Elle avait dix-sept ans, Henriette vingt-quatre. Elle ne l'avait jamais quittée, et révérait son droit d'aînée. Mais Henriette gisait inutile, servait trop peu la cause. On la dédommagea, on tâcha de la consoler, en lui donnant enfin sa Maison princière et royale. Elle fut enterrée dans l'honneur.

Même procédé pour Machault, avant de s'en débarrasser. Par-dessus les Finances, il eut la belle place, lucrative, de Garde des sceaux, porte d'or, porte de sortie, par laquelle il quitterait bientôt les Finances.

Cela se fit très vite, au moment de Fontainebleau, moment trouble des grandes parties, des chasses et des *retours de chasse* où le roi était moins lucide. On arriva le 7. Le roi mollit le 12, permit au Dauphin de venir. Le recevant pourtant il lui inflige encore une petite misère, une épreuve, demande ce qu'il pense de Maurepas. Le gros baissant la tête : « Je ne m'en souviens plus. » Le Roi, content de ce mensonge, le croyant aplati, le 28, l'admit au Conseil, et d'abord aux Dépêches. Et pour l'initier, il lui donna Machault, sa bête noire.

Mais cela ne fait rien. Cette masse de chair, même muette, pèse énormément. Car il est l'avenir. Et il n'a que faire de parler. Les ministres agiront de manière à lui plaire. Il est là le 28 octobre, et déjà en novembre, Saint-Florentin reprend la persécution du Midi (Voy. *Sismondi*, *Peyrat*, etc.). Les troupes revenues de la guerre vont faire la guerre aux protestants. Le sévère intendant qui pendait les pasteurs, ne suffit plus. Il faut des courtisans, des zélés, qui troublent le peuple. Celui que l'on envoie fait sa cour par une ordonnance qui veut qu'on rebaptise, qui provoque follement une inquisition des curés.

Ceux de Paris, de même brusquement réveillés, faisaient la chasse aux jansénistes, épiaient les mourants, ne se contentaient plus d'un billet de confession. On leur faisait subir un interrogatoire. Pour réponse ils agonisaient. On fit mourir ainsi un véritable saint, Coffin, le bon Recteur qui obtint du Régent que l'instruction fût gratuite, Coffin, l'auteur des hymnes qu'a adoptées l'Église. Chose odieuse qui criait au ciel. Des rassemblements se formaient. Le peuple s'indignait, voulait intervenir. Le Parlement, dans ce cas évident où la paix publique est troublée, appelle les curés refusants. L'un ne daignant répondre, il le met aux arrêts. Le roi blâme le curé sans doute? non pas, le Parlement. Le roi goûte l'affront qu'on a fait à ses juges, enhardit la persécution.

Est-ce la peine de dire que la fameuse *Déclaration des biens d'Église* qu'il exigeait va à vau-l'eau. Changement ridicule. Elle ne se fera pas pour le roi, mais seulement *du clergé au clergé*, tout à fait en famille, et par ses agents seuls, estimant les biens à leur guise (déc. 1750).

Que le clergé doit rire! Il l'a échappé belle. Le voilà qui n'a plus besoin de se défendre. Il va devenir conquérant.

Et conquérant sans peine. Le roi, qui le chassait en septembre, se trouve, en mai, si bien son homme, que lui-même il lui livre le droit des magistrats.

Un droit énorme, immense. Quel? la Charité de Paris.

Paris, c'est un royaume, de maux, d'infirmités, de vices. Par le doux mot chrétien de Charité, on entendait non seulement *la bienfaisance* et les hospices, mais *la pénitence*, la correction, Saint-Lazare et le nerf de bœuf (Voy. Blache), les filles, même filles de théâtre, disciplinées à la Salpêtrière, les enfants, apprentis ou pages, qu'on moralisait par le fouet, c'était un triste monde, obscur, l'*anima vilis* infinie. Sept mille à la Salpêtrière! Le gouffre d'arbitraire était depuis cent ans soumis du moins à l'œil du magistrat, à une certaine surveillance de la Justice. Cet œil était gênant. On le crève un matin, si j'ose ainsi parler. Et le roi remet tout aux prêtres.

Autre chose. Minime, mais sensible à Paris. Les dons des fêtes (aux naissances des princes) ne passent plus par les mains parisiennes des magistrats municipaux. On marie six cents filles. Les dots sont données aux curés, qui les distribueront à mesure par parcelles, selon qu'ils sont contents du mari, de la femme. Belle réjouissance qui devient un pouvoir de chicane et d'inquisition!

« Le roi marchait si bien, vite et roide, aux voies du clergé, que c'eût été dommage de le distraire. Le Dauphin devient admirable. Il s'assouplit. Il se fait tout petit. On dirait qu'il retient son souffle. On en est très content. Il est tellement discipliné qu'au besoin il se prête à couvrir de son caractère, de son austérité connue, certaines choses. Le roi, allant aux parties solitaires de La Muette, Choisy, Compiègne, montant avec ses filles en voiture à Versailles, pour imposer aux langues, fait monter le Dauphin. Mais là, au bout d'un jour le Dauphin sent discrètement qu'il peut gêner et revient seul (*Luynes*, 1750, 4 janvier, 1er juin).

La comédie de la cabale était d'effacer le Dauphin. Ce sont Mesdames qui conseillent le Roi. Elles posent en hommes d'État. Leur singe, la petite Louise, une sœur de dix ans, prend la gravité d'un ministre (*Luynes*, XI, 6). On fait pour les aînées des extraits du Père Barre, de sa nauséabonde *Histoire* et autres. Henriette y succombe. Adélaïde en prend ce qui plaît à son père, les généalogies, le cérémonial, l'étiquette.

Elle en est l'oracle. En cela, et en tout, elle prime. Elle est la favorite. La *déclarer*, c'était annoncer l'action dominante et régnante désormais du parti dévot. Ce pas hardi fut fait le 17 février 1751. Toute la Cour était sur la glace, ou glissait. Elle monta dans le traîneau royal, où l'aînée jusque-là était toujours avec le roi. Elle se fit aînée, siégea près de son père. Henriette eut le second traîneau.

Dans cet état bizarre le roi pourtant communiait. Plusieurs en étaient étonnés. Mesdames communiaient, et elles firent avec la reine les dévotions du Jubilé (la cinquantième année du siècle). Grande occasion de pénitence. La reine y était absorbée. Elle était souvent seule, enfermée, disait-elle, avec sa favorite, la *Mignonne*, une tête de mort, qu'on croyait celle de Ninon de l'Enclos. Ces impressions funèbres devaient troubler fort la malade Henriette, Adélaïde, si imaginative, peu rassurée dans son triomphe. Le clergé usait, abusait, d'un si violent état de conscience. Il fallait le payer, et d'une monstrueuse indulgence il voulait un prix monstrueux, une chose excessive, imprudente, où Mesdames risquaient de choquer fort le roi. Le clergé exigeait qu'on déclarât son *Droit divin* d'exemption. Il élevait son égoïsme avare à la hauteur d'un dogme : *Divine immunité*. Symbole exactement opposé à celui du roi, à la foi de Louis XIV et de Louis XV : « Tout appartient au Roi de France. »

Une telle thèse devait brouiller tout. On était à Compiègne, aux chaleurs de juillet, qui bientôt le

2 août éclatèrent en terrible orage. Adélaïde en avait un bien autre. Elle dit à son père : « Je serai carmélite. Je veux entrer au couvent de Compiègne. » Était-ce dévotion? ou menace? Posait-elle un *ultimatum* pour obliger le roi de céder au clergé? Il lui dit sèchement : « Pas avant vingt-cinq ans, ou bien si vous devenez veuve. »

Lutte violente. Le roi piqué alla à Crécy chez la Pompadour, et y eut un peu de goutte. On vit qu'on avait fait fausse route par cet excès de zèle. A Fontainebleau, lieu de plaisir, on le reprit, on sut le regagner. Si bien qu'à Versailles, en novembre, l'âme d'Adélaïde (colérique, intrépide) parut en lui, un démon provocant. Il veut décidément brusquer la grande affaire qui livre Paris au clergé. Mais, ce n'est pas assez. En dépouillant le Parlement, il lui faut l'insulter. Ordre au Président d'apporter les Registres, les délibérations intérieures de la Compagnie.

Cette collection vénérable est triple, comme on sait. *Arrêts*, *Édits* enregistrés, enfin *Conseil secret*. En la dernière partie est l'âme même du corps, mille choses délicates et scabreuses qu'on agitait portes fermées. Les minutes en petits cahiers restaient, et ne sortaient jamais. Mais cette fois le président (Maupeou), disant que la copie n'était pas faite encore, prit les originaux, remit au roi ces dangereuses notes où tout était, les choses et les personnes, les noms, les mots compromettants. Le roi avec dédain regarda, prit, froissa, mit le tout dans sa poche (pour en faire faire sans doute un sévère examen). Puis la défense hautaine de s'occuper de cette affaire.

Grave outrage. Le Parlement ne rend plus la justice. La lutte, de religieuse, deviendra révolutionnaire. Barbier confond les mots *janséniste* et *républicain*. De plus en plus, on s'en prend au roi même. On était indigné de voir en pleine paix durer les impôts de la guerre, plus de nouveaux emprunts. Une vaine dépense de bâtiments, de petites maisons, Choisy et autres lieux, où tout coûtait trois fois plus qu'à Versailles. Un million dépensé pour amener Victoire, la moitié pour l'Infante. Dix-huit cent mille francs à Bellevue pour l'appartement du Dauphin! Et cela au moment où l'on réduit les plus justes dépenses, *le pain des prisonniers!* Une révolte de ces affamés a lieu au For-l'Évêque. On tire tout au travers. Force blessés, deux femmes tuées!

Triste augure qui salue la naissance du fils du Dauphin. Barbier trouve lugubre le tocsin de réjouissance. Versailles, aux fêtes qu'on en fit, se trouva lugubre lui-même (21 déc.). La bise avait éteint les illuminations (*Arg.*). Dans la grande galerie, huit mille bougies fumeuses éclairaient, noircissaient les peintures de Lebrun. Mais placées extrêmement haut, elles éclairaient moins les vivants, cavaient les yeux, creusaient les joues, donnaient à tous l'air vieux. Beaucoup d'habits riches et usés. Plus usé était le dessous. Des trois femmes régnantes, nulle qui ne fût malade. La reine et son infirmité, la Pompadour, fade et terne, blanchâtre, n'égayaient pas. Mais combien affligeait la pauvre victime Henriette, pâle, éclipsée, déchue, muette, et bien près de sa fin... Le roi triste et jauni. Le Dauphin sous la graisse couvant la maladie (bientôt la petite vérole).

Dans cet affaissement, le nerf évidemment, l'ardeur, la volonté, c'était Adélaïde avec ses dix-huit ans, un attrait d'énergie. Elle était plutôt rouge que dans la fraîcheur de son âge. Ses portraits sont tragiques, d'une personne dont on peut tout attendre, ayant l'esprit court, faux, impétueux et ne mesurant rien. Leurs flatteurs (Saint-Séverin, un Italien bavard) parlaient fort de potences et d'exécutions.

Comment Adélaïde traitait-elle Henriette, dans cet enivrement? Elle l'aimait. Mais des mots imprudents, insolents, purent lui échapper. Madame, qui vivait fort à part, et ne lui confiait rien de ses misères de femme, voulut en grand secret essayer de se relever, se faire belle à tout prix en supprimant cette petite gourme qui par moments lui déparait le front. L'Infante pour cela lui avait laissé un remède fort dangereux, qui la tua (*Luynes*, XI, 397, février 1752).

Elle fut, aux derniers moments, douce, sans fiel, comme toujours. On n'entendit dans ses délires que ces mots : « Ma sœur! ma chère sœur! »

Comme elle agonisait, on alla au roi, fort troublé, et on lui fit entendre que Dieu la sauverait peut-être, s'il voulait faire une bonne œuvre : *supprimer l'Encyclopédie*. Il le fit de grand cœur. Le 13, après la mort, un Arrêt du Conseil légalisa et proclama la chose.

Cette grâce fut sans doute obtenue par l'homme qui avait en main la pauvre âme, les confessait tous trois, le bon Père Pérusseau.

Le roi était comme égaré. Il se laissait conduire où on voulait. Mais il n'eut nullement l'explosion de douleur de septembre 1741. Adélaïde et lui furent troublés bien plus qu'affligés. Elle ne pleura pas, et seule de la famille elle fut exemptée d'aller au service funèbre. Si la reine fut triste, ce ne fut pas longtemps. Elle reprit le jeu le 9 mars, un mois après cette mort. Le 12, Adélaïde étant incommodée, on joue dans ses appartements (*Luynes*, XI, 440, 455).

CHAPITRE XVI

Madame Adélaïde. — Les biens ecclésiastiques sont sauvés.
(1752-1756.)

Les tragiques et bizarres portraits d'Adélaïde la feraient croire capable de grands crimes (que certes elle ne fit jamais). Si l'on ne sait son nom, on dit en la voyant : « A-t-elle fait la Saint-Barthélemy ? »

Le vrai, c'est que le signe d'une fatalité très mauvaise, d'une grande discorde de nature, d'esprit, de race, est là. Elle resta sauvage, extrême et violente et dans la haine et dans l'amour. Mais derrière tout cela, certain mystère physique existait qu'il faut expliquer.

Sa mère naquit, grandit dans les alarmes, les plus terribles aventures. Petite et au berceau, dans les fuites de Stanislas, on l'emportait, on la cachait. A chaque instant, on se croyait atteint par la férocité des Russes. Elle fut même un jour oubliée par ses femmes égarées qui perdaient l'esprit. Ébranlements trop forts pour une enfant, qui jamais n'en revint.

Son sang troublé parut impur dans ses enfants, la plupart très malsains. Avant le mariage, elle avait des tendances à l'épilepsie. Même mariée, la nuit, agitée de peurs vaines, elle se levait, allait, venait.

Madame Adélaïde semble avoir hérité beaucoup de cette agitation. Elle eut (dans l'expression, le geste, la parole) le bizarre et le saccadé de ces tempéraments. Ni l'âme ni le corps n'obtinrent leur harmonie. Elle était courageuse, avait l'audace de sa race, avec certaines peurs enfantines (du tonnerre, par exemple). Elle avait la manie, une vraie furie de la musique, sut tous les instruments, mais tous dans sa main discordaient.

La reine aimait son père et en était aimée extrêmement, rendait sa mère jalouse. Adélaïde eut d'elle encore cela, aima éperdument son père, sans mesure ni raison. Ce fut sa sombre destinée.

A six ans, elle jura qu'elle ne le quitterait pas, se jeta à ses pieds, pleura, le fit pleurer. Seule de toutes les sœurs, elle fut dispensée du couvent. Elle resta toujours avec lui. Elle logea, vécut chez lui pendant quinze ans, dans ses belles années de jeunesse. Et après, quand il eut la dureté de la renvoyer (1768), elle resta la même. A sa dernière maladie (horrible et répugnante), elle vint s'enfermer dans cette dangereuse chambre; elle voulait mourir avec lui.

On vit combien elle l'aimait, à l'âge de douze ans, dans sa grande maladie de Metz (1744). La famille ayant eu ordre de s'arrêter à Verdun, elle eut la fièvre, de douleur, d'impatience. Il fallut la mener à Metz.

Ce fut un grand malheur pour cette nature passionnée de rester à Versailles, dans le mauvais air de la Cour, gâtée et écoutée, et toujours applaudie. Tout ce qui chez sa mère était si contenu, chez elle eut un complet essor. Enfant, on la craignait. Elle s'emportait au moindre mot, frappait du pied (Voy. Campan, pour l'histoire du *menuet bleu*).

Elle n'avait que onze ans, lorsque la guerre fut déclarée à l'Angleterre. Elle prit quelques louis et partit. On la rattrape, on lui demande : « Où allez-vous, Madame ? — Je vais me mettre à la tête de l'armée. J'amènerai l'Anglais aux pieds de papa roi. — Mais comment ? » Elle savait l'histoire de Judith. Elle dit : « Je ferai venir les lords pour coucher avec moi, dont ils seront fort honorés, et je les tuerai tous l'un après l'autre. — Ah! Madame, en duel plutôt?... — Papa roi défend les duels, et le duel est un péché (*Rich.*, VIII, 77, 78). »

Si fière, elle méprisait tout. Nul, hors le roi, ne fut homme pour elle. Elle avait quatorze ans, quand une de ses dames eut l'indignité de lui prêter un livre obscène, de honteuses gravures. Mais on ne voit pas qu'elle ait eu de petites faiblesses vulgaires. Sa passion innée et l'orgueil la gardaient. On la prenait par là. Ces femmes corrompues ne faisaient que parler du roi. Sa beauté était le grand texte, même en son âge mûr où la chose était ridicule. On le voit par les madrigaux que fait pour lui la Pompadour. Dans les grandes scènes populaires où il fut nommé Bien-Aimé, dans l'ivresse de Fontenoy, la tête polonaise de l'enfant dut se prendre encore.

Nul doute qu'on ne lui ait inculqué de bonne heure ce qu'Henriette d'Angleterre (Voy. *Cosnac*) disait (et ce que tant de princes ont pratiqué dans la famille) : qu'ils avaient leur morale à eux, libre de tout et de la nature même. Pourtant, dans une foi si large, un point lui semblait réservé, le droit supérieur de l'aînée. Elle fut jalouse, on l'a vu, mais pour son aînée Henriette. La reine étant infirme, incapable des chasses et des soupers du roi, elle croyait qu'Henriette devait y figurer. Au défaut d'Henriette, elle-même. Une crise approchait où des mesures hardies, violentes, deviendraient nécessaires. La cabale dévote connaissait bien le roi, ne pouvait s'y fier. Elle ne pouvait plus prendre, comme Fleury, la clé de son appartement. Une autre idée leur vint, celle de lui donner un gardien, de nuit, de jour, de loger près de lui, chez lui, cette énergique Adélaïde.

L'appartement royal est fort serré. Elle n'y eût pu loger que seule, sans ses dames et son monde, aux derniers cabinets du roi. Chose contre toute convenance, mais qui, si on l'osait, la faisait maîtresse absolue. La Pompadour était terrifiée. Un mois avant la mort d'Henriette (janvier 1752), elle fit une démarche bien singulière, de s'adresser à la cabale même, de rappeler le parti jésuite à la pudeur, et de lui faire sentir qu'il se démasquait trop. Elle osa demander comment le confesseur pouvait laisser le roi communier dans cet état. « J'assurai que si le

Père Pérusseau n'enchaînait le roi par les sacrements (*en les lui refusant*) il se livrerait à une façon de vivre dont tout le monde serait fâché[1]. »

On fit la sourde oreille. Mais à la mort d'Henriette, en février, la Pompadour habilement sut couper court. Elle pria, demanda à genoux que Madame, si nécessaire à la consolation du roi, prît *au rez-de-chaussée* une partie de l'appartement qui possédait l'escalier dérobé, — *en attendant* qu'on lui fît au premier (*Arg.*, IV, 448) un appartement digne d'elle. Cela gagnait du temps. Il eût fallu trois mois. La Pompadour eut soin que l'on y mît deux ans.

Machault, en cadence avec elle, contre Madame et contre la cabale, montrait combien d'un jour à l'autre on allait forcément avoir recours au Parlement. La guerre venait, les grands besoins d'argent. Depuis un an, deux ans, on se battait déjà en Amérique entre colons, Anglais, Français. Les premiers étendaient outrageusement leur Acadie dans notre Canada. Cela alla au point que (le 11 mai 1752), on dut autoriser les nôtres à repousser la force par la force. On eût pourtant voulu la paix. Elle était difficile dans la tentation que donnaient aux Anglais leurs cent vaisseaux, leurs cent frégates. En 1748, la France était réduite... à un vaisseau !

---

1. Al. de Saint-Priest, *Jésuites*, chap. II. — Notez que ce mot n'a qu'un sens. Il ne s'agit pas de maîtresses; on proposa une Choiseul; mais cela avorta. Et il s'agit encore moins des petites filles, de la Murphy, qui ne commence guère qu'en 1753, encore moins du Parc-aux-Cerfs, dont Barbier parle en 1753, mais dont la maison n'est achetée qu'en 1755. Voy. l'acte de vente, Le Roy, *Rues de Versailles*, p. 452.

Ajoutez l'intérieur, des troubles pour les blés, un souci personnel du roi qui sans doute le rendait modéré. Il exhortait les prêtres à se conformer aux canons qui n'exigent nulle part cette inquisition tracassière. Il blâmait, sans plus de succès, le Parlement pour les saisies, amendes, prises de corps, lancées contre les prêtres. Il imposait silence. En vain. Le Parlement allait toujours, offrait sa démission. Aix et Rouen suivaient, et Toulouse même allait devant, en saisissant son archevêque.

A Paris, où le Parlement est traîné par les jansénistes, on attaque à la fois l'Archevêque, l'*Encyclopédie*. De Prades, un encyclopédiste qui, dans une thèse de Sorbonne, *humanisait* trop Jésus-Christ, est décrété et s'enfuit à Berlin. Les prêtres *refusants* sont frappés d'arrêts graves. Irait-on jusqu'à l'archevêque, qui provoquait et défiait. On n'en était pas loin. Le 6 mai, scène pathétique : la famille royale, tremblant pour le martyr, vient se jeter aux pieds du roi.

L'embarras est pour lui que les emprunts nouveaux, que les impôts de guerre exigeront l'enregistrement parlementaire. Donc, il ménage encore le Parlement. Le 31 juillet, pour lui plaire, il fait rechercher chez tous les imprimeurs une presse clandestine (qu'on sait être à l'archevêché). Un pas de plus, le seuil sacré était franchi, et l'on allait trouver dans ce lieu vénérable la machine aux pamphlets, aux libelles ecclésiastiques. La cabale employa près du roi un moyen puissant, l'indignation d'Adélaïde. Avec une décision brusque, surprenante à son âge (dix-neuf ans), elle quitta le logis de faveur, l'escalier si commode, et s'éloigna du roi. Comme Achille irrité, elle se retira sous sa tente, je veux dire dans l'appartement lointain, toujours vacant, de la duchesse du Maine (*Luynes*).

Cette férocité dura un mois ou deux. Le Roi vint à composition. Fontainebleau, lieu fatal, fait toujours ces miracles. Cette fois, sans retour. Le roi, dès ce moment, put feindre, varier d'apparence, traîner, flatter le Parlement. De cœur, d'intention, il fut pour le clergé. On ne fit rien à temps. On ne prépara rien. La guerre nous trouva désarmés.

A ce brillant Fontainebleau (le plus brillant qui fût jamais), le roi ne parlait guère. Elle parlait à sa place, et très haut. Elle ordonnait en reine, disant du roi et d'elle : « Nous, » — réglant le présent, l'avenir : « Nous ferons ceci ou cela » (*Argenson*).

Elle avait du mordant, autant que la Pompadour en avait peu. Elle aimait la musique, comme son frère le Dauphin. Mais, comme lui, elle était baroque. Elle apprit tous les instruments avec une ardeur furibonde. Son père souvent par jeu lui mettait dans les bras un violon (*Luynes*, XI, 168). Son excès d'ardeur, déréglée, était trop dissonante. Elle ne put arriver à rien.

La majesté surtout lui manquait, et la grâce. Hautaine, s'il en fut, c'était pourtant toujours, à vingt ans, un page de quinze, un mutin petit page. Elle avait beaucoup moins le charme d'une femme que d'un ardent petit garçon, âpre, colère. La colère rend vulgaire; elle avait des mots lestes, qui n'allaient guère à son sexe, à son rang. Ses risées de la Pompadour étaient souvent très basses. Elle l'appelait : « Maman putain. » Les petites Mesdames le répétaient. Et le roi l'entendait. Cela faisait penser à tous que c'était fini d'elle, qu'elle serait chassée de la Cour (*Arg.*, sept. 1752).

Que ferait-on pour elle, pour lui donner les invalides? Elle eût voulu être duchesse, ne l'obtint pas; mais seulement prit son tabouret chez la reine, qui la souffrait chrétiennement.

Le signe le plus fort qu'on crut voir de sa chute, c'est que ses parrains, ses patrons, les Pâris crurent prudent de lui tourner le dos (ils lui revinrent plus tard). Pâris-Duverney, le guerrier de la famille, voyant venir la guerre, apporta ses offres et ses plans à l'ennemi de la Pompadour, à d'Argenson cadet. Pâris-Montmartel apporta sa bourse, offrit sa caisse à l'archevêque de Paris, en cas qu'il fût saisi et frappé dans son temporel.

L'Autriche, parfaitement au courant de la situation, au moment décisif du triomphe d'Adélaïde (sept. 1752, Fontainebleau), crut que nous revenions aux alliances catholiques. Pour nous brouiller à fond avec l'Angleterre et la Prusse, elle envoya Kaunitz, le magnifique ambassadeur, attentif à se faire Français.

Un mois après Kaunitz, arriva notre Infante de Parme, tout aussi Autrichienne, possédée du grand rêve de faire sa fille impératrice. Elle fut très habile, enveloppa Adélaïde. Elle pleura dans ses bras (*Luynes*,

XI, 161), ne voulut loger qu'avec elle et chez elle (où était la vraie royauté).

Tel est Fontainebleau dans ce mémorable moment. La représentation du *Devin du village*, le succès de Rousseau, applaudi de la Cour, en est la forte date. Un philosophe avait contre les philosophes levé le drapeau rétrograde (le *Discours contre les sciences*), frappé sur son parti. En cette même année 1752, Frédéric fait brûler un livre de Voltaire! Quelle joie pour les dévots! Montesquieu et Buffon plient devant la Sorbonne. Diderot, enfermé à Vincennes (1749), ne commence l'*Encyclopédie* qu'en prenant pour patron un ministre jésuite (1751), ne la sauve du coup de mars 1752 qu'en acceptant des censeurs prêtres. Il la continuera à travers les saisies, les défections (celle de d'Alembert, et les mortels coups de Rousseau, 1757).

L'opposition a bien peu d'unité. Le Parlement n'est pas moins divisé que le parti philosophique. Avec son vieux fonds janséniste et sa jeune minorité politique, révolutionnaire, il marche de travers, il boîte ridiculement. Tout en attaquant l'archevêque, il attaque l'*Encyclopédie* ; il s'affaiblit ainsi, et tue sa popularité.

Les Jésuites et leurs hommes, les meneurs du Dauphin (La Vauguyon), leur machine Argenson cadet, croyaient pouvoir oser. Leur organe indiscret, violent, Madame Adélaïde, put dire : « Nous voulons... Nous ferons. » Elle lança le roi, bride abattue, dans le plan du parti : « Exaspérer le Parlement, amener une crise où ce corps se ferait broyer. Chasser Machault, sauver les biens d'Église. »

Un coup sec fut frappé (déc. 1752). Paris était ému, indigné contre l'archevêque qui refusait les sacrements à une pauvre vieille religieuse. Que fait-on? On enlève du grabat la mourante; on la livre aux béguines du parti opposé. Paris est furieux. Le Parlement saisit l'archevêque dans son temporel, veut l'arrêter, ne peut; car il est pair, et les pairs ne veulent siéger. On remonte plus haut. On examine le droit royal d'arrestation, les *Lettres de cachet?* Discussion violente qui ne finira plus qu'à la prise de la Bastille.

Attaque au roi. Un conseiller obscur, plus hardi, attaque l'homme même, la question brûlante des blés et des spéculateurs en blé. La majorité janséniste veut l'arrêter. En vain. Il montre qu'à côté des greniers d'abondance légaux, officiels, on cache des magasins secrets, quatre-vingts repaires d'affameurs (*Barbier*, V, 314).

Le roi aigri refuse d'écouter de telles remontrances. Le Parlement refuse de siéger, de juger (7 avril 1753).

Ce corps se sentait nécessaire. La guerre venait. Pas un moment à perdre pour les nouveaux impôts. Deux intérêts immenses étaient en jeu : En Amérique, la longue voie des fleuves qui vont du Canada à la Louisiane. Aux Indes, un vaste empire que Dupleix nous fondait, et dont le grand Mogol eût été tributaire. Mais il fallait armer; donc, avoir de l'argent; donc, ménager le Parlement. Cela fut agité la nuit du 8-9 mai. Qui trancha? On ne sait. Mais le roi immola deux mondes.

Quand le Dauphin l'apprit, il embrassa son père (*Arg.*, IV, 136).

Le 9 mai, à quatre heures, on enlève tout le Parlement.

En juin, on dit Madame enceinte (*Arg.*, IV, 143)[1].

Ces choses ne se prouvent jamais. Ce qui est plus certain, c'est la ruine du Parlement.

Ce n'est pas l'exil débonnaire du Régent qui leur envoyait de l'argent pour faire bonne chère. C'est une cruelle dispersion. Quatre dans les cachots. Tous jetés dans je ne sais combien de villes. Un exil combiné, non contre le corps seul, mais pour appauvrir, ruiner, affamer les individus.

Le Parlement fut vraiment admirable. La Grand'-Chambre que seule on avait épargnée, eut honte et se fit exiler. De là rigueur nouvelle. Tous sont cruellement exilés de l'exil. Il faut en plein hiver (avec leurs familles ruinées, tel faisant deux cents lieues !) qu'ils aillent s'interner à Soissons. Quel résultat ? Aucun. Le pouvoir est vaincu. Une *Chambre royale* qu'il substitue au Parlement reste oisive, honnie, ridicule. Personne ne veut y plaider.

Et cependant la crise arrive. Le *mob* de Londres

---

[1]. Même dans les journaux que l'on écrit pour soi, on pense à la cage de fer où l'auteur d'un distique sur Mme de Maintenon finit ses jours, cette cage où Desforges vient tout récemment d'être mis. D'Argenson prudemment ajoute : « Les médisants le disent; » mais dit aussi : « Le matin, elle a mal au cœur. » On accuse, dit-il, le cardinal de Soubise. D'autres en nomment *un autre* encore moins à nommer » (*Arg.*, IV, 143).

hurle la guerre. La *Compagnie anglaise de l'Ohio*, sur les fleuves intérieurs de l'Amérique que nous croyions à nous, établit son commerce et ses postes armés. L'assassinat d'un Français, Jumonville, envoyé en parlementaire, va commencer bientôt la grande lutte des deux nations.

CHAPITRE XVII

Fourberie du Roi. — Déception du Parlement. (1753-1755.)

La fatale embrassade du Dauphin avait eu son fruit. Le roi se voyait en décembre 1753 comme perdu, ne sachant plus que faire, au fond d'un cul-de-sac, sans moyen d'en sortir. Comment rappeler le Parlement ? comment le calmer, l'apaiser ? Mais comment s'en passer, frapper l'impôt nouveau sans enregistrement ?

Paris était terrible cet hiver. La fermeture de tous les tribunaux, le chômage du monde énorme du Palais, avocats, procureurs, greffiers, notaires et gens d'affaires, écrivains de toute sorte, affamait une classe nombreuse, et indirectement toutes les classes qui s'y rattachaient. Grande était la fermentation, et bien plus générale qu'en 1750, quand on avait crié : « Allons brûler Versailles. » Ce monde de parleurs traînait dans les cafés, ne se gênait pas, pérorait. La police, devant une telle tempête, avait peur.

C'est à ce moment que Rousseau, sur le sujet

donné par l'Académie de Dijon, écrivait le *Discours sur l'inégalité*, où, niant le progrès, pour idéal il pose la barbarie, l'état sauvage. Sinistre paradoxe, directement hostile aux amis de Rousseau, aux Encyclopédistes et aux Économistes, à tous ceux qui voulaient éclairer et améliorer.

Cette situation alarmante rendait force à Machault et à la Pompadour, au prince de Conti, aux modérés. Elle condamnait les fanatiques, le Dauphin et Madame, leur ministre Argenson cadet. Le roi le sentait bien. Il lança au Conseil un mot qui put faire croire qu'il changeait de parti, un mot prudent, craintif, pour ménager les protestants (*Peyrat*, I, 419). Le cœur du Dauphin dut saigner.

Une chose inquiétait non moins directement, une chose furtive, qui pouvait changer tout. Aux combles de Versailles le Roi cachait et nourrissait, comme un animal favori, non chat ni chien, mais une fille. Joli tour de la Pompadour, au moment où Madame l'outra et la poussa à bout. La chose avait été menée adroitement, et d'abord chez la reine. La reine s'amusait à faire peindre chez elle Boucher pour une *Sainte Famille*. Boucher, qui méprisait son art, allait droit au succès par les plus bas moyens, les effets sensuels. Il menait avec lui deux petits anges gras, qui lui fournissaient les chairs roses, lourdes, de ses tableaux. C'étaient les deux Murphy, potelées Irlandaises, dont l'une publiquement posait à l'Académie de peinture. Leurs plus secrets appas sont étalés partout, avec des postures hasardées, dans ses fades et faibles tableaux.

Aucune gentillesse. Sots bébés, sans regard; moins bergères que moutons, d'imperceptible bouche qui ne semble guère que béler. En cela même on calculait très bien. Le roi, las de l'esprit, n'aurait jamais pris une dame. Il lui fallait des sottes, des muettes, de petits bestiaux. Celle qui posait chez la reine lui alla fort; il la vit et revit, lorgna, sans que la reine y voulût prendre garde, remettant tout à Dieu, et peut-être pensant (pour le salut du roi) que c'était un moindre péché.

Autre mystère. Le roi plusieurs fois par semaine, en ses plus secrets cabinets, recevait le prince de Conti. Que disait-il? On ne le savait trop. Esprit libre et hardi, inquiet, ambitieux, visant au trône de Pologne, il était anti-autrichien, anti-saxon, voulant remplacer le Saxon, le père de la Dauphine, donc étant ennemi personnel du Dauphin. On le croyait athée, parce qu'il aurait voulu donner aux protestants l'existence civile, le droit de naître et de mourir. Cela ne plaisait guère au roi. Pas davantage les deux choses que lui prêchait aussi Conti, l'alliance avec Frédéric, l'accord avec le Parlement. Au fond, il agit peu. Mais il amusait fort le roi par certaine police secrète qui lui livrait les anecdotes, les scandales des cours étrangères.

Conti avait pour lui la nécessité évidente. On ne pouvait rester désarmé devant l'Angleterre si horriblement forte (cent vaisseaux, cent frégates!). Il fallait de l'argent, donc ramener le Parlement, le flatter, le leurrer. Comment? en chassant les ministres du coup d'État, revenant à Machault, et prenant au clergé plutôt que d'écraser le peuple. Cela était logique, humain et naturel. La cabale dévote ne put parer ce coup que par un autre coup, impie, contre nature.

Elle sauta le saut périlleux. Dans ce cabinet même où le roi avait ses secrets, au fond de son appartement, elle mit un témoin, un gardien, qui en répondit.

Aux fêtes de Noël, avant le nouvel an, Madame Adélaïde décida qu'elle occuperait le petit logis chez le roi qu'on préparait depuis deux ans. Elle s'y établit le 27 décembre 1753 (*De Luynes*).

S'il s'était peu pressé, ce semble, de l'y mettre, c'est qu'en réalité il sentait qu'il aurait un maître et qu'il ne serait plus chez lui, au seul lieu sûr qu'il eût. Là étaient les mystères d'État et ceux de la famille. Là la fameuse garde-robe où jadis il s'enferma, pleura (1720 et 1726). Dernière, unique liberté, dans la servitude des rois, refuge d'enfance et de faiblesse. Aujourd'hui il perdait cela. Il se trouvait en face d'une ardente personne armée de ses vingt ans, de volonté terrible, qui le ferait vouloir, se ferait obéir. Il savait bien en être (plus qu'aimé) adoré. Mais avec tout cela il sentait le Dauphin derrière. Elle, naïve et courageuse, n'en faisait pas mystère. Tous les jours, vers le soir, elle allait chez son frère (*Luynes*, XI, 5), recevait le mot d'ordre.

Le roi le voyait bien. Il voyait d'autre part combien elle se sacrifiait en prenant, pour vivre avec lui, ce logis maussade [1], ennuyeux, qui lui faisait perdre tous les agréments de son rang. Logis inconvenant et indigne d'une aînée de France, qui ne permettait nullement l'éclat et les honneurs qu'avait eus Henriette. Ni *lever*, ni *coucher*, aucune exhibition royale. Madame, si hautaine, n'avait pourtant nul orgueil d'étalage. Elle avait une passion, et en vivait. Elle ne sortait point, et n'eût voulu voir que le roi. Elle ne mangeait point le jour, pour ainsi dire, se réservant pour un fort souper de minuit, selon les goûts du roi, en viandes épicées et vins forts. Il se sentait si bien désiré et voulu qu'il n'eût osé passer un seul jour sans la voir. Toutes ses froides fantaisies pour des enfants sans âme ne l'éloignèrent jamais entièrement, au contraire, le ramenaient là. L'humeur altière, colère, n'y faisait rien. Même aux temps où il loge à part, où il ne soupe plus chez elle, il y déjeune tout au moins, il y apporte son café (*Campan*).

1. Si on ne va pas à Versailles, on peut consulter les plans de Blondel et les excellents catalogues de M. Soulié, l'homme à coup sûr du monde qui connaît le mieux ce palais, en tous ses âges, en sa vie historique, anecdotique, etc. Je n'aurais jamais pu bien comprendre les localités sans les lumineuses explications de M. Soulié. Il serait bien à désirer qu'il publiât l'inestimable collection qu'il a préparée des plans de Versailles depuis le seizième siècle. — Blondel, en 1755, étant en présence des choses et des personnes, est extrêmement prudent : 1° il fait semblant de croire que ce sont deux appartements. Visiblement, il n'y en a qu'un. Nulle séparation. 2° Blondel ne nous dit pas ce qu'était la pièce J. C'était le cabinet de Madame (Soulié), qui donne immédiatement dans le cabinet secret du Roi. — Elle avait extérieurement à cette chambre trois pièces où se tenaient ses gens et où elle recevait aux repas ses sœurs, qui demeuraient ailleurs. Tout ce monde profane entrait par une petite porte et un escalier de derrière, sans passer chez le roi, sans voir le saint des saints, le réduit des deux cabinets.

Quelques rapports qu'ils eussent avant ce 27 décembre 1753, ce n'était rien auprès. Leur vie fut une, depuis lors, et tout à fait mêlée par la force des choses et par le local même. Dans ce Versailles immense, l'appartement royal est fort peu étendu. Il fut dès lors, on peut dire, *occupé* dans la partie intime et solitaire. Du côté de Madame et du côté du roi, des pièces intermédiaires tenaient les gens éloignés, à distance. Rien entre eux qui les séparât, nul valet, nul œil curieux. Elle pouvait lui venir à toute heure, selon les besoins du parti.

D'autre part, lui aussi, en trois pas il était chez elle. Les lieux subsistent, et on le voit. Tout droit, de la chambre à coucher (par le salon de la pendule et deux pièces), il arrivait à elle, au petit cabinet et à la chambre, à la petite garde-robe, aux bains étouffés, bas, à l'oratoire obscur. Tout cela aussi seul que si l'on eût été à mille lieues de Versailles et dans l'île de Robinson. Les tête-à-tête de huit heures que jadis avait eus Bachelier près du roi, elle put les avoir en ce petit désert, tout fait pour son âme sauvage. La solitude a sa puissance, son démon. Il eut beau avoir mille échappées; ce démon toujours le reprit.

Puissance tyrannique, surtout aux deux premières années. Le roi forcé par le besoin de ramener le Parlement, de flatter, de mentir, n'en est pas moins de cœur si fort pour le clergé qu'on obtiendra de lui la plus haute imprudence : *Machault perd les Finances* (4 août 1754) et passe à la Marine. Les Finances sont données à un ami de d'Argenson cadet, c'est-à-dire au clergé, qui dès lors ne craindra plus rien pour ses biens.

Contradiction hardie. Mais le Parlement est crédule. Le roi l'amuse avec des mots. Il le charme en lui *enjoignant* de faire observer le silence qu'il impose au clergé, d'empêcher qu'on ne persécute les mourants, qu'on ne leur refuse les sacrements, la sépulture.

Les prélats, qui ont le secret, font mine de se plaindre, mais filent le temps tout doucement. L'archevêque est têtu, seul ne compose pas. Il rompt le silence ordonné, fait refuser les sacrements. Le Parlement, très fort, armé des paroles du roi, agit sérieusement. Il veut arrêter l'archevêque.

Grande frayeur à l'archevêché (*Barb.*, 84). Le deuil et la désolation sont encore plus grands à Versailles. La bonne reine en pleure tout le jour. La peur qu'on avait pour le roi en 1750, on l'a pour l'archevêque. « Le peuple de Paris n'y va pas de main morte. » On croyait voir déjà le martyr mis en pièces.

Mais d'autre part, comment oser se démasquer, prendre le parti du prélat, tant que le Parlement n'enregistre pas les impôts? La famille royale fit l'effort de bien jouer son petit rôle quand l'archevêque vint à Versailles. Tous, et le Dauphin même, Madame Adélaïde, appuyèrent d'une mine sévère la leçon que le roi lui fit. Cela calma et trompa le public.

Cependant une Esther avait fléchi Assuérus. Il couvre l'archevêque, le sauve par le plus doux exil, l'envoyant chez lui à Conflans, aux portes de Paris.

Le procès est escamoté, le Parlement trompé. Le roi lui écrit : « J'ai puni. » (3 déc. 1754.)

Le peuple fut leurré par la scène publique et solennelle des sacrements portés, contre l'ordre de l'archevêque, à la place Maubert chez une janséniste mourante. C'était une pauvre lingère, fille d'un chaudronnier. Mais le bon cœur du peuple était pour elle. Grande fut l'affluence de ce peuple trompé, qui vit dans cette humble personne triompher la Loi même, la liberté de conscience.

Cela se fit le 5 décembre 1754. Le 6, le Parlement enregistra une création de rentes, qui valait au roi cent millions.

Le prélat cependant fort commodément, de Conflans, soufflait le feu, animait ses curés. Le roi donna au Parlement la joie de le savoir plus loin, très loin, à six lieues (à Lagny!).

La majorité janséniste du Parlement, ces antiques perruques qui ne rêvaient rien que la Bulle, furent ivres de cette victoire. Le moment leur parut venu d'exterminer le monstre, de couper la tête de l'hydre. Ils tirèrent du fourreau la grande épée : *arrêt qui déclare la Bulle* ABUSIVE.

La Bulle est morte. On trépigne de joie. Le roi s'en plaint tout doucement, car « la Bulle est loi du royaume ». Il accorde et désire qu'on n'en parle jamais. Mais nul reproche au Parlement. Loin de là, il l'accueille « avec une bonté singulière ».

L'archevêque en riait. Il disait aux curés : « Rassurez-vous, j'ai parole du roi » (*Barb.*, VI, 147).

L'Assemblée du clergé, qui se tenait alors et qui semblait gémir « de la persécution », riait aussi sous cape. Le roi, envers ses chefs, avait engagement de laisser là tous les plans de Machault. Les évêques, en cinq ans, étaient arrivés à leur but. La farce était jouée. Ils se relâchèrent aisément de leur petite guerre des sacrements, qui n'avait été qu'un moyen.

On commençait à deviner (*Barb.*, 84) que le roi s'était joué du Parlement. Mais qu'eût fait celui-ci? Pouvait-il s'arrêter, n'enregistrer aucun impôt, quand la guerre était engagée, dans cette année terrible, où, sans déclaration, les Anglais nous enlèvent trois cents vaisseaux marchands! Les taxes de la guerre, continuées jusqu'en décembre 1755, expiraient. La patrie restait sans défense. Le Parlement enregistra *purement, simplement,* la continuation des taxes pour six ans. On fut bien étonné de sa facilité. Ses partisans, en masse, le quittèrent, lui tournèrent le dos. Il avait agi pour la France, et lui-même il s'était perdu (8 septembre 1755).

Cependant l'ennemi, pour le peuple ulcéré, c'était bien moins l'Anglais que le roi et la Cour. La haine était montée à un point incroyable. Elle apparut aveugle dans une affaire sinistre. Une dame Lescombat, fort jolie, avait fait tuer son mari par son amant. Elle était condamnée et eût été exécutée, si elle n'avait été enceinte. Le bruit courut que Madame Adélaïde était enceinte aussi (Voy. plus haut), s'intéressait à elle et voulait la sauver. Elle avait recueilli et élevait une enfant de la Lescombat. Celle-ci par deux fois se dit grosse pour gagner du temps, et se faire oublier. Le public se souvint, s'indigna, supposa qu'on voulait tromper la justice. Une fois la potence fut placée, puis déplacée. La Cour flottait sans doute. Mais la fureur du peuple remontait vers Adélaïde. Le roi s'en alarma, voulut l'exécution. Un monde énorme s'y porta, à la Grève et aux quais, aux tours même de Notre-Dame. Quand on la vit enfin monter à la potence, on applaudit cruellement (3 juillet 1755).

De cette grossesse (fausse ou vraie) d'Adélaïde, est venue la légende de la naissance mystérieuse de M. de Narbonne (août 1755), dont on a tant parlé[1]. Ce brillant fat en tirait grand parti auprès des femmes et dans le monde. L'histoire paraissait vraisemblable à ceux qui remarquaient la faiblesse, les ménagements qu'on montra pour une dame d'Adélaïde, médisante, méchante, impudente, la d'Estrades. Elle exerçait une sorte de terreur chez Madame, réglant tout, disposant de tout. Madame n'avait plus rien à elle, manquait de tout, n'avait bas ni souliers (*Arg.*, IV, 231).

La Pompadour brûlait de se concilier la famille. Elle eût voulu donner ses biens et sa fille, la petite d'Étioles, à un parent des De Luynes, les amis de la

---

1. Tradition très forte à Versailles. M. de Valery, bibliothécaire du château, m'a raconté qu'il la trouva la même chez les dames qui se retirèrent dans cette ville au retour de l'émigration. Ces dames, telles que Mme de Balbi, étaient du parti de Mesdames et du comte de Provence, non du parti de Marie-Antoinette. Elles aimaient et respectaient Mesdames, mais n'en contaient pas moins la chose, comme toute naturelle et ordinaire dans les familles royales.

reine. L'enfant mourut. La Pompadour trouva une autre voie de plaire en rendant à Madame un signalé service. Elle lui demanda si cette d'Estrades ne la gênait pas. La princesse n'osait répondre, hésitait; pressée, elle hasarda de dire : « Qu'elle l'ennuyait assez » (*Arg.* IV, 228, 7 août). Avec ce mot, la Pompadour exige du roi qu'il la renvoie. Mais avec quelle timidité il le fait! Il donne à la gueuse une grosse pension! Nul exil. Elle va demeurer à Chaillot. Là, elle a une cour. D'Argenson le ministre, qui était son amant, le jour même de la disgrâce, reste quatre heures chez elle, la voit de plus en plus. Ils sont si redoutés que pour leur clore la bouche le roi comble et accable Argenson de places et d'honneurs.

Le vieux Noailles, très vieux, écrit alors au roi : « J'ai vu 1709, l'année de mort et de famine, de guerre universelle où tout nous accabla. Nous n'étions pas aussi bas qu'aujourd'hui » (*Mémoires* de Noailles).

Mais le roi est très gai. Quitte de sa longue comédie, il peut donner carrière à sa haine pour le Parlement. Le lendemain du jour où l'enregistrement parlementaire lui assure les fonds pour six ans, tout masque est jeté bas. Il déclare que son Grand-Conseil, sa justice de cour, est le tribunal supérieur, où l'on peut appeler du Parlement, dès lors subordonné. Ce Grand-Conseil, ici à Paris, s'établit au Louvre. Encore un an, et les Parlementaires seront décimés, ruinés.

Il les sentait par terre et abandonnés du public. Il pouvait leur donner du pied. Dans sa gaieté étrange, il renouvela une scène de l'enfance de Louis XIV.

Le Parlement dressait de grandes remontrances, et demandait le jour où il pourrait les présenter (19 oct. 1755). Il s'agissait pour lui de tout son avenir. Le roi fit comme Anne d'Autriche quand ce grand corps, en robes rouges, vint à elle, et qu'aux portes on l'arrêta, disant : « Sa Majesté prend médecine. » — Louis XV leur dit en riant : « J'ai pris certaines eaux, je suis assez embarrassé. Vous aurez mes ordres plus tard » (*Barb.*, VI, 209).

CHAPITRE XVIII

Guerre de Sept-Ans. (1756.)

Le roi ne riait guère. Il rit le 10 octobre. Il rit le 17 décembre.

Ses petites affaires allaient bien. Il espérait bientôt briser le Parlement. Il voyait aboutir son affaire de famille, son Infante enfin reine (l'Autriche offrait les Pays-Bas). Son commerce de blés n'allait pas mal. Enfin, le 25 novembre, on lui créa le Parc-aux-Cerfs.

Du grand désastre qui eut lieu le 1er, qui écrasa Lisbonne, abîma tant de villes en Espagne, en Afrique, fit trembler jusqu'au Groënland, on ne sentit rien à Versailles. On s'en soucia peu. L'attention était tout entière au débat intérieur, à l'intrigue autrichienne. La Pompadour, qui s'était vue en août au plus bas, en septembre (par la grâce de Marie-Thérèse) fut merveilleusement relevée; au plus haut en janvier. Jusque-là elle n'était qu'une favorite (*Duclos*), qui par moments dominait les ministres. Depuis, elle est reine de France.

Comment Vienne peut-elle réussir à ce point ? En corrompant le roi et la famille par le vain leurre des Pays-Bas, en gagnant pied à pied Versailles par la persévérante intrigue de la cabale lorraine. Pour entraîner la France, Vienne se fit française, flatta et imita Paris.

Cette œuvre difficile fut celle d'un grand homme de ruse, Kaunitz, un Slave sous le masque allemand. Nous l'avons vu venir ici (septembre 1752), avec notre Infante de Parme. Il observa de près pendant deux ans, et revenu ensuite près de Marie-Thérèse procéda à ce que tout autre aurait cru impossible : faire de son Autrichienne épaisse, orgueilleuse et colère, l'aimable amie de Louis XV, la convertir à l'esprit de Versailles, lui faire accepter les idées, les modes et les arts de la France, capter les gens de lettres, faire jouer au dévot Schœnbrunn les pièces de Voltaire par ses filles les archiduchesses.

Kaunitz avait vu, très bien vu, la France, la royauté nouvelle : l'opinion. Deux choses lui avaient apparu : la caducité de Versailles et l'avènement de Paris. Paris alors éclate pour le monde et rayonne. La vie de cour obscure, furtive, est en parfait contraste avec les salons lumineux sur lesquels l'Europe a les yeux. Dans la honteuse éclipse de l'autorité souveraine, on admire d'autant plus la souveraineté de l'esprit.

On imita nos vices, je le sais, autant que nos arts. Pétersbourg, Vienne, prirent d'ici un vernis et le plus extérieur. On nous dépassa dans la forme, en n'atteignant guère le dedans. Kaunitz, notre ingénieux singe, pédantesque souvent dans son imitation, obtint pourtant ce qu'il voulait. Il mit Marie-Thérèse dans la voie des idées, des réformes, des lois, qui la rapprochaient de la France, de plus, la firent maîtresse de l'Autriche elle-même.

Sa haine de la Prusse et sa rage pour la Silésie, sa soif d'argent pour la guerre imminente, rendirent la dévote docile à son ministre voltairien. Elle devint révolutionnaire dans la question des biens d'Église. Ces biens quasi héréditaires dans les grandes familles, elle voulait au moins les grever, les sucer.

Elle observait et convoitait un beau repas, le bien des deux mille couvents de l'Autriche. Elle fit un barrage et coupa le canal par où l'argent allait à Rome. Fort ignorante, elle savait du moins s'aider de gens capables. Trois étrangers, un médecin hollandais, un légiste souabe, un juif, firent la révolution (*Alfred Michiels*). Elle brisa les tyrannies d'Église, n'en voulant d'autre que la sienne.

Contraste singulier. La dévote Autrichienne touchait aux biens d'Église, et notre Louis XV, dans ses scandales impies de famille, était timoré au seul point qui touchait le salut de la France. Son imbécillité faisait l'amusement des Anglais. Chaque année, hardiment, ils frappaient ce roi Dagobert, puis s'excusaient, riaient. Il se plaignait, criait tout doucement, se laissait pousser, reculait.

Pour toute explication, l'Anglais allègue la raison

singulière que sa main gauche (le roi) ne sait pas ce que fait sa droite (le ministère). Georges, en bon Allemand, travaille dans l'Empire pour la maison d'Autriche, pendant que ses ministres traitent avec la Prusse contre les Autrichiens.

De tout temps Louis XV avait été bon autrichien, pour les intérêts de l'Infante. Mais la guerre l'effrayait. Voyons ce que disait ce serpent de Kaunitz pour l'y précipiter. J'y joindrai les réponses trop aisées qu'on eût dû lui faire.

« Vous manquez de marine, disait-il. Eh bien, votre armée réunie aux armées de l'Autriche, menaçant le Hanovre, contiendra le roi d'Angleterre (*Oui, le roi, mais non l'Angleterre*).

« Vous punissez l'orgueil, les risées de la Prusse » (*Oui, et dès lors l'Autriche seule aura l'Allemagne*).

Enfin voici la pomme que montrait le serpent : « Vous vouliez pour l'Infante nous enlever Milan. Eh bien, vous aurez davantage, un royaume ! *les Pays-Bas.* »

La Pompadour, l'Infante, étroitement unies, prêchaient Louis XV en ce sens. Bernis, que la première avait pour confident, qu'elle envoya en Italie, donna pour amant à l'Infante, était l'intermédiaire, le pivot de toute l'intrigue. Le frivole personnage, abbé galant, chansonnier agréable, les deux femmes crédules, avalaient cet appât ridicule de l'Autriche, ce leurre des Pays-Bas, qu'elle offrait pour le retirer.

Dans ses coquetteries avec l'impératrice, la Pompadour rencontrait un obstacle, non à Versailles, mais à Vienne. Le mari de l'impératrice, tenu hors des affaires, n'en trouvait pas moins déplorable que sa pieuse Marie-Thérèse, vénérable déjà et mère de seize enfants, la glorieuse Marie-Thérèse passée à l'état de légende, fît amitié avec une telle femme, la fille d'un pendu, la Poisson. La Pompadour tenta de remonter par la dévotion. On fut bien étonné de la voir tout à coup en septembre parler de la grâce efficace, de son désir de s'amender. Elle se ressouvint de son mari, lui demanda s'il voulait la reprendre. Elle fit des avances aux Jésuites, au confesseur du roi, le Père Sacy. Grand embarras pour celui-ci qui, en la recevant, se fût fait du Dauphin un mortel ennemi. En attendant, pour mieux afficher sa conversion, elle se fit faire une tribune au grand couvent de pénitence des dévots à la mode, aux Capucins de la place Vendôme.

Cela faisait hausser les épaules à Versailles, non à Vienne. Elle parut assez lavée pour que l'impératrice l'acceptât comme intermédiaire. C'est elle qui reçut les propositions de l'Autriche (22 septembre 1755). Pour cette conférence on prit un lieu fort digne. Sous Bellevue était un de ses pavillons d'aparté, de sans-gêne qu'aimait le roi. Il l'appelait *Taudis* et la Pompadour *Babiole*. Trois personnes siégèrent en cet auguste lieu, pour l'Autriche Starenberg, pour la France la Pompadour, pour l'Infante, son amant Bernis. (*Hausset*, 62). L'Autrichien à l'Infante offrait les Pays-Bas, se faisait fort de faire le père de la Dauphine roi héréditaire de Pologne. Enfin on montrait davantage : tout l'empire autrichien, le trône impérial, le petit Joseph II épousant Isabelle, la fille de l'Infante. La gentille Espagnole menant ces Allemands soumettrait aux Bourbons la moitié de l'Europe. Quel rêve éblouissant pour Louis XV! Par sa fille, par sa petite-fille, par le père de sa bru, de l'Escaut jusqu'à la Vistule, il sera protecteur des rois !

Quelque léger que fût Bernis, entraîné par ses deux patronnes, il garda un peu de bon sens. Sous ces offres énormes du menteur autrichien, il vit un piège, un trou, un abîme, comme un puits de sang. La peur le prit. Trancher tout à huis clos, à l'insu du Dauphin, par cette Pompadour et lui chétif (Bernis), c'eût été monstrueux. Il obtint que la chose fût connue des ministres, examinée. Là, comme on pouvait croire, grande discussion. Machault fort sensément voulait que l'on s'en tînt à la guerre maritime. C'était assez, et trop, sans se précipiter dans une guerre européenne pour être agréable à l'Autriche.

Bernis n'osait pas être de l'avis de Machault. Lui qui avait tout fait pour nous amener là, il n'osait avouer qu'il avait agi comme un sot. Mais il aurait voulu que le pas en arrière, que le recul eût lieu par la Pompadour même. Il lui montrait le saut qu'elle allait faire. Elle, usée, maladive, elle allait de sa faible main prendre ce gouvernail énorme de l'Europe, dure barre de fer sanglante!... En quel moment, grand Dieu ! avec une nation irritée, qui déjà parlait haut. L'embarras, le danger, malgré elle, la feront tyran. Déjà elle a été forcée de s'assurer de la Bastille. Sinistre augure ! Bientôt, il lui faudra peupler les cachots, les prisons d'État. Elle, née douce, sera entraînée à trembler, à sévir, à devenir cruelle !

Elle n'était pas brave, ne sentait que trop tout cela. Elle serait restée à traîner, hésiter. Mais à la peur on opposa la peur. On lui fit croire que le roi allait avoir une maîtresse, une grande dame. Cela la mit hors d'elle. Elle était prise à la glu du pouvoir, en avait tant besoin ! Elle disait : « Plutôt je me tuerai ! » On a vu sa bassesse incroyable devant la famille, ses tentatives honteuses près du roi (pour servir n'importe comment). Il n'y eut jamais âme plus plate. Que devint-elle donc, dans cette anxiété, lorsque le ciel s'ouvrit, et que d'en haut Marie-Thérèse la souleva par une lettre (décisive vraiment pour le roi), l'appelant : « Chère amie, cousine. » C'était trop, la voilà pâmée, qui ne se connaît plus.

Marie-Thérèse était déshonorée. Elle crut s'excuser en disant : « J'écris bien à Farinelli » (le célèbre ténor). Mais le chanteur, fort estimé, qui gouvernait la Cour d'Espagne, n'était nullement ce que cette Poisson est près de Louis XV, entremetteuse et racoleuse, pourvoyeuse de petites filles. Kaunitz avait obtenu la lettre de sa grosse maîtresse à l'insu du pauvre empereur. Ce mari dont l'énorme dame malgré l'âge eut toujours chaque année un enfant, quelque réduit qu'il fût au métier de mari, éloigné des affaires, eut cependant horreur de la boue où elle roulait. Quand il connut la lettre, il fut pris d'un accès de rire convulsif et strident. Il brisa plusieurs chaises.

Il la voyait sifflée, huée partout, piloriée dans Londres. Elle y fut promenée (en effigie) par la Cité, exhibant sous la verge un monstrueux derrière, tandis qu'à côté Louis XV, maigre singe ou grenouille, présentait chapeau bas au roi Georges un petit placet.

Tout ce que nos ministres obtinrent, c'est qu'on ne romprait pas avec la Prusse, qu'on lui enverrait ambassade. Essai tardif et ridicule. Pour gage d'alliance on lui offrait une île.... Tabago, aux Antilles. Frédéric en rit fort, dit qu'il ne voulait pas de la royauté de Sancho à l'île de Barataria. Il avait pris parti et signa contre nous son traité avec l'Angleterre (16 janvier 1750).

Louis XV en fut indigné. Il voulait avec Vienne l'alliance *offensive!* Bernis pria, obtint qu'elle ne serait que *défensive*, qu'on enverrait seulement vingt-quatre mille hommes. Vaine prudence ! On ne s'arrête pas ainsi en telle affaire. Celle-ci, immense et monstrueuse, était un laminoir terrible, où, le doigt seulement étant mis, tout passait... le corps n'en sortait qu'aplati.

Quel fut l'effet dans le public ? Mon pauvre d'Argenson aîné n'est plus dans les coulisses. Il n'apprend le traité qu'avec tout le monde (mai 1756). On voit par lui (frère d'un ministre) combien la France était dans l'ignorance de son sort. Vivement, naïvement, dans ces notes si brèves qu'il écrit pour lui seul, on voit l'amère surprise, l'effroi qu'on eut de tout cela. On voit aussi l'indigne imprévoyance des gens d'en haut, leur affreuse glissade en plein abîme, et leur air effaré, leur fausse audace de peureux qui tremblotent en fredonnant. La nausée en vient à la bouche, la bile et le vomissement.

Le bonhomme, le simple, la *Bête*, Argenson, a des mots crus et forts. « Cela pourrait aller à la *Révolution*. » Le redoutable nom apparaît pour la première fois.

« J'ai soupé avec les ministres... vieux libertins malades, usés et épuisés d'esprit. » C'est d'Argenson cadet, Puisieux, etc. Mais tous ces gens-là sont trop forts. La Pompadour, au moment de la crise, va leur substituer des sots, des subalternes, de plats petits commis.

Elle règne. A l'instant, subit enfoncement. Tout baisse. C'est l'avènement désolé de la platitude. On voit avec effroi ce qu'elle était. Voltaire dit : *la grisette*. C'est trop. La vaillante *grisette* de Paris, que nos voyageurs ont trouvée si souvent dans les aventures périlleuses, et jusqu'aux trônes d'Orient, est une bien autre créature. Celle-ci, avec l'éducation forcée qui l'avait dressée comme un singe, ne passa jamais le niveau d'une femme de chambre agréable, qui a quelques petits talents, peut servir de doublure aux théâtres de société. Servile, impertinente, des deux côtés elle eut ce fonds de domesticité. Chanteuse poitrinaire, et fade *entretenue*, tout d'abord fanée, molle, elle ne put qu'énerver, détendre, détremper, gâter tout, rendre tout malpropre et malsain.

Quand on vient de faire la déclaration de guerre, alors seulement, dis-je, on s'aperçoit qu'on n'a *ni*

ministres *ni* généraux. « Plus d'hommes en France ! »
Ce mot que Louis XV a dit à la mort de Fleury
(1743), est encore vrai quinze ans après. Versailles
n'est plus peuplé que d'ombres. Plus de favoris
même ; les anciens camarades, les seigneurs, qui
faisaient au moins décoration, ont reculé dans le
néant. Les maréchaux sont morts, moins deux, le
vieux Bellisle, hors d'âge, et le fat Richelieu, un jeune
homme de cinquante-cinq ans (fort de deux anecdotes,
son faux exploit de Fontenoy, et la cheminée fausse
de Mme de La Popelinière). Les ministres ! où sont-ils ?
Le goutteux Argenson, et Machault fort en baisse,
dureront peu. Nos finances *in extremis* sont aux mains
d'un pauvre incapable. Ne voyant rien qu'impasses,
abîmes et précipices, il consulte tout le monde. Il est
docile, et prêt à tout. On lui donne des petits avis,
des recettes misérables. Les Pâris lui font faire un
petit changement dans la Ferme (en supprimant les
sous-fermiers). D'autres lui font pressurer les commis,
dire à l'employé : « Donne ou meurs. » Puis, il fait
des loteries. Puis rêve des utopies qui donneraient
l'argent dans cinquante ans. Il écoute Gournay, goûte
la liberté du commerce (c'est bien de cela qu'il s'agit !).
Il pense aux protestants ; c'est tard ; les réfugiés riches
ne reviendront pas de Hollande. — Il se souvient de
Law... S'il faisait un papier ?... — Il ne fait rien du
tout. Pleine guerre ! et l'épée dans les reins ! Il veut
emprunter, et la banque de tout pays ferme ses coffres.
Alors le misérable s'en prend au peuple de Paris et
lui ôte le pain de la bouche, frappe un octroi cruel...

— Son cœur saigne, il se trouble, son cerveau dans l'étau n'en peut plus... son front craque... Il est devenu *fou* (2 mars 1756).

« Sire, dit la Pompadour, si vous rappeliez Chauvelin ? » Insigne fausseté. L'ennemi de l'Autriche rappelé pour servir l'Autriche ! Elle savait fort bien que c'était l'impossible.

Elle n'eût jamais mis Richelieu aux armées si Choiseul (par conséquent Vienne) ne le lui avait conseillé, on peut dire ordonné. Il lui fut imposé aussi par Duverney, que Richelieu flattait.

Il fut arrangé que, pendant que l'Angleterre craignait une descente, Richelieu irait à *Minorque* et prendrait aux Anglais Mahon. Il fallait frapper vite et fort. On ne pouvait que les flottes anglaises ne vinssent bientôt nous écraser par le nombre. Mahon était très fort, et la Pompadour espérait que Richelieu brillerait peu. On l'envoya sans le génie, si nécessaire pour abréger le siège. Peut-être lui-même il pensa que, s'il avait l'infaillible Vallière, le grand ingénieur, l'honneur serait à celui-ci. Bref, une fois arrivé là, même débarrassé du souci de la flotte anglaise que La Galissonnière dispersa (le 20 mai), il fut arrêté court, forcé de demander Vallière. En attendant, fort triste, il essaya pourtant si l'absurde serait possible, si nos lestes Français, vrais chats dans leur furie, ne pourraient grimper là. On le tenta à l'étourdie, avec des échelles trop courtes. Perte énorme ! n'importe. Nos furieux, exhaussés sur leurs morts, et se hissant l'un l'autre, arrivent aux remparts, et sont maîtres sur quelques points. Les assiégés s'effrayent, se livrent à Richelieu, lui-même stupéfait et plus heureux que sage.

L'effet fut grand en France. On vit le roi vainqueur, même sur mer, la flotte anglaise en fuite. Cela tuait la résistance. L'impôt, légal ou illégal, fut très exactement payé. Le roi put à son aise fouler aux pieds le Parlement.

L'insolence monta au comble après Mahon. Dans un lit de justice, devant le Parlement, on enregistre, avec les impôts refusés, l'aggravation désespérante *qu'on les payera encore dix ans après la paix*. Autrement dit *toujours* (21 août 1756). Dans une tribune faite exprès, on voyait derrière une gaze Madame Adélaïde (avec la reine et le Dauphin), à qui le roi avait voulu faire voir son triomphe sur le Parlement.

Il est étrange à dire, mais vrai, que le seul défenseur de la liberté en ce monde était alors le roi de Prusse. Il défendait au moins et les droits de l'Empire, et le protestantisme, la liberté de conscience. Il avait jeté loin de lui ses misérables petitesses d'homme de lettres, fait réparation à Voltaire, à sa façon, en musicien (il fit *Mérope* en opéra), et il lui envoya sa sœur qui le caressa, le combla. Dans le péril immense qu'il voyait tout autour, cet homme singulier montra la joie des forts, une bonne humeur héroïque. Le jour même où Versailles était bouffi de sa victoire ridicule sur le Parlement, Frédéric est en Saxe, il y joue avec cent mille hommes une amusante pièce, où sur le dos d'Auguste, le père de la Dauphine, il donne aux nôtres même une volée de coups de bâton.

Une *ligue* générale *des femmes* existait contre lui. Avec Marie-Thérèse, Élisabeth, la Pompadour, était unie étroitement la femme du Saxon Auguste, la mère de la Dauphine. Cette furie, laide autant que haineuse, était une Autrichienne, haïssait Frédéric à mort, et lui cherchait partout des ennemis. Il le savait. Il avait acheté d'un commis saxon le traité dans lequel la Saxe, l'Autriche, la Russie, se partageraient la Prusse (*Hertzberg, Dover*). Il le prévint. En Saxe, le peuple était pour lui, et comme protestant et par reconnaissance pour les blés qu'il avait donnés dans la famine. Le 29 août, il demanda à Auguste seulement le passage. Refusé, il passe et prend Dresde (en dépôt, disait-il). Il bat les Autrichiens qui arrivent au secours. Il pourrait prendre Auguste, ne daigne. Il le nourrit. Chaque jour un chariot va au camp de Pirna pour la table du roi. L'armée saxonne, obligée de se rendre, entre dans l'armée prussienne. Au misérable Auguste qui n'a plus que deux hommes, Frédéric galamment renvoie les étendards, lui écrit en ami ses vœux pour son heureux voyage. « Mais rendez-moi mes gardes, dit Auguste. — Je « ne veux pas avoir bientôt à les reprendre. — Du « moins un passeport. » Frédéric le lui donne, et lui offre des chevaux de poste.

La reine était restée dans Dresde, comblée d'égards par Frédéric et enrageant. Elle craignait surtout qu'il n'y prît les pièces honteuses qui constataient leur perfidie. Elle lutta, s'assit sur le coffre où elles étaient. Il fallut bien la faire lever de force, prendre dessous l'ordure diplomatique que Frédéric fit connaître partout. Elle creva de colère impuissante. Cependant Frédéric de son mieux tondait les Saxons, du reste affable à tous, exact au prêche, bon protestant, tenant cour et donnant des fêtes. Le plus original, c'est que, dans cet hiver où tout le monde s'armait contre lui, il régalait Dresde de concerts, y figurait lui-même, nouvel Orphée, apprivoisant la Saxe, non pas avec la lyre, mais la flûte, sur laquelle il avait un joli talent.

Notre Dauphine, une Allemande grasse, féconde, vraie femme de la maison de Saxe, toute en chair, en nature, en sensibilité, eut un débordement effroyable de larmes, quand elle sut l'aventure de sa mère, assise sur ce coffre, le défendant en vain, touchée de l'ennemi. Outrage incroyable, inouï, aux Majestés royales! Tous les rois de l'Europe devaient prendre parti, combien plus la maison de France, insultée en l'aïeule de ce gros nourrisson (qui régnera, c'est Louis XVI). Le roi y fut sensible et se sentit blessé. Après le succès de Minorque, en plein triomphe, recevoir un tel coup! Notre guerre avec l'Angleterre fut en quelque sorte oubliée. On ne songea plus qu'à la Prusse. Ce n'est plus vingt-quatre mille hommes qu'on donnera contre elle, mais quarante-cinq mille, cent mille! On décida deux choses dans cette ivresse de colère, la guerre continentale, et le renversement de l'obstacle intérieur qui l'entravait, le Parlement.

Victoire définitive et de l'Autriche et du clergé! L'intrigue que l'Autriche pousse depuis 1748, aboutit et triomphe, elle entraîne la France et s'en sert. La trame par laquelle le clergé a sauvé ses biens, par un succès plus grand, le rend indépendant de la censure laïque, de la justice de l'État. Girard ne sera plus devant un Parlement interrogé pour La Cadière.

Le 13 décembre 1757, par un temps beau et froid, tendu, un grand appareil militaire occupe Paris silencieux. Pour la première fois, le Parlement lui-même ne dresse pas le Lit de justice. Il refuse de coopérer au meurtre de la Loi. Ce sont les ouvriers *du tyran* qui ont envahi le Palais et tout préparé.

Le *tyran*, c'est le mot nouveau qu'on échange à voix basse.

Depuis six mois et plus, on avait suspendu sur les Parlementaires l'épée de Damoclès, l'annonce d'une grande suppression de charges, qui, remboursées presque pour rien, mettraient la plupart à l'aumône. Terrorisme très lâche qui spéculait sur les douleurs de la famille, la faiblesse du père, la mère désespérée en voyant ruiner ses enfants.

Deux chambres des enquêtes sont effectivement supprimées et plus de soixante conseillers. Le Parlement est mutilé en la partie active, ardente aux remontrances politiques, aux accusations du clergé. Celui-ci, n'ayant plus d'enquête à craindre, peut se tranquilliser.

Maintenant, au Parlement eunuque et énervé que va-t-on ordonner ?

1° SOUMISSION AU PAPE. — Un bref conciliant est arrivé de Rome qui limite les refus de sacrements, mais en maintient le droit. Toute affaire de ce genre ira aux seuls juges d'Église. Le roi, quoiqu'il désire le silence, déclare que les évêques peuvent dire ce qu'ils veulent, « s'ils le disent avec charité » (*Is. Lois*, XXII, 269).

2° Soumission au Roi. — Le Parlement, désormais simple scribe, enregistre aussitôt que le roi a écouté ses remontrances. Remontrances illusoires. Le faux Parlement de Versailles, le Grand-Conseil, a sa part de ce droit, joue aussi cette comédie.

Les jeunes conseillers ne votent plus, s'ils n'ont jugé dix ans. Les vieux conseillers de Grand'Chambre usés, timides, les têtes tremblotantes, peuvent seuls décider s'il y aura assemblée générale. C'est là le coup mortel. Un corps non assemblé, dispersé, existera-t-il ?

Morta la bestia. — Le Parlement ne remue plus. Le clergé peut danser autour. Plus d'*Enquêtes*, plus de surveillance sur ses mœurs, plus d'accusation. Mais si, par impossible, un cas se présentait où l'on dût faire semblant d'examiner et de juger, on doit se rassurer, on fera juger ces vieillards de la Grand'-Chambre, intéressés à plaire, pour monter dans les sièges mieux rembourrés de présidents.

Cette Grand'Chambre montra tout de suite combien elle était digne de la confiance de la Cour, combien elle avait peu à cœur l'honneur du Parlement. Elle alla pleurer à Versailles, s'aplatir, lécher la poussière au nom de ce grand corps qui ne l'en chargeait pas, demander pardon, crier : « Grâce ! »

Cela enfonce le poignard. « Le peuple est en rage muette. » (*Arg*., 315.)

Que la justice outragée, égorgée, demandât grâce encore, c'était l'horreur, c'était le crime. La risée s'y joignait. L'agréable sourire qu'avait montré le roi, revenant de l'exécution, suivant lentement, comme au sacre, l'épaisse haie de ses régiments, ce fut comme un cruel défi.

CHAPITRE XIX

Damiens. (Janvier-Mars 1757.)

Janvier 1757 s'ouvrit par un grand froid et qui alla croissant. Les nouveaux droits d'entrée firent les denrées très chères. On vendait ses meubles pour vivre (*Procès de Damiens*). Des veuves affamées vendaient leurs filles au Parc-aux-Cerfs (*Hausset*, 109).

Tout l'hiver on levait des troupes, et l'on allait fournir cent mille hommes à Marie-Thérèse. Après avoir menti pendant deux ans pour le clergé, le roi ment un an pour l'Autriche. Il promet vingt mille hommes, il en donne cent mille.

Et cela malgré les ministres. Les deux ministres opposés ici se rapprochèrent. Machault avait toujours été contre l'Autriche, et d'Argenson fut contre aussi (*Barb.*, VI, 472), quand il vit qu'on donnait, non un petit secours, mais une armée énorme et d'énormes subsides, le sang, l'argent, et tout, la France!

C'est aujourd'hui plus clair que le soleil. Alors,

sans démêler la conspiration de famille, sans savoir que le roi nous vend pour l'orgueil de ses filles, on entrevoit fort bien que ni l'un ni l'autre ministre n'est accusable. Le traître, c'est le roi.

C'est à lui désormais que remonte la haine, et sa tête dès lors est en jeu.

Dès 1750, il le prévit, dit : « Je serai tué. » Autant qu'il put, il évita Paris, fit le *chemin de la Révolte*.

C'est alors qu'en ses lettres fort sombres, l'homme aux mille projets, Duverney, fait entendre qu'on ne peut plus s'appuyer que sur la noblesse, une noblesse élevée exprès, qu'il faut créer l'*École militaire*, la pépinière des défenseurs du roi. Il y faut de vrais nobles qui prouvent au moins quatre quartiers. Adélaïde, tremblant toujours pour la vie de son père, prit cela fort à cœur. On en vint jusqu'à l'ordonnance gothique de 1760 : « Qu'on n'approchera plus du roi sans prouver qu'on est noble depuis 1400. »

Tant on a peur du peuple ! Le roi aimait si peu à le voir, à le rencontrer, qu'il évitait même Fontainebleau ; il fit faire un chemin exprès pour ne plus traverser cette petite ville de Cour.

En fermant le Palais, il avait lâché tout un monde d'oisifs et de parleurs, de gens ulcérés, ruinés. Plus de procès privés. Mais aux Pas-Perdus, aux cafés, aux coins de rues, sur chaque borne, commence le procès du roi.

Deux légendes terribles, mêlées de faux, de vrai, entraient dans ce procès, menaient droit à 93 :

1° Le *Pacte de famine*. — Le roi n'eut certainement

point l'idée, le plan arrêté d'affamer le peuple, de l'irriter, de l'armer contre lui. Mais il était marchand, il avait intérêt (avec Bourret et autres) dans le trafic des blés, et, comme tout marchand, aimait à vendre cher.

2° Le *Parc-aux-Cerfs*. — Plus les vivres sont chers, mieux le roi vend son blé, disait-on, plus il a des filles à bon marché. On supposait que cet homme (fort usé, surtout par la table) avait besoin d'un immense sérail, de grands troupeaux de filles. Pas moins de dix-huit cents, dit ridiculement Soulavie.

Voici la vérité : Le roi ayant Madame aux fameux cabinets (déc. 1753), n'étant plus tout à fait chez lui, fut obligé de mettre sa ménagerie féminine (les *modèles* et la perruquière, etc.) aux combles de Versailles. Ces grisettes effrontées et folâtres faisaient plus de bruit que des rats. La Pompadour, avec une décence, une pudeur vraiment dignes d'elle, imagina une chose très noble, un couvent de jeunes veuves, veuves d'officiers morts pour le roi ! (*Argenson*) qui serviraient à ses plaisirs. Et elle eût fait cette infamie, si son neveu Lugeac et le valet Lebel, qui auraient trop perdu, n'eussent préféré et préparé une *petite maison*, bien petite, secrète, honteuse, qu'on acheta dans le quartier nommé le Parc-aux-Cerfs (25 novembre 1756).

Mais le Roi aimait peu les rues désertes, surtout aux nuits d'hiver. En février 1756, du Parc-aux-Cerfs on lui mena dans sa propre chambre à coucher une petite vierge de quinze ans. Amenée brusquement sans qu'on eût pris la peine de la corrompre et de l'endoctriner, la pauvre enfant eut peur, horreur, se défendit.

Le roi avait quarante-sept ans. Ses excès de vin, de mangeaille, lui avaient fait un teint de plomb. La bouche crapuleuse dénonçait plus que le vice, le goût du vil, l'argot des petites canailles, qu'il aimait à parler. Il le portait chez ses filles, si fières, leur donnant en cette langue des sobriquets étranges (*Loque*, ou petit chiffon, *Coche*, etc.). On peut juger par là des égards qu'il avait pour des enfants vendues.

Il n'était pas cruel, mais mortellement sec, hautain, impertinent. Et il eût cassé ses jouets. C'était un personnage funèbre au fond, il parlait volontiers d'enterrement, et si on lui disait : « Un tel a une jambe cassée », il se mettait à rire. Sa face était d'un croque-mort. Dans ses portraits d'alors, l'œil gris, terne, vitreux, fait peur. C'est d'un animal à sang-froid. Méchant? Non, mais impitoyable. C'est le néant, le vide, un vide insatiable, et par là très sauvage. Devant ce monsieur blême, l'enfant eut peur, se sentit une proie. Il n'eut nulle bonté, nulle douceur, s'acharna en chasseur à ce pauvre gibier humain. Cela dura longtemps, et tant qu'il enrhuma (*Arg.*, février 1756, IV, 266). Tout fut entendu et public. La Cour tâcha de rire ; Paris fut indigné. Et les mères cachaient leurs enfants.

Beaucoup, en Europe et en France, disaient : « On le tuera. »

Dans la cour du Palais, quand il revint, les poissardes disaient (et redirent) : « Il y aura une saignée. »

Et d'autres : « Il faut une saignée en France. »

D'autres allaient plus loin, disaient : « Il faut une révolution, comme celle qui se fit il y a cent cinquante ans. »

« Seulement plus radicale, avec la totale extinction de la maison de Bourbon » (*Procès de Damiens*, p. 82, 83, 84, 98, 106, 110, 113, 176).

Cela se dit jusque dans les couvents. Les jansénistes (depuis l'inceste des quatre Nesle, celui des deux Murphy, surtout depuis le 27 décembre) croyaient voir sur Versailles tomber le feu du ciel. Dans la communauté janséniste de Saint-Joseph, l'avant-veille des Rois 1757, une enfant de douze ans, sans doute répétant ce qu'on disait entre religieuses, dit aussi : « Il sera tué. »

Par qui? C'était la question.

Quand le roi s'entendit avec les hauts chefs du clergé pour amuser le Parlement, le bas-clergé qui n'était pas dans le secret, s'irrita fort, cria. On eut peur à Versailles de voir un Jacques Clément; on ne laissait entrer aucun abbé.

Mais qui finalement fut vainqueur? le clergé. Qui garda ses biens? le clergé. Qui fut ruiné? le Parlement. Là étaient les désespérés, les meurtriers probables, les parlementaires ou leurs gens. Ce fut un de leurs gens qui frappa Louis XV.

L'histoire des domestiques est une grande affaire en ce siècle.

Entre les classes, la plus dangereuse, à coup sûr, c'était celle-là. On n'avait oublié rien pour les ravaler et les intimider. En vain. On ne put pas arrêter leur essor. On disait plaisamment des laquais : « C'est un corps de noblesse préparé pour suppléer l'autre. » De Crozat, laquais-roi de la Louisiane, le siècle, par Jean-Jacques, va droit à Figaro.

Ils ont vu et appris. Ils ont vu au *Système* monter, descendre les fortunes. Ils se sont vus eux-mêmes, du comptoir, du ruisseau de la rue Quincampoix, sauter d'un bond aux Fermes générales. Des hasards de bassesse souvent les élevaient. L'un naquit d'un soufflet, l'autre d'un coup de pied. Ce coup bien appliqué vous lance un petit domestique de Colbert le prélat au grand Colbert, qui le fera commis, caissier, traitant, fermier, millionnaire.

Nul milieu dans leur sort : ou comblés, ou brisés, favoris ou souffre-douleurs (on en voit quelque chose dans Rousseau et la De Launay). Leur sort, au dix-huitième siècle, s'est aggravé sous un rapport. On ne les veut plus mariés (voir *Melon*). Ce siècle, si sociable, devient pour eux l'état sauvage. D'ennui, d'oisiveté, plusieurs deviendront fous. Dans le petit trou noir où couche la femme de chambre (*Staal*), d'où elle entend et voit l'excès des libertés, on peut croire que la servitude fut bien sentie, que fut rêvé, couvé bien souvent le *Discours sur l'inégalité*, les mots que Pascal et Rousseau lancent contre la propriété. Cela se traduisait par le vol domestique, leur maladie commune.

Guerre à l'autorité, c'est toute la pensée des laquais. Portant l'épée comme les gentilshommes, ils ont leurs rixes, se battent, en attendant aux portes des théâtres. Rien de plus mobile que ce peuple. Sous la Régence, ils se plaignent de ce qu'on les exclut de la milice. Sous Fleury, ils se plaignent de ce que l'on veut qu'ils en soient (1742), et ils parviennent à se faire exempter. On se moque de leur épée; et d'autant plus, ils aiment à dégaîner. En 1750, aux razzias d'enfants, ils tirèrent l'épée pour le peuple. On put prévoir qu'un jour ils tireraient aussi le poignard.

Celui qui le tira, Damiens, était d'Arras. Cette frontière wallonne et picarde n'est point du tout flamande. Au contraire. Les Wallons sont plus midi que le midi. Ils donnaient à l'Espagne ses plus impétueux soldats. Ils donnèrent à la France de chaleureux artistes (les Watteau, les Valmore, les Foy, les Camille Desmoulins). Ils ont donné, par contre, des têtes souvent étroites et dures, fortes, âprement systématiques, les Calvin et les Robespierre. L'Artois spécialement est marqué dans ce sens. Outre un grand mélange espagnol, les séminaires d'Irlande y ont laissé leur trace, la grande machine régicide, terrible au temps d'Élisabeth. C'est la garde avancée des Jésuites contre l'Angleterre. Là fut aiguisé le poignard des amis de Marie Stuart, là plus d'un siècle travaillèrent les écoles de l'assassinat.

A côté des Jésuites, chez ce peuple dévot, ne manquaient pas les jansénistes. Le frère aîné de Damiens, pauvre ouvrier en laine, honnête, homme de bien, était un fervent janséniste, n'ayant pour meubles *que des livres*, livres de piété. Damiens lui-même fut longtemps très dévot, entendant tous les jours la messe. (Je tire tout ce qui suit mot à mot du *Procès*.)

Sa figure aisément l'eût fait prendre pour un Espagnol. Il avait la peau assez brune (p. 350), les cheveux noirs, frisés (250), et volontiers coupés sur le devant en vergettes très rases (350). Son visage allongé, marqué de petite vérole, le dessous de la lèvre inférieure très creusé, un nez d'aigle et des yeux profonds, faisaient une figure distinguée, belle (*Argenson*), tragique. Il était grand (cinq pieds cinq pouces), mais paraissait très grand, étant mince et fort élancé. Il portait la tête un peu basse. Il n'était pas campé bien solidement sur ses jambes. Avec des yeux hardis, il était pourtant vacillant.

Sa famille de bons fermiers d'auprès d'Arras était fort en débine. Son père, de chute en chute, devint, de fermier, ménager, puis misérable moissonneur, et enfin portier de prison. Il avait dix enfants qui moururent presque tous. Le second, Damiens, petit *diable* indomptable (et qu'on nommait ainsi) jusqu'à seize ans travaillait à la ferme, cruellement battu de son père, qui, dans ses récidives, allait jusqu'à le pendre par les pieds, la tête en bas. Un oncle, cabaretier à Béthune, eut pitié de l'enfant, le prit, voulut le faire étudier. A seize ans, c'était tard. Il apprit à lire, à écrire, mais peu et mal. S'il devint cultivé, ce fut par l'expérience seule, la conversation, les voyages. Qu'en faire? On eût voulu le faire perruquier, serrurier. On essaya aussi de lui faire apprendre la cuisine dans une grasse abbaye, Saint-Vast. Un matin, il s'engage, et quoique racheté par son bon oncle, il reste domestique d'un officier avec qui il voyage quatre ans dans la guerre d'Allemagne (124). Il y put voir l'horreur du retour meurtrier de Prague.

Né en 1715, à la fin de la guerre, en 1737, il avait vingt-deux ans. Il resta domestique, changeant souvent de maître et n'étant bien nulle part. Honnête cependant et désintéressé, à ce point qu'il partait souvent sans demander ses gages (32).

Les témoignages de ses maîtres (M. de Maridor, Mme de La Bourdonnais, la maréchale de Montmorency, etc.) sont excellents. Il n'avait aucun vice ordinaire des laquais; seulement il buvait; quoiqu'il bût sans excès, alors il était disputeur (Déposition de M. de Maridor).

Il avait quelque temps servi chez les Jésuites, au collège Louis-le-Grand, où un de ses oncles était maître d'hôtel. Il y resta quatre ans. Les Jésuites voulaient « le mettre à l'eau » (lui refusaient le vin). Il sortit. Cependant, comme bon sujet, ils le reprirent, le mirent chez un élève qui avait chambre à part. Il ne put y rester, s'étant brouillé avec le précepteur.

Il resta estimé, protégé des Jésuites, qui parfois le placèrent. Cependant il avait fait preuve d'une grande liberté d'esprit, s'exprimant sans ménagement « sur leurs doctrines relâchées, qui sentaient le libertinage » (p. 145, n° 205). Il affirma toujours qu'il ne servit chez eux que malgré lui, par nécessité de gagner son pain (p. 242, n° 266).

Son austérité naturelle et ses traditions jansénistes le portaient beaucoup plus du côté des Parlementaires. Il en servit plusieurs, surtout M. de Bèze de Lys, pendant trois ans. Celui-ci est un des héros de la petite, intrépide minorité, politique plus que janséniste, et déjà révolutionnaire, qui frappa au cœur la royauté par la dispute des *Lettres de cachet*, la question (première et capitale) de la liberté personnelle. Dans l'enlèvement général du Parlement (en mai 1753), M. de Bèze eut cette distinction d'être des quatre que l'on n'exila pas, mais qu'on mit aux plus rudes prisons d'État. Nulle n'était plus dure et plus sombre que Pierre-en-Cise près Lyon où on le conduisit (*Barb.*, V, 383). Damiens était le seul domestique de M. de Bèze. Il vit de près cet acte, cette désolation des familles, les femmes en pleurs tâchant de suivre leurs maris dans ce coûteux exil, et à Paris le monde du Palais ruiné. Il devint ardemment et violemment parlementaire. Il échappait souvent de chez ses maîtres pour aller au Palais le soir, la nuit, attendre aux jours de crise la fin des délibérations (328). Il errait dans les groupes où on lisait tout haut la *Gazette de France* (147).

Les deux partis étaient très irrités. Damiens entendit avec horreur, comme il servait à table chez un sorboniste jésuite, les convives dire qu'ils voudraient être les bourreaux des Parlementaires, et tremper les mains dans leur sang (136). Deux jansénistes d'autre part parlaient de tuer l'archevêque (*Barbier*).

Damiens voulait qu'on le jugeât. Avec l'ordre du Parlement, il se faisait fort, disait-il, d'aller arrêter le prélat. On aurait trouvé deux cents hommes bien aisément pour le mener à la Conciergerie (143, n°ˢ 287, 288).

Quelque effort que l'on fît pour croire le roi trompé, on savait bien la haine qu'il avait pour la robe. La Cour savait lui plaire quand, à Versailles, les croisées se peuplaient de visages moqueurs à l'arrivée du Parlement, au débarqué « des singes » en robes rouges. Damiens était avec son maître M. de Bèze, au jour où, le Parlement arrivant, le roi sortit, dit qu'il allait dîner à La Muette, se fit attendre tout le jour. Il vit les magistrats seuls, affamés, errer au château et au parc. Un courtisan humain eut honte de cette indignité. Il fit excuse pour son compte, fit chercher, apporter quelques vivres trouvés par bonheur.

On eût dit qu'un hasard terrible menait Damiens partout où l'on pouvait amasser la colère. Resté seul sur le pavé, quand son maître fut arrêté, il trouva place justement dans la maison, et la plus digne, et la plus maltraitée, celle de l'ex-gouverneur de l'Inde, La Bourdonnais. Douloureuse Iliade! trop longue pour la conter ici. Qu'il suffise de dire que ce grand homme, puni de ses victoires, disgracié, prisonnier de guerre, dès qu'il apprit à Londres qu'on avait l'infamie de faire son procès à Paris, obtint de revenir, de venir voir si on lui couperait la tête. On fit pis. On le tint trois ans à la Bastille, et on le lâcha mort, mourant du moins, ruiné et de santé et de fortune. Il mourut de chagrin et du déshonneur de la France (10 nov. 1753).

La mort de cette grande et illustre victime criait contre le ciel, et Damiens parut le sentir. Pendant la maladie, il se montra zélé. Il s'échappait à peine pour aller à deux pas s'informer des nouvelles « à la terrasse du Luxembourg ». Sa préoccupation des affaires politiques était visiblement extrême. Il ne resta pas chez la veuve, qui eût voulu le retenir (183-184). Que devint-il? Ce qu'on en sait alors, c'est qu'il écrivit à quelqu'un une lettre contre le despotisme (*Barb.*, VI, 481).

Pendant deux ans, je perds sa trace. Quelques mots seulement font croire qu'il s'affranchit, qu'il vécut des petits métiers de Paris. Quelqu'un dit l'avoir vu colporter des manchettes, vendre au Pont-Neuf des pierres à dégraisser. Il était là au grand passage, à portée de savoir les nouvelles, près du Palais, au centre de l'agitation parisienne.

L'idée de tous était qu'on devrait *avertir* le roi. Mais comment? Le pauvre janséniste Carré de Montgeron s'était bien mal trouvé de l'avoir essayé. Pour un livre offert à genoux, mis dans un cachot pour toujours! On avait dit alors : « Si le roi n'est *touché* d'un livre, Dieu le *touchera* autrement. »

Personne cependant n'eût voulu le *toucher* à mort, pour avoir à la place un autre, pire, dangereux personnage, très propre à faire un fou. On eût voulu non que le roi mourût, mais fût ou malade ou blessé, qu'il se souvînt de Dieu, de ses devoirs, qu'il se dît, comme à Metz : « J'ai péché, j'ai mal gouverné! » Mais qu'il le dît sérieusement. Qui le ferait rentrer en lui? Qui se constituerait le bras de Dieu pour le frapper? lui donnerait le coup dont le corps saignerait et dont guérirait l'âme? Damiens se dit en lui : « C'est moi. »

Il se le dit trois fois; à l'enlèvement du Parlement, en mai 1753, — en mai 1756, au traité autrichien, — en décembre de la même année, lorsque, le Parlement décidément brisé, on crut la tyrannie établie pour toujours.

Mais, auparavant, on l'a vu, il y eut un entr'acte. Pendant vingt mois et plus (1754-1755), le roi amusa le public. Damiens se calma, ajourna. Cette détente eut l'effet ordinaire. Après la grande exaltation, la nature se relâche, souvent tombe assez bas. Jusque-là, il était (au témoignage de ses maîtres) un rare laquais, exempt de tous les vices de sa classe. Dès vingt ans, il s'était rangé et marié, épousant en secret une femme beaucoup plus âgée et il en avait une fille. Elle était cuisinière, et tous deux se faisant passer pour non mariés, il la voyait fort peu; beaucoup plus une femme de chambre avec qui il avait servi. Il portait cependant parfois de l'argent à sa femme pour l'aider à nourrir l'enfant.

Dans la misère croissante (sept. 1755), son commerce en plein vent dut manquer tout à fait. Il se refit laquais. On le plaça dans l'hôtel équivoque d'une belle dame à la mode. Il avait été jusque-là, pour parler en style parisien, homme de la *rive gauche*, des vieux quartiers rangés. Cette fois, transplanté à la *rive droite*, aux boulevards, à la rue Grange-Batelière, il vit un nouveau monde. La dame, avec un nom très aristocratique, était une petite femme de commis. On ne voyait pas le mari qui, prudemment, se tenait à Versailles, dans sa vie d'humble plumitif. Mais on voyait son chef, le brillant joufflu Marigny, frère de la Pompadour, qui avait enlevé la belle au quatrième jour de mariage, et venait sans façon rire, souper, coucher là.

Maison joyeuse, quand tout était si triste. Éternel mardi gras. C'était juste ce qu'il fallait pour assombrir encore cet esprit sombre, lui ramener l'idée fatale. Il fit tache dans cette maison. Il y devint la bête noire. Il se tenait à part, ne parlant guère que seul, et marmottant tout bas, s'en allant au plus loin coucher dans un grenier.

Laissa-t-il échapper quelque signe imprudent de mépris pour cette maison, pour l'entreteneur Marigny? On ne sait. Mais il est certain qu'on le persécuta, qu'on le poussa à bout, qu'on fit ce qu'il fallait pour que, de maniaque, il fût fou tout à fait. La dame était menée par une femme de chambre coiffeuse, une Henriette qui se mêlait de deviner et de prédire. Elle lui dit : « Tu seras pendu. On le voit bien aux lignes de ta main. » La dame écervelée se mit de la partie, voulut aussi regarder dans sa main, et elle y vit qu'il serait rompu vif. Un autre jour, du haut d'un escalier, jetant un panier plein de bûches, elle dit :

« Ramasse! ramasse!.... C'est signe que tu seras brûlé. »

Sa faible tête fut frappée. Il dit dans le Procès : « On me jeta un sort. » Il jugea qu'il aurait un horrible martyre. Mais ce qui lui fut plus cruel, c'est que, quittant cette maison, il entendit la haineuse Henriette lui dire : « Vas!... tu feras un vol! »

Le coup porta comme en pleine poitrine. Il était sali, c'était fait; sa destinée perdue. Ce fatal mot disait : « Tu ne seras point un martyr... Tu mourras dans la honte, et, tout en t'immolant, tu resteras déshonoré ! » Le trait entra, et il n'eut pas la force de le lui rejeter, de rire. Il la crut, il fut furieux. Il sentit bien qu'il volerait.... Il aurait voulu la tuer ! Il dit : « Je la tuerai ! » Il ne lui fit rien cependant. Seulement en partant il jeta des pierres dans les vitres.

Où en était Paris? La trahison d'Autriche, le viol de février, c'est ce qui sans doute occupait. Damiens n'y tenait pas. Sa main avait soif du couteau. Il eut l'idée de fuir loin de Paris et d'aller à Arras. Et d'ailleurs, dût-il faire le coup, il fallait avant tout qu'il réglât ses affaires de famille, ramassât pour sa fille ce qu'on lui redevait là-bas sur certaine succession. Comment faire le voyage? Il servait un M. Michel, négociant de Pétersbourg, de passage à Paris. Cet étranger, sans coffre-fort, avait son or dans un portefeuille simplement fermé de rubans. Nulle serrure à forcer. L'or était disponible. Quoi de plus aisé que d'en prendre pour le voyage, sauf à le remplacer avec l'argent d'Arras ? Tel fut le conseil du démon qui le travaillait au dedans. Il dit, répète et jure avec persévérance qu'il prit seulement cent trente louis (p. 104, n° 162; p. 556, n° 2). Il y avait encore douze mille francs en or auxquels Damiens ne toucha pas.

C'était le vol d'un maniaque. Il n'eût su à quoi dépenser. On ne voit pas qu'il ait joui ni profité en rien sauf un habit et cent écus de laine qu'il acheta, afin que son frère l'ouvrier travaillât à son compte. Mais ce frère, très honnête, fut pénétré d'horreur quand une lettre d'un jeune frère qu'ils avaient à Paris lui fit savoir que cet argent était volé. Damiens fut foudroyé. Il essaya par trois fois du suicide : il se saigna, laissa couler son sang ; il prit de l'arsenic; il alla à la mer, avec l'idée de s'y jeter. Mais son frère le gardait, ses parents le forçaient de vivre. Ils voulaient que plutôt il fît restitution. Pour qu'il en eût le temps, ils proposaient que lui-même se mît dans une maison de force. Il pleurait, s'y laissait mener comme un mouton. Malheureusement cette maison, qui était un couvent, ne voulut pas le recevoir.

Alors, craignant toujours qu'il ne fût arrêté, ils le menèrent vers la frontière. Au moment d'y passer, la maréchaussée lui barre le passage, et il était happé, s'il n'avait donné cent écus.

Son état était effroyable. Il se faisait saigner de mois en mois pour calmer son agitation. Mais les nouvelles de Paris la ravivaient. Le *Consummatum est*, la fin des fins semblait arrivée, et par le Parlement brisé, et par les cent mille hommes qu'on livrait à l'Autriche, et par le mariage autrichien (*Barbier*). Damiens retourna à Paris.

Il y mit quatre jours. Il arriva le soir du 31 décembre. Son jeune frère, domestique d'un conseiller, le reçut durement. Sa femme, qui était chez un négociant du quartier Saint-Martin, lui fit meilleur accueil, lui fit du feu, le coucha avec elle. Elle était allée se jeter aux pieds du sieur Michel avec sa fille, et demander grâce pour lui. Cette fille, grande et jolie, mais boiteuse, était placée rue Saint-Jacques chez un enlumineur, client et agent des Jésuites. Elle y coloriait des découpures d'estampes (sotte mode d'alors pour détruire souvent des chefs-d'œuvre). Avertie, elle vint (1er janvier); elle lui demanda s'il lui apportait des étrennes, puis n'en recevant pas, l'accabla de reproches. Il pleura, et reçut encore même semonce d'une ancienne amie, qui s'attendrit pourtant en le voyant abîmé de douleur. Elle se tira du cou une médaille de la Vierge, la lui passa, en l'assurant qu'avec cela il n'avait rien à craindre. Sa femme eût voulu le garder, mais elle n'était que cuisinière, et la femme de chambre lui avait reproché de l'avoir fait coucher à l'insu de ses maîtres.

Il avait dit aux siens : « J'irai parler au roi. » Puis pour les rassurer : « Je m'en retourne en Flandre. » Il part le 3 janvier au soir. Ils le conduisent à mi-chemin, à la Cité. Là, adieu éternel.

Il continue et soupe rue de la Comédie dans une auberge; mais à dix heures, on ferme et on le fait sortir. Il errait dans les rues, le froid était très vif. Au coin de la rue de Condé une grosse et joyeuse fille l'appelle, le fait monter chez elle. Il y attend l'heure de partir, muet, immobile et lugubre. Enfin honteux de faire veiller pour rien la pauvre créature, il part avant une heure, va aux voitures publiques, prend à lui seul un de ces méchants cabriolets qui menaient à Versailles. Il y arrive à trois heures du matin.

Il paya très bien le cocher et pour le réchauffer de ce voyage dans une si froide nuit, il lui fit boire deux fois du ratafia, causa : « Je vais aux îles... dans telle île... bien loin. Mais j'y serai pourtant dans vingt-quatre heures. »

A l'auberge, il apprit que le roi était à Trianon pour quelques jours. « Maudit Versailles ! dit-il. On n'y trouve jamais ce qu'on veut. » Il avait l'air fort égaré, et dit à son hôtesse : « Je me sens bien incommodé, madame. Ne pourrait-on me procurer un chirurgien qui me saignât ? » Elle rit : « En effet, joli temps pour se faire saigner. » Au fait, il gelait à pierre fendre.

Il se promenait dans le parc, sinistrement désert, sans rencontrer autre personne qu'un pauvre diable d'inventeur qui avait trouvé une machine, voulait la montrer au comte de Noailles et pour cela guettait, comme Damiens, le retour du roi. Il sut (sans doute par cet homme) que, Madame étant enrhumée, le roi viendrait la voir (5 janvier). Il l'attendit à la tombée du jour sous la voûte qui mène aujourd'hui au Musée. Damiens paraissait de sang-froid, causait avec les gardes, les postillons de la voiture qui était attelée, ce qui lui permettait de rester et de s'approcher. Il dit, voyant un garde qui cherchait un manchon, croyant l'avoir perdu : « Il cherche ici ce qu'il n'a pas laissé » (263). Il n'avait pris aucune précaution et ne comptait point fuir. Il était fort reconnaissable, surtout par une culotte rouge. Tout le monde avait le chapeau bas, lui seul le chapeau sur la tête.

Le roi descend appuyé sur le bras du grand écuyer Béringhen (64). Il avance vers la voiture, se sent poussé, et dit d'un ton doux, ordinaire (76) : « On m'a poussé le dos. C'est cet ivrogne-là qui m'a donné un coup de poing. »

Damiens ne bougeait pas. Personne n'avait vu qu'il donnait un coup de canif; il le ferma, le remit dans sa poche. Son chapeau seul frappait. Un garde : « Qui est cet homme qui ne se découvre pas devant le roi ? » Il lui jette son chapeau par terre (51, 76).

Cependant, avant de monter, le roi dit : « Est-ce qu'une épingle m'aurait piqué ? » (131). Il mit la main sous ses habits, la retira moite et sanglante. Puis, montrant Damiens qui ne bougeait, il dit : « C'est ce Monsieur. (*Hausset*). Qu'on l'arrête, qu'on ne le tue pas. » Puis il remonta l'escalier au lieu de se mettre en voiture.

Un garde avait saisi Damiens, puis deux ou trois, et Richelieu, qui le secouèrent, le jetèrent contre un pilier, puis sur un banc, le lièrent, le traînèrent à la salle des gardes. On lui arracha ses habits, et on le mit tout nu.

Ayen (Noailles), capitaine des gardes, était là.

Damiens lui dit avec grande assurance : « Oui, c'est moi ! Je l'ai fait pour Dieu et pour le peuple » (65).

« C'est pour la religion. — Qu'entendez-vous par là ? — J'entends que le peuple périt. N'est-il pas vrai, Monsieur, que la France périt ? » (45).

On insiste. On demande : « Quel principe de religion [1] ? — Mon principe, ce fut la misère qui est aux trois quarts du royaume » (146).

On lui trouva un petit livre (*Prières et instructions chrétiennes*) que son frère le janséniste lui avait donné. Mais il avait refusé à Arras un confesseur janséniste (234), et il méprisait les Jésuites (145, 242), n'était d'aucun des deux partis religieux. Barbier a très bien dit : « Il est parlementaire plutôt que janséniste. »

Il avait un couteau-canif, des petits ciseaux et vingt-cinq louis. Un garde les voyant, dit : « Misérable, tu as reçu cela pour faire le coup ? — Je répondrai devant mes juges » (52-53).

Se voyant houspillé, il écarta les mains avec un mot adroit : « Qu'on songe à Monsieur le Dauphin ! — Eh bien, si tu conserves quelques bons sentiments, dis tes complices, le roi te fera grâce. — Non, il ne le peut pas, et il ne le doit pas. Je veux mourir dans les tourments, dans les douleurs comme Jésus » (72).

Il soutenait qu'il aurait pu bien aisément tuer le roi, mais qu'il ne l'avait pas voulu. Cela était très évident. Il avait sur un même manche deux lames,

---

1. « La pitié qui estoit au royaume de France. » C'est la fameuse réponse de celle qu'on ne veut pas nommer ici.

un couteau, un canif, et il ne s'était servi que du canif. Il eût pu redoubler le coup, et il ne le fit pas. Il ne frappa nullement pour aller jusqu'à la poitrine. Il érafla le dos en remontant sur une longueur de quelques pouces (75-76). Déchirure si légère et si superficielle que les médecins dirent : « Si ce n'était un roi, il pourrait dès demain aller à ses affaires. » Mesdames étaient en larmes, mais la reine, très froidement : « Allons, sire, dit-elle, calmez-vous. »

La peur du roi était que le canif ne fût empoisonné. On envoya deux fois le demander à Damiens, qui répondit : « Non, sur mon âme ! »

Il disait avoir grand chagrin de ce qu'il avait fait, que, si le roi eût pendu quatre évêques, cela ne fût pas arrivé. Du reste, il assurait n'avoir aucun complice. Il accentua même étrangement son affirmation : « Je l'exécutai seul, parce que seul je l'avais conçu. »

Cela irrita fort. Les deux partis voulaient qu'il accusât leur adversaire. Ayen (Noailles), c'est le parti jésuite, comptait qu'il parlerait contre les jansénistes. Il dit, montrant le feu : « Chauffons cet homme-là. » — Machault, le garde des sceaux, qui survint, supposait que c'était un coup des Jésuites pour faire régner leur prince, le Dauphin. Tout Paris le croyait, voyait dans Damiens un second Ravaillac, à ce point que le collège Louis-le-Grand fut insulté et menacé. Les parents y coururent, en retirèrent deux cents enfants (*Barb.*, VI, 434). Machault, dur, entêté, voulait à toute force que l'assassin se dît Jésuite. Il fit un acte étrange. Il prit le patient, il fit rougir des pinces par des gardes (à qui il promit de l'argent) et il lui fit brûler le gras des jambes. Cette atroce douleur n'en tira que des hurlements et ce mot : « C'est toi qui es un misérable !... Si tu avais soutenu ta Compagnie (le Parlement), cela ne fût pas arrivé ! » (189-190).

Machault était si furieux qu'il cria : « Deux fagots ! » Et il allait le brûler vif. Cependant un homme pris dans Versailles devait être jugé par la Prévôté de l'Hôtel. C'est ce que dit le Prévôt qui survint et qui sauva le patient (131-132). Le Prévôt était le beau-père d'un des maîtres de Damiens.

Il n'en put cependant tirer grand'chose, le nom d'aucun complice, seulement des prophéties. Il avait l'air de voir le 21 janvier : « Monsieur le Dauphin périra et bien d'autres... De grands événements arriveront ! » Seulement il croyait que tout viendrait bientôt (61). « Et qui fera cela ? — Je le dirai si j'ai ma grâce » (61-62).

Ainsi il mollissait. La nature agissait et la douleur aussi. Car on lui avait mis des menottes de fer horriblement serrées (180-181). La nuit, qui rend tout plus terrible, l'accabla. Un certain Belot, un exempt doucereux, lui témoigna de l'intérêt, lui fit tout espérer, s'il parlait franchement. Il écrivit pour lui une lettre de repentir (68-69), feignit de la porter au roi ; puis, lui dit : « Le roi est content. Mais il faut davantage. Quel conseiller *connaissez-vous ?* (77, 78, 163). Damiens lui dicta quelques noms. Et alors on lui fit cette étrange question qui lui montra le piège : « Et ces messieurs qui vous payaient, où tenaient-ils leurs assemblées? » (78). Il fut saisi d'horreur, jura qu'ils n'étaient pas complices (79, 150, 372), qu'ils étaient incapables d'un tel complot. Dans la confrontation, il accabla Belot qui ne sut plus que dire (288).

Cependant, le roi, sur son lit, noyé des pleurs de Madame et de la Dauphine, amolli, détrempé, donnait répétition de la scène de Metz. Il se crut mort, cria : « Un prêtre! un prêtre! » On trouva aux Communs un chapelain de domestiques; il le prit tout de même, se confessa *prestissimo*. Mais son Jésuite qu'on cherchait bride abattue arrivait de Paris. Et il se confessa encore. Le bon Père, lui aussi, fait sa scène de Metz. Il n'absout pas gratis. Le roi renverra la maîtresse. Accordé sans difficulté.

En ce moment, il était tellement sous la main du clergé, sous l'influence aussi de ses pleureuses, Madame et la Dauphine, qu'il oublia ses défiances, envoya chercher le Dauphin, le nomma *lieutenant général du royaume*, lui dit : « Gouvernez mieux que moi. »

Grand changement qui ne pouvait venir qu'*in extremis*. Le roi, plus que jamais, était éloigné du Dauphin. Dans les épines qu'il trouvait au confessionnal, il sentait le Dauphin, la peur que les Jésuites avaient du futur roi. A cause du Dauphin, il avait déserté ses cabinets secrets où Madame voyait tout ce qu'il écrivait, et il allait écrire tout seul à Trianon. C'est la cause réelle qui l'éloignait d'Adélaïde, le séparait de celle qui l'aimait tant, mais le surveillait trop. Ici, croyant mourir, il se remit si bien au frère et à la sœur, que d'Argenson, leur homme, reçut de sa main même la clé de Trianon pour en rapporter ses papiers (*Arg.*, IV, 330).

Il se croyait toujours en danger, et Madame, exagérée en tout et d'imagination terrible, augmentait la peur par la peur. Sur un mot vague de Damiens, on craignait ses complices. Au fond de son chapeau on avait lu *numéro* 1. Les autres? où étaient-ils? Autour du roi peut-être? Dans la foule suspecte de tant de valets, d'employés? Et dans ce noir Paris, gouffre ignoré, profond, combien de gens perdus peuvent, avec Damiens, avoir aiguisé le couteau! Ce Paris qui criait en 1750 : « Allons brûler Versailles! » n'est-il pas du complot? Et son âme homicide ne s'est-elle assez révélée (contre Madame même) au gibet de la Lescombat?

Cette terreur dura du 5 au 9. Le roi, tout ce temps, près de lui, se croyant en péril, gardait l'aumônier de quartier qui l'absolvait de minute en minute (*Besenval*), le tenait prêt à partir pour le ciel. Le 9, une scène touchante et bouffonne changea les pensées. Les États de Bretagne, jusque-là en révolte, apprenant l'accident, eurent un coup à la tête, un mouvement de folie généreuse (comme on n'en voit qu'entre Rennes et Quimper), pleurèrent le roi, crièrent qu'ils accepteraient tout : « Prenez nos biens! nos vies. » Leur sensibilité grotesque imagine d'envoyer au blessé un don d'amour... une robe de chambre. La reine en fut aux larmes, et Madame, jalouse de n'en avoir pas eu l'idée. Elle dit avec passion : « Oh ! je voudrais être Bretonne ! » (*Richelieu*, VIII, 359).

L'effet fut déplorable. Le roi se crut toujours le Bien-Aimé. Rassuré, attendri par les larmes de ces imbéciles, voyant là la bonne vieille France, il ne crut devoir faire nulle concession au public, à la justice, à la raison. Jusque-là il avait quelque velléité de se fier au Parlement (*Arg.*, IV, 325). Mais cela lui passa. Le Dauphin avait présidé le 6 le Conseil des ministres. Modeste et réservé, discret pour tout le reste, il avait opiné nettement sur un point (le point grave en effet) : Faire le procès *par une commission* dont le travail serait couvert, sanctionné par quelques magistrats valets qui seuls restaient de la Grand'Chambre. C'était étouffer le procès, l'étrangler doucement entre deux murs, entre deux portes.

Les vrais Parlementaires s'étaient offerts pourtant. Leur chef, l'illustre Chauvelin avait dit : « Il faut que l'on sache qui est coupable et qui est innocent. Il ne faut pas qu'on fasse comme pour Ravaillac. La Grand'-Chambre s'y déshonora, ne laissant du procès qu'obscurité, nuages. Il y faut la lumière et tout le Parlement. »

Le 9, le roi décide (avec le Dauphin, les Jésuites) que le procès sera fait dans un coin, croqué entre Maupeou, Molé et deux comparses, signé de cette ombre de Chambre. Puis, pour donner le change, on en lira extrait aux pairs et princes, qui seront appelés pour honorer la chose, un semblant de publicité.

Qui voulait-on couvrir avec tant de précaution ? Pour qui avait-on tant de crainte ? Le bon sens du public posa la question ordinaire du jurisconsulte : « *Cui prodest ?* Qui peut y avoir intérêt ? »

On se répondait : « Les Jésuites, selon la vraisemblance. Damiens, de son canif, eût fait un roi jésuite. Il avait fait du moins un quasi roi, *lieutenant du royaume* (le titre de Henri de Guise). »

« Les jansénistes auraient été bien fous de tuer Louis XV pour faire arriver le Dauphin, celui qu'ils redoutaient le plus et leur capital ennemi. »

L'attitude des Parlementaires, certes, disait qu'ils n'étaient pas coupables. Tout en s'offrant au roi pour juger Damiens, ils ne voulaient rentrer que par la porte d'honneur, en maintenant tous les droits de leur corps, les libertés publiques. Là ils furent intrépides, il faut l'avouer. C'était un moment de trouble, de terreur, de réaction. Le Dauphin, un jésuite, était lieutenant du royaume. Argenson, un jésuite, outre la Guerre, avait Paris et la Police. Argenson avait fait un pas grave, *de faire tenir le Conseil des ministres dans l'appartement du Dauphin*, de transférer là le pouvoir. Que fût-il advenu si Maupeou et Molé, regardant le soleil levant, pour brusquer la fortune, eussent fourré les Parlementaires dans le procès de Damiens ? Notez que Damiens avait été leur domestique. Au milieu des tortures, pour être ménagé, il pouvait déposer contre eux. Superbe occasion de transférer le crime du domestique aux maîtres, de les faire assassins, de régaler le Gesù de leur sang!

Une chose aida fort à sauver les Parlementaires, c'est que la cabale autrichienne crut devoir travailler pour eux. Par la Dauphine et la maison de Saxe, l'Autriche avait gagné un peu le Dauphin, Argenson, mais les trouvait fort tièdes. Ils refusaient les cent mille hommes. Pour les avoir, Marie-Thérèse devait renverser Argenson, abaisser le Dauphin, faire remonter la Pompadour et le parti du Parlement.

La Pompadour, ainsi ancrée, ne risquait guère. Avertie par Machault assez durement de son renvoi, au lieu de faire ses malles, elle donnait de grands dîners (*Arg.*, IV, 330). Le roi ne sortait pas encore, n'y allait pas. Mais par Bernis, son homme, elle lui avait fait trouver bon qu'on tâtât les gens des Enquêtes, qu'on vît si justement entre ces grands crieurs la corruption ne mordait pas. Il voulait vivre. L'affaire de Damiens où l'on ne voyait goutte, l'inquiétait et de plusieurs façons. Par Bernis ou par d'autres, il lui revint qu'on n'accusait que les Jésuites, le parti du Dauphin. Un jour il oublia qu'il était blessé, s'habilla, alla se promener... chez Mme de Pompadour (15 janvier).

Cette infortunée, toute en larmes, fut difficile à consoler. Elle voulait, exigeait pour cela que le roi chassât Argenson. Grande était la difficulté. Le roi se souvenait de la tragique scène qu'il avait eue de sa famille pour le renvoi de Maurepas. Il est vrai qu'il était frappé de l'empressement d'Argenson pour le Dauphin. Il s'en voulait un peu lui-même d'avoir, étant si peu blessé, donné le pouvoir, et à qui ? Moins à ce gros enfant qu'aux Jésuites de robe courte, Muy le fanatique, et l'intrigant La Vauguyon. Les Pères eux-mêmes ne lui plaisaient pas trop avec leur fausse austérité. Gens trop connus pour leur peu de scrupule. Dans sa correspondance étroite avec l'Espagne, qui ne cessa jamais, il savait à merveille l'audace inouïe des Jésuites (1753), lorsque leur Paraguay fit la guerre à deux rois.

Cela trancha. Mais en immolant Argenson, il compensa la chose par une autre fort agréable à la famille : l'exil de seize conseillers, la destitution de Machault, du fameux ennemi du clergé, contre qui depuis huit années on employait Adélaïde. Cela la calmait à coup sûr ; la tempête était désarmée.

Pendant que cette affaire se brasse (du 15 au 31 janvier), on transporte Damiens à Paris. La nuit du 18, à deux heures du matin, par la barrière de Sèvres, c'est comme un tourbillon, un tremblement de terre. Force carrosses, force cavalerie qui va le pistolet au poing, comme en ville prise. Paris apparemment est du parti de Damiens et voudrait le sauver ? Malheur aux curieuses en bonnet de coton ! Gare aux fenêtres ! Fermez, ou l'on fait feu ! (*Barbier*, VI, 345).

C'est un mystère d'État. Silence. La *Gazette de France* n'ose en dire que trois mots. Et le *Mercure* n'en parle que pour dire qu'il n'en peut parler. La magistrature le défend.

Les magistrats bien décidés à plaire hésitent encore.

A qui plaire? Qui est la Cour en ce moment? Le gouvernement existe-t-il? Argenson et Machault sont à cent lieues de croire qu'ils vont tomber en même temps. Choiseul, l'agent zélé de Vienne, qui venait d'arriver pour seconder la Pompadour, se donna le plaisir d'aller voir Argenson, et de lui dire sa chute. Il n'en voulut rien croire. « Bah! dit-il, le roi m'aime. » Il se croyait *le favori*. Choiseul sort. Une lettre du roi, sèche et dure, lui dit de partir. La lettre au contraire pour Machault était affectueuse, il partait honoré, remercié, avec pension.

Ainsi la Pompadour, faisant la part du feu, sacrifiant Machault, fut rétablie, et plus haut que jamais. Avec son autrichien Choiseul et son ami Bernis, pendant tout février, elle fit un travail très agréable au roi, un maquignonnage secret pour gagner les Enquêtes, calmer le Parlement et désarmer les fanatiques. Le roi désirait vivre, et Vienne désirait tourner tout vers la guerre. La Pompadour voulait se venger, s'affermir en brisant le Dauphin, les Jésuites. Elle faisait entendre secrètement aux Parlementaires qu'elle était avec eux, intéressée comme eux à la suppression des Jésuites. Damiens réellement leur avait porté un grand coup ; les deux cents enfants retirés le 6 janvier de leur collège n'y rentrèrent pas ; l'herbe poussa dans les cours de Louis-le-Grand (*J. Quicherat*). Leur guerre américaine à l'Espagne et au Portugal rappela leur passé régicide et leur élève Jean Châtel. Kaunitz était contre eux, donc Choiseul et Bernis. Sur ce terrain commun, on put négocier avec les jansénistes en février, en août (*Rich.*, VIII, 363-399).

Le 1ᵉʳ février, l'exil de d'Argenson marquant bien la situation, et montrant le Dauphin et les Jésuites en baisse, on sut comment on ferait le procès. On n'employa pas Damiens à écraser les jansénistes avec qui on négociait. On ne compromit point les conseillers chez qui Damiens avait servi. Leur présence, en effet, leurs paroles fières et imprudentes auraient pu gâter tout. Maupeou et ses consorts craignaient l'éclat, le bruit. Le peuple leur était si hostile, que le 29, tenant une audience publique, ils n'osaient plus sortir ; ils s'esquivèrent par certaine porte de derrière.

Leur plan pour Damiens, dont ils ne sortirent pas, quoiqu'il fût démenti en tout, fut de supposer qu'il était l'instrument gagé d'un parti. Quel parti ? anglais ? janséniste ? jésuite ? on ne l'éclaircit point.

On tenait fort à faire de Damiens un vaurien et un libertin. On fit comparaître les siens, père, frères, femme, fille, pour le charger et parler contre lui. On les terrifia, les faisant *accusés*, et non simples témoins. Épouvantés, ils dirent le pis qu'ils purent, au fond très peu de chose. Sa vieille femme surtout lui reprocha d'être souvent six mois sans revenir se coucher.

Ses maîtres ne l'accusèrent que de manies, mais plusieurs déclarèrent qu'ils tenaient fort à lui. Et lui aussi il fut souvent attaché à ses maîtres. Quand il revit M. de Maridor, il s'attendrit beaucoup et s'essuya les yeux. On voit par la déposition remarquable de ce témoin, le bien, le mal. Il servait bien. Il avait de l'esprit et de la piété, mais n'avait pas passé impunément par les Jésuites : il dissimulait par moments, et se mêlait de trop de choses (194).

Ce qui surprend, c'est que la petite dame entretenue qui lui fut si fatale « et lui jeta un sort », ne lui reprocha rien dans sa déposition, sauf d'avoir montré répugnance à faire certaines commissions, autrement dit de n'avoir pas aimé le métier de mercure galant. Il avait l'air sinistre, parlait seul et se regardait dans les glaces. Du reste, point méchant, ni adonné au vin, dit-elle (182).

Ainsi les maîtres, pas plus que les parents, ne le chargèrent. De lui et de lui seul, on pouvait tirer quelque chose. Précieuse occasion pour les juges de montrer tout leur zèle, leur amour pour le roi. Maupeou en sentait le besoin, passant pour homme double qui jouait à la fois et la Cour et le Parlement.

Damiens est resté pour la physiologie un exemple célèbre de ce qu'on endure sans mourir, un singulier et curieux patient. Chacun y prouva son amour par l'excès de la cruauté. On avait commencé (je l'ai dit) par griller ses jambes. On lui mit des menottes de fer si dures, qu'ayant la fièvre et le délire, il n'eût rien dit du tout. On desserra un peu. Alors, se frottant les poignets, mordant son drap, il lança un regard enragé et désespéré (181). A Paris, enfermé dans la tour régicide (de Montgommery et Ravaillac), il y fut sanglé jour et nuit étroitement sur un lit de fer. Ses gardes, tout autour, étaient là attentifs, écrivaient ses mots ou ses cris : « On me fait parler, disait-il, quand j'ai le transport au cerveau. » Cependant, à côté, dans cette horrible tour, on mangeait, buvait et riait. Il y avait un cuisinier du roi, et table pour quinze personnes.

Aux interrogatoires, il mentit d'abord quelque peu dans l'idée de faire croire qu'il n'avait aucune famille, craignant pour sa fille et sa femme. A cela près, il parut franc et vrai, et non sans présence d'esprit. Le maladroit Maupeou lui disant : « Vous étiez dans de bonnes maisons où vous ne sentiez guère cette misère du peuple. » Il répliqua : « Qui n'est bon que pour soi, n'est bon pour rien. »

Sauf la nuit où l'homme de police le surprit et le fit mollir, il n'espéra et ne demanda rien. Mais, avec ce courage, il n'injuria point, ne récrimina point sur la Sodome de Versailles, les enfants enlevés, vendus, etc. Il gardait le respect. L'effronté président, sûr qu'il ne dirait rien, osa le mettre là-dessus, pour bien isoler cette affaire du mouvement de 1750. Damiens, en effet, ne dit rien (147), du moins s'il faut en croire le Procès imprimé.

« Point de complices ni de complot. » Sur cela il fut immuable. Grand chagrin pour la Cour. La famille restait inquiète. La Pompadour eût donné tout pour qu'il compromît les Jésuites. Mais pas un mot. Les juges humiliés « pour le faire chanter », demandèrent, firent venir d'Avignon une savante machine papale, admirablement calculée pour donner d'horribles douleurs. Seulement elle était si parfaite qu'elle eût trop abrégé. Les médecins d'ici, pour cette vie précieuse, aimèrent mieux qu'on s'en tînt aux coins, qui, serrant peu à peu, faisant craquer les os, donnaient un spasme atroce, mais mesuré à volonté, et aggravé ou répété. On lui poussa jusqu'à huit coins, et on ne s'arrêta qu'au point où les hommes de l'art dirent qu'il pouvait mourir. Cependant, dans l'horrible épreuve, pas plus que dans ses souffrances de deux mois, il ne céda à la nature, n'acheta nul adoucissement en se supposant des complices. Il n'articula rien qu'un propos léger d'un Gauthier, le jeu de mots banal du temps : « Le point, c'est de *toucher* le roi. »

Tout fini, arrangé à huis clos par les quatre, on joua, au moyen des quarante coquins qui simulaient le Parlement (*la carcasse* de la Grand'Chambre, dit Argenson), une scène de séance solennelle, où siégeaient les pairs et les princes.

Devant cette auguste assemblée, on apporta Damiens et on le fixa par des sangles à des anneaux de fer scellés dans le parquet. Il ne fut point déconcerté. Au contraire, sorti des tortures et léger de sa mort prochaine, il parut assez gai. Il nomma plusieurs pairs : « Voici MM. d'Uzès, de Boufflers, que j'ai servis à table. » A M. de Noailles : « Monsieur, n'avez-vous pas froid avec des bas blancs ? Approchez de la cheminée. » A M. de Biron, qui lui demandait ses complices : « Vous, peut-être », dit-il en riant. Cette gaieté alla un peu loin pour les quatre : « M. Pasquier, il faut le dire, parle bien, parle comme un ange. Il devrait être chancelier. » (*Rich.*, IX, 29).

On lui fit quelques questions ; mais Maupeou craignait tant qu'il ne répondît mal, qu'il parlait à sa place, lui laissait dire à peine un mot.

On assomma les princes d'un rapport qui dura vingt-six heures à lire et ne leur apprit rien. Orléans et Conti furent indignés. Conti, alors disgrâcié et qui, le 13 décembre, avait opiné hardiment, eût été volontiers le chef des résistances. Il demanda où était le journal tenu par les gardes. Il demanda pourquoi on ne faisait pas comparaître « ceux avec qui Damiens avait eu des rapports ». Cela voulait dire les Jésuites.

Le procureur du roi, au nom du roi, demanda et obtint arrêt, — l'arrêt de Ravaillac, l'arrêt le plus cruel du plus complet supplice qui fût jamais (brûlé et tenaillé, rompu, tiré et démembré, enfin brûlé encore et mis en cendres). L'imagination défaillante ne put rien au delà. Les juges, en leur amour ardent pour le meilleur des rois, cherchèrent en vain, ne trouvèrent mieux.

Le roi souffrirait-il cette abomination? « On a dit qu'il eut quelque idée d'enfermer Damiens chez les fous » (*Hausset*, 165). Il aurait fait un acte sage. Emporter l'infamie d'autoriser cela, pourquoi? pour assurer sa vie? c'était prendre sur soi, sur son nom, sur son âme, un horrible fardeau, et pour tous les mondes à venir.

Damiens et son petit canif (qui n'entra pas, glissa, Richelieu le dit au *Procès*), Damiens avait rendu au roi un vrai service. Il l'avait relevé. *Avant*, huit Parlements lui refusaient l'impôt. Ses financiers ne trouvaient plus d'argent. Chauvelin avait dit : « C'est le dernier soupir de la monarchie expirante » (*Argenson*). Mais *après* l'écorchure, quel changement ! Les femmes pleurent. Le Parlement, bon gré mal gré, se calme, ayant peur qu'on ne dise : « Ils sont pour Damiens. »

Le roi d'ailleurs était quelque peu engagé. Il avait dit au moment : « Je pardonne. » C'est qu'il croyait mourir, paraître devant Dieu. Guéri, il écouta tous ceux qui le priaient de se garder par la terreur.

Donc, cette chose horrible eut lieu le 28 mars. J'aime mieux que le greffier raconte. Il suivit l'homme, et il vit tout, tant qu'il en resta un morceau :

« Descendu dans la chapelle de la Conciergerie, l'accusé n'a rien déclaré. Là, les prières chantées et la bénédiction du Saint-Sacrement donnée, l'arrêt lu dans la cour et le cri fait par le bourreau, il a été mené en tombereau à la porte de Notre-Dame. Je lui ai dit « qu'ayant porté ses mains sanguinaires sur l'Oint du Seigneur et le meilleur des Rois, ses supplices suffiraient à peine pour venger la Justice humaine ; que la Justice divine lui en réservait de plus grands, s'il ne révélait ses complices. — *Réponse*. Ni complot, ni complices. Mais j'ai insulté M. l'archevêque. Je lui en demande pardon. »

Les commissaires (Maupeou, Molé, Pasquier, Severt) étaient à l'Hôtel de Ville pour l'écouter. Il ne dit rien de plus (quoique la tentation fût grande de retarder de si excessives douleurs). Sur l'échafaud, on lui brûla d'abord la main qui tenait le couteau. Je lui demandai ses complices. Il ne dit rien, fut alors tenaillé aux bras, cuisses et mamelles; et dessus on jetait huile, poix, cire, soufre et plomb fondus. Il criait : « Mon Dieu, de la force ! Seigneur, ayez pitié ! donnez-moi la patience. »

Il était fort. Et quatre forts chevaux ne purent l'écarteler. On en ajouta deux, avec peu de succès. Le bourreau, excédé, peut-être ayant pitié (de quoi il fut puni), monta et demanda aux commissaires « la permission de donner un coup de tranchoir aux jointures », ce qui fut refusé d'abord « pour le faire souffrir davantage » (*Barbier*, VI, 507). Cela aurait trop abrégé. Nombre d'amateurs distingués, de grandes dames, qui avaient loué cher les croisées de la Grève, n'en auraient pas eu pour leur argent. Les commissaires auraient paru peu zélés pour le roi. Cependant à la longue, pour en finir avant la nuit qui venait, on permit de trancher. Les deux cuisses partirent les premières, puis une épaule. Il expira à six heures un quart, le jour finissant (28 mars 1757).

Il n'a pas blasphémé, dit Barbier, ni nommé personne. Mais pour la religion, les confesseurs n'en sont pas trop contents (*Barbier*, VI, 508).

Pour le confesser et l'absoudre, on exigeait qu'il en devînt indigne, qu'il nommât des complices (qu'il n'avait jamais eus). Il s'en passa. Et il resta visible, par son procès, qu'il n'était ni de l'un, ni de l'autre parti théologique, qu'il avait cru agir « pour Dieu et pour le peuple (65)... Ayant été touché de voir à Paris, à Arras, le peuple vendre tout ce qu'il a pour vivre » (103, n°ˢ 156-157).

Les quatre commissaires furent payés après le supplice, reçurent des pensions du roi (*Barbier*). L'affaire fut excellente pour Maupeou, dont le fils deviendra plus tard chancelier.

Rien de mieux mérité. Ils rendirent le service de laisser le procès dans l'obscurité désirée. Ils permirent au greffier de le publier, écourté, avec un précis inexact, faux, de la vie de Damiens, que tous les historiens ont religieusement copié.

Les nombreux témoignages qu'on n'a pu supprimer, et qui se lisent en ce volume du greffier, quoique mutilé, m'ont permis de refaire cette vie selon la vérité. J'aurais voulu pouvoir consulter les originaux, bien plus complets sans doute. Quand je commençai ces études aux Archives, il y a trente ans, mon collègue, M. Terrace, qui avait en mains les registres du Parlement au Palais de justice (où ils étaient alors), me mena au coin d'un grenier, me dit : « Voici tout ce qui reste du Procès », et il souleva une horrible guenille, un lambeau rouge de la chemise du patient qu'on avait conservée. Pour les registres, rien. Les feuilles, à cette place, étaient brutalement arrachées.

CHAPITRE XX

Frédéric. — Rosbach. (1757.)

Écartons le regard au plus loin, et voyons l'Europe.

A ce moment (1er avril 1757), elle offre un grand spectacle, rare, imposant, terrible. Tous les rois sont d'accord. De tous les points leurs armées sont en marche. La terre tremble, ébranlée sous les pas de sept cent mille hommes.

Tous contre un seul. Tous contre Frédéric.

La chasse s'ouvre, et c'est la Saint-Hubert. Il sera bien habile, entre tous ces chasseurs, s'il peut esquiver, échapper (*Voltaire*).

En même temps, juste en ce mois d'avril, la guerre est déclarée à la libre pensée. Des ordonnances atroces ouvrent la chasse aussi contre les philosophes, la librairie, l'imprimerie. A l'écrivain la Grève, au libraire les galères à perpétuité. Pour les moindres délits, pénalités sauvages.

Cela éclaire le temps, fait comprendre la crise. La

croisade se fait et contre Frédéric, et contre l'*Encyclopédie*. Mort aux penseurs, et mort au roi de la pensée !

Gloire peu commune. Frédéric, mis au ban du monde, voit proscrire avec lui la grande armée des gens de lettres, « cette association fraternelle, désintéressée, que l'on ne reverra jamais ». L'*Encyclopédie* est brisée, démembrée. D'Alembert laisse là Diderot. La meute de la réaction hurle de joie. Fréron, les Jésuites et Trévoux mêlent un concert sauvage au tambour de Marie-Thérèse.

Il est bien temps qu'on fasse réparation à Frédéric, nié ou dénigré, amoindri cent années.

Le complot autrichien et la Presse gagée de Choiseul ont épuisé sur lui la calomnie.

Voltaire, pour un tort passager et fort exagéré, l'a cruellement persécuté, dans ses écrits posthumes, poursuivi par delà la mort.

Napoléon, en protestant de son admiration pour ce grand capitaine, n'oublie rien pour le ravaler. En jugeant ses opérations par les règles générales de géométrie militaire, il se garde de rappeler les circonstances très spéciales où fut le roi de Prusse. Il affirme hardiment, entre autres choses, que l'Autriche, qui préparait la guerre depuis douze ans, fut prise à l'imprévu. Il voudrait faire accroire qu'elle était inférieure en moyens militaires, oubliant ce grand fonds si riche qu'elle a, dans ses peuples soldats, ses Hongrois, ses Croates, les régiments frontières, la machine créée par Eugène. Surprenante ignorance, ou volontaire aveuglement? Il fallait d'abord reconnaître la chose énorme et capitale, c'est que l'Autriche, la France et la Russie, dans leurs cent millions d'hommes, avaient un grand fonds naturel, qu'au contraire Frédéric (si petit! quatre millions d'hommes) n'opérait qu'avec une force absolument artificielle, une épée forgée de vingt pièces, l'armée soi-disant prussienne, mais créée de toute nation. Œuvre d'art qu'on ne vit jamais et que n'ont plus offert les armées de la Prusse.

Cette armée, ce monstre admirable, eut l'unité passive dans une discipline terrible, mais l'unité active, la puissance et l'élan dans la grande âme qui l'inventa, la fit, la commanda, et marchait devant elle, lui donnait l'étincelle dans l'éclair bleu de son regard.

Fut-il le conducteur heureux d'une armée nationale, homogène, inspirée et brûlante (comme fut notre armée d'Italie), d'une armée lancée des hauteurs de la Révolution, qui roule à la victoire par une irrésistible pente? Point du tout.

Il fut moins encore un Wallenstein, chef puissant de l'universel brigandage, le tyran redouté près duquel tous cherchaient la liberté du crime.

L'armée de Frédéric n'eut ni l'un ni l'autre principe. Dans sa discipline excessive, elle fut soutenue par l'idée, confuse, mais très haute, de son grand Esprit :

L'*Esprit guerrier*, vainqueur, et si grand de lui-même que vaincu il ne baissait pas;

L'*Esprit défenseur* et sauveur (quelque français qu'il fût), sauveur de la patrie Allemande, contre la Barbarie Russo-Tartare, Hongro-Croate, etc.

Plus, ce qui est plus haut, le vrai *Roi des Esprits*, celui vers qui les penseurs libres, de tous les côtés de l'Europe, se tournent et regardent, d'une part d'Alembert, Diderot, et d'autre part Euler, plus tard Kant et Lessing, Herder, Goethe, la jeune Allemagne. Revenant à sa langue, elle eut pourtant sa source, son nerf en héroïsme de la Guerre de Sept-Ans. Si Kant, aux rocs de la Baltique, forgea l'homme de fer de la force immuable, c'est que, dans l'action, sous le poids de l'Europe, un homme avait montré le granit et le fer de l'invincible volonté.

Chose bizarre, il était né plutôt pour les arts de la paix et ne semblait pas avoir le tempérament militaire. Le fonds de Frédéric, comme on l'a très bien dit, c'était l'homme de lettres. Spectacle surprenant de voir ce petit homme, replet et presque gras, si mou jusqu'à trente ans, marcher devant ses troupes aux profondes boues de Westphalie, dans les neiges des monts de Bohême, dans ces batailles de décembre et janvier, ne connaissant ni hiver ni été, ni repos.

En paix, tout aussi grand. On n'a jamais connu de roi qui se soit souvenu à ce point des devoirs du roi, « le premier serviteur de l'État » (ce sont ses paroles). Il voulait l'impossible. Dans son zèle inquiet, il serait devenu volontiers le seul juge. On l'a vu, des années entières, suivre une enquête sur un minime procès de paysan, avec une passion, un acharnement de justice, à vrai dire, sans exemple. Il recevait les réclamants, il les faisait chercher et les encourageait. Moqueur pour d'autres, avec les pauvres gens, il était sérieux, les consolait, leur expliquait la dure fatalité d'un gouvernement en péril (entre Russie, France et Autriche), pressé dans un étau entre les trois géants.

Par lui, le paysan affranchi du servage, eut une liberté relative, très grande, si on la compare au sort abject de ceux de Mecklembourg, de Pologne et de Russie. Nul impôt qu'indirect. La libre élection des pasteurs, du maître d'école (s'ils repoussent celui que le consistoire a choisi). Enfin, l'appel au roi. Moyen grossier, barbare, qui pourtant effrayait, contenait les fonctionnaires. Ce qui est sûr, c'est que les étrangers venaient en foule à Frédéric : tels pour l'armée, comme les lords Keith et Maréchal; tels pour l'industrie, la culture. Tant de colons qui affluaient, parlent assez haut pour lui. Les réfugiés de tous les cultes venaient au grand asile. Près de nos protestants, chassés par les Jésuites, arrivèrent les Jésuites, quand leur ordre fut supprimé.

Je hais les fades et fausses légendes du despotisme bienfaisant, des bons tyrans, etc. Mais, ici, on doit avouer que, sans le nerf tendu d'un gouvernement concentré, sans une discipline terrible, la Prusse n'eût jamais existé. Bien plus, sans l'énergie de ce grand défenseur, les événements les plus sinistres étaient à craindre pour l'Europe. On vit (1744), lorsque Marie-Thérèse crut envahir la France, l'atrocité barbare des bandes qui firent l'effroi de l'Alsace et de la Lorraine, les mutilations turques, les brûlés et les éventrés.

D'autre part, quand les Russes virent l'Europe épuisée (1748), ils eurent l'idée d'avancer à l'Ouest, d'entrer en Allemagne. Frédéric ajourna ce danger tantôt en payant leurs ministres, tantôt en montrant qu'il pourrait faire appel à la France et à l'Angleterre (*Dover*, II, 179). Moins prudents les Anglais, dans la peur d'une descente (1755), eurent l'idée déplorable d'acheter cinquante-cinq mille Russes, et de les lancer sur la France. Frédéric se mit entre, jura qu'ils ne passeraient pas.

On ne voit pas assez son danger permanent, dans cette ombre mortelle, sous ce froid géant famélique, dont la gueule dentue bâille toujours vers le riche Occident. Bête épouvantable de proie, entourée par surcroît des vermines affamées, la racaille Cosaquo-Tartare, déménageurs terribles (en Hongrie ils prenaient jusqu'aux glaces cassées, 1849; en Pologne ils prenaient jusqu'aux jouets d'enfants, jusqu'aux poupées brisées). Quand Frédéric arrache à la Russie un morceau de Pologne, c'est qu'elle l'a déjà dans les dents.

Revenons à l'année 1757.

Il est très faux de dire que d'abord Frédéric n'eut affaire qu'à l'Autriche. En avril, cent cinq mille Français entraient chez lui par le Nord et le Centre. En avril, les Suédois, entraînés par la France, franchissaient la Baltique. En avril, la Diète Allemande, menacée par la France, poussée, forcée, armait contre la Prusse. En avril, la grande armée russe s'ébranlait, et ses masses hideuses de Cosaques et de Tartares. Elle allait lentement. Mais la cruelle approche d'un tel fléau forçait Frédéric de tenir une armée au Nord et d'affaiblir d'autant celle qui agissait au Midi.

L'Autriche n'était point désarmée. Elle avait concentré de grandes forces sous Charles de Lorraine et Brown. Une autre armée, sous Daun, se formait à côté, augmentée chaque jour d'inépuisables flots de la barbarie du Danube. Un matin, du milieu de son calme apparent, Frédéric fond sur la Bohême. Et le voilà vers Prague, aligné devant les barbares. Depuis dix ans, la Prusse n'avait pas fait la guerre (6 mai 1757). Son armée, en partie novice et mêlée de tout peuple, serait-elle au jour du combat celle qui frappa de si grands coup? On pouvait en douter. L'Autrichien se croyait couvert par des marais où l'on enfonçait à mi-jambe. Il fut bien étonné de voir la sombre ligne noire de soixante mille hommes qui résolument traversait ce sol mouvant, venait à lui, — plus étonné de voir que cette ligne immense, sur une demi-lieue de longueur, et par un tel terrain, ne flottait pas, qu'elle avançait d'ensemble, aussi droite qu'une barre d'acier. Nulle musique pour régler le pas. Au vain tintamarre turc des Autrichiens, nul bruit, nulle voix ne répondait. La masse noire allait, comme un spectre muet, ne répondant pas même aux canons, à la fusillade. Le roi défend qu'on tire, veut toucher l'ennemi et frapper de la baïonnette.

Le curieux était de voir cette armée toute neuve devant l'artillerie, la cruelle canonnade emportant des lignes entières, — de voir aussi en danse la fille vierge de Frédéric, son œuvre, sa cavalerie, industrieusement préparée, une Hongrie du Nord contre la Hongrie de l'Autriche. Cette merveille ici paraissait pour la première fois.

Grande épreuve. Tous les généraux marchaient devant. L'honneur du premier coup fut à Fouquet, l'un des Français de Frédéric. D'autres généraux tombent. On allait lentement sous ces bouches de fer qui crachaient un enfer de mort et de fumée. Un des pères de l'armée, le vieux Schwérin, jeune à soixante-douze ans, ne souffrit pas cela. Pour enseigner les jeunes, il empoigne un drapeau, marche droit à ces chiens, les fait cracher contre l'Autriche.

Il fut tué, mourut dans son drapeau. Mais l'effet en fut tel que l'infanterie, dès lors maîtresse, ayant d'un coin de fer fendu en deux parts l'ennemi, il ne put jamais réunir ses deux moitiés. L'une s'enfuit à gauche, alla joindre l'armée de Daun, qui était à huit lieues. L'autre, énorme (quarante-huit mille hommes), se mit derrière les murs de Prague.

Napoléon, dans le repos de Sainte-Hélène, me semble ici bien dur pour un homme en situation si terrible. Il le trouve imprudent, précipité, un téméraire qui de ses calculs élimine le lieu, le temps, toutes les règles. — Mais quoi? *il n'y avait plus de temps !*

Il faut juger ces choses par la crise révolutionnaire. Frédéric était juste au point des premiers généraux de la Révolution. L'extraordinaire, l'absurde, l'impossible, entra dans ses moyens, parfois lui réussit.

Voici le fond, le vrai : comme les Russes vont lentement, lui donnent quelques mois, comme des trois colosses, Russie, France et Autriche, il n'en a que deux sur les bras, il doit ou périr sans remède, ou pour un an désarmer deux empires. Eh bien, il le fait à la lettre :

Vainqueur, vaincu, en trois batailles horriblement sanglantes, il fit une saignée à l'Autriche, telle qu'elle ne remua de longtemps.

Par l'affaire de Rosbach, d'immortel ridicule, il porta à la France un si grand coup moral, qu'elle se méprisa, fit des vœux contre soi, n'admira plus que son vainqueur.

Napoléon, certes, est bien difficile. Quoi de plus grand se fit jamais ?

« Oui, mais contre les règles. » Assiéger cette grosse Prague, une garnison de cinquante mille hommes ! Quoi de plus insensé !

Plus insensé encore d'aller attaquer l'autre armée, celle de Daun. « Il aurait dû d'abord entourer Prague d'une double ligne de circonvallation et contrevallation. » Un travail de trois mois !... Mais, pendant ce temps-là les Russes entreront, les Français iront jusqu'à Berlin rencontrer les Suédois !

Et ce Daun, à dix lieues de Prague, qui reçoit d'heure en heure des torrents de barbares, si on ne l'étouffe aujourd'hui, demain ce sera une mer, un déluge d'armes et de soldats. Frédéric y court. Il le voit perché haut, retranché. N'importe. Daun a soixante mille hommes, Frédéric trente mille. N'importe. La force révolutionnaire c'est le mépris de l'ennemi. Daun résiste, crible Frédéric. « Celui-ci a tort ? » Point du tout. Daun en reste si faible, qu'il ne peut bouger de sept mois. Sept mois ! Gagner cela, mais c'est plus que d'avoir vaincu.

Ces batailles étaient des massacres immenses. A la première, celle de Prague, vingt-huit mille hommes restent sur le carreau ; à celle de Kolin, la seconde, vingt mille. Rien n'était préparé pour de tels événements, nuls secours d'hôpitaux. Dans un tel abandon, les blessés sont des morts.

Horrible guerre de femmes ! Avec quelle passion étourdie et sauvage les trois dames l'avaient préparée ! Avec quelle furie de colère, d'acharnement, elles l'exécutèrent, dans leur mortelle *envie* de tuer le grand homme du temps !

Les malheurs se suivent et s'enchaînent. Tous à la file accablent Frédéric : malheurs publics, malheurs privés. Il perd sa mère, le soutien adoré de sa jeunesse en ses cruelles épreuves. Il perd son frère, en quelque sorte ; ce frère, héritier du royaume, eût mieux aimé traiter ; il fallut l'éloigner. Au revers de Kolin succéda la nouvelle que, pendant que la Suède a saisi la Poméranie, la masse russe (et sa nuée tartare) entre par l'Est et mange tout. Cependant les Français occupaient tout l'Ouest, vainqueurs à bon marché, ne rencontrant personne.

Son unique alliée, c'était la petite armée de Hanovre, misérable et peu aguerrie sous Cumberland, le fils de

Georges. Cumberland, battu à Hastembeck, et sûr de l'être encore, recule et recule toujours, poussé par Richelieu. Il arrive à la mer. Va-t-il sauter dedans? Ou bien le désespoir lui fera-t-il livrer bataille? Richelieu qui, je crois, a de sa propre armée la triste opinion que Cumberland a de la sienne, accorde à ses trente-huit mille hommes la convention de Kloster-Seven : ils restent armés, mais seront neutres. Les Français gardent le Hanovre, point essentiel à Richelieu, qui ne voulait rien que piller, et qui put à son aise manger tout le pays.

Ainsi, le 8 septembre, Frédéric a perdu son seul allié. Quoiqu'il défende encore la Silésie, on fait de lui si peu de compte que les cavaliers de l'Autriche s'en vont jusqu'à Berlin insolemment la rançonner.

Voilà le point où Vienne voulait voir Frédéric. Là tendait tout l'effort des douze années. Ce n'était pas en vain que la pieuse Marie-Thérèse employait aux prières quatre ou cinq heures par jour : elle était exaucée. Le mécréant sentait le bras de Dieu. Dans ses fatigues extrêmes, ses marches, ses combats acharnés, il y avait à parier qu'il périrait. Mais cela n'allait pas à la haine de Marie-Thérèse ; elle eût voulu le voir prisonnier et traîné dans Vienne, se déclarant vaincu, criant contre le ciel, disant comme Julien l'Apostat : « Tu as vaincu, Galiléen! »

Œuvre pie! Et elle est travaillée par des Voltairiens. De Vienne, Kaunitz dirige tout. Son actif instrument, plein d'esprit, plein d'audace, Choiseul, jusqu'en août, suit ici le grand plan autrichien : « La paix en

France, et la guerre en Europe. » Le Parlement se calme, les exilés reviennent, la justice reprend son cours. D'autant plus vivement le roi pourra pousser la guerre, accabler Frédéric.

Depuis août, Choiseul est à Vienne. De là, bien mieux que de Paris, il stimule nos généraux, Richelieu et Soubise. Il a le zèle ardent d'un homme qui monte au ministère, qui brûle d'être ici le lieutenant de Marie-Thérèse. Dans ses lettres (*Richelieu*), il ne cache pas le motif qui le presse. Il est pauvre ; il vit par sa femme (délicate et fragile) ; s'il la perd, « il sera dans la plus affreuse indigence ». Le pauvre est capable de tout.

A ses débuts, il s'était posé en *méchant* par les perfidies galantes, les femmes compromises, les mots mordants. Il était craint des sots. Il se disait alors le *chevalier de Maurepas*, autrement dit un Maurepas plus jeune, qui reproduirait l'autre, son esprit, ses malices. Il passa son modèle. Par lui surtout l'Autriche sut pervertir l'opinion. On ne croyait pouvoir éreinter Frédéric qu'en égarant Paris, en corrompant la Presse. Tous les écrivains faméliques savaient qu'on n'aurait rien que par la cabale autrichienne. Ils prêtèrent leur plume à Choiseul. Il eut un atelier de satires, de chansons sur un même thème invariable, l'avilissement de Frédéric. Sur tous les tons, sur tous les airs, on chanta, on dit et redit qu'il vivait à la turque. Il n'appuyait que trop ces bruits par un cynisme étrange, l'ostentation des vices dont il était bien peu capable. Il n'était qu'un cerveau. S'il eût vécu ainsi, certes, il n'eût pas gardé cette énergie prodigieuse, cette capacité étonnante de travail jusqu'au dernier âge. Il n'est pas si facile d'être tout à la fois un Henri III et un héros. On a vu ce que Louis XV devint par ses vices d'enfance, son énervation féminine, sa honteuse timidité. Une chanson terrible, vraie *Marseillaise* du mépris, l'accuse précisément des hontes qu'on reprochait à Frédéric. Elle éclaire, mieux que la Hausset, l'histoire du privé de Choisy (1755).

Regardons les deux rois à ce moment (1757). Que fait Louis XV ? et que fait Frédéric ?

Louis XV, après Damiens, fut quelque temps captif, n'osait sortir, aller au Parc-aux-Cerfs. Il avait toujours chez lui Madame, mais un peu négligée, qui se désennuyait avec le petit Louis XVI et le charmant petit Narbonne. La Pompadour imagina, pour mettre le roi plus à l'aise, de lui faire au plus près et contre la chapelle un Parc-aux-Cerfs réduit, resserré, ignoré. Dans deux chambres sur la triste cour, d'où l'on entendait le plain-chant, on lui logea des filles (exemple la jeune épicière que lui vendit sa mère affamée (*Hausset*). On leur disait que c'était un seigneur. Une dit : « C'est le roi ! » Et on l'enferma chez les folles. Ces belles indiscrètes étaient fort incommodes, surtout par l'embarras des couches, que détestait le roi. De plus en plus, il se fit donner des enfants, pauvres jouets stériles, dont il se faisait magister, dans ce petit logis étouffé et fétide. Vie sale autant que sombre d'un misérable prisonnier.

Frédéric a du moins, il faut en convenir, un intérieur plus aéré. Quel intérieur ? quel cabinet ? immense. Ce n'est pas moins que la plaine du Nord, le grand champ de bataille de trois cents lieues de long. Il fait face aux deux bouts par une rapidité terrible, qui semble le vol des esprits. Le soir, sous la tente légère, qui frissonne à la bise, il tire encrier, plume, tout comme à Potsdam il écrit. Il fait des vers, souvent mauvais, qui témoignent du moins d'un bien rare équilibre d'âme. Vrai siècle de l'esprit : ce qui l'inquiète, c'est Voltaire. C'est à lui qu'il envoie sa pensée (la dernière peut-être). Et le danger l'inspire. Plusieurs de ces vers sont très beaux :

> ... Pour moi, menacé du naufrage,
> Je dois, faisant tête à l'orage,
> Penser, vivre et mourir en roi.

Voltaire lui avait jusque-là gardé rancune, entouré qu'il était des caresses de la Pompadour, de Kaunitz, de Choiseul. Il fut touché pourtant, lui conseilla de vivre, et il écrivit à la sœur de Frédéric qu'on pouvait s'arranger, « que, si l'on voulait *tout remettre à la bonté* du roi de France » (21 août 1757), Richelieu pourrait bien agir et se porter arbitre. C'était le pire conseil à coup sûr qu'on pouvait donner. Frédéric, tout surpris qu'il fût de l'innocence de Voltaire, fit semblant de le croire, et écrivit à Richelieu, le flatta, l'endormit. Richelieu écouta, répondit, même se fit un chiffre secret pour bien s'entendre avec le roi. Devant un pareil homme, il avait plus d'envie de négocier que de se battre.

Frédéric l'amusait, préparait un grand coup. Il jugeait froidement qu'il lui restait des chances et de grandes ressources morales.

L'Allemagne lui faisait la plus absurde guerre, à lui son défenseur, le défenseur des princes que l'Autriche poussait contre lui. Il les rappelait au bon sens, leur demandait pourquoi ils se hâtaient tant d'être esclaves, de faire les Allemands serfs du roi de Hongrie. Contre qui marchaient-ils? contre celui qu'ils imitaient, admiraient, révéraient, leur maître. L'Autriche même tâchait d'organiser des troupes à la prussienne. Le petit Joseph II, enfant, le futur czar Pierre III, ne juraient que par Frédéric. Nos meilleurs officiers (Saint-Germain et Luckner) étaient de parfaits Prussiens. Leurs vœux étaient pour lui, ceux de la plupart des Français. D'Argenson n'ose dire qu'il lui souhaite de battre les nôtres, mais il parle des Russes. « Ah! dit-il, si le roi pouvait accabler ces coquins! »

Quel eût été le deuil de tous les penseurs en ce monde, si l'on eût perdu Frédéric! Berlin n'était-il pas l'asile de la libre pensée, de la plus précieuse des libertés, la liberté religieuse? Frédéric le sentait. Il se sentait gardien et des droits de l'Empire et des droits de la conscience, nécessaire à la fois à la patrie, au monde. Je ne trouve pas ridicule (quoi qu'on ait dit) qu'en sa pensée suprême, il invoque l'ombre de Caton.

Jamais personne ne brava tant la mort. Il le fallait. Ses soldats, si dociles en bataille, étaient exigeants, regardaient s'il était avec eux au danger. Le soir d'une bataille, le voyant à leurs feux, ils disent dans leur liberté rude : « Eh! Sire! où étiez-vous? On ne vous a pas vu... » Il ne répondit rien. Mais ils virent son habit troué de balles et il en tomba une. Les voilà bien honteux. « Sire, nous mourrons pour vous. »

Sa gaieté héroïque était inaltérable. Dans cette année terrible, un peu avant Rosbach, on lui amène un de ses Français, un grenadier qui désertait. « Pourquoi nous quittes-tu ? — Sire, vos affaires vont mal. — C'est vrai... Eh bien, écoute : encore une bataille! si cela ne va mieux, nous déserterons tous les deux » (*Thiébault*).

L'étonnement de Marie-Thérèse, c'était notre lenteur. Par Choiseul, qui était à Vienne, elle demandait à chaque instant pourquoi on ne se hâtait pas de donner le coup de grâce. — Elle employa, le 3 septembre, la ressource suprême qui lui avait déjà servi, un voyage de l'Infante près de son père. L'Infante se mourait de deux passions, celle du grand mariage autrichien, et celle d'aller aux Pays-Bas, de quitter son désert de Parme pour ces grandes villes riches, peuplées, de Bruxelles et d'Anvers. Bernis, son ex-amant, qu'elle avait eu en Italie, était devenu si prudent qu'il respectait, approuvait les excuses de Richelieu et de Soubise, tous deux fort peu pressés de voir le lion au gîte. Dans son désespoir même, celui-ci était redoutable. Par sa petite armée du Nord (vingt mille contre soixante mille) il avait étrillé les Russes à Jœgernoff; tout en se proclamant vainqueurs, ils en eurent assez, s'en allèrent. Plus récemment, sur Soubise même, il eut un avantage léger, mais qui fit rire. Soubise a huit mille grenadiers, fuit devant quinze cents Prussiens, perd son camp et tous ses bagages.

La guerre était menée réellement par la Pompadour. Entre le vieux Bellisle et le vieux Duverney, elle aurait pu avoir de bons conseils, mais ne les suivait pas. N'étant que par l'Autriche, ne suivant que Marie-Thérèse, elle attendait le mot de Vienne. Ce mot était d'agir secondairement par Richelieu, mais de faire les grands coups par les vingt-cinq mille hommes que commandait Soubise, uni à l'armée de l'Empire, trente-cinq mille Allemands, qu'un Allemand menait, le prince Hildbourghausen, un valet de Marie-Thérèse. Les Français étant moins nombreux, la gloire serait toute allemande, toute à Marie-Thérèse ; elle aurait été quitte de la reconnaissance, quitte de ses promesses, eût refusé les Pays-Bas.

Qu'était ce favori Soubise ? Rien en lui, mais tout par sa sœur, Marsan (Soubise), gouvernante des enfants de France, qui avait eu ce poste de confiance par la grâce de Marie-Thérèse. Ces Soubise, depuis la belle rousse de Louis XIV, étaient toujours des favoris. Trois cardinaux Soubise sont les grands aumôniers ; le premier (fils du roi ?), c'est ce cardinal femme, célèbre par sa belle peau et son zèle moliniste ; le second, joli homme épuisé, qui meurt jeune, passait, dit Argenson, pour amant de sa sœur. Son frère, le général, brave homme et médiocre, plaisait à Louis XV par l'analogie de leurs mœurs. Sa sœur (Marsan) le fit tellement adopter de l'Autriche et de la Pompadour, qu'on voulait lui donner ce que ne put avoir Turenne : on voulait le faire connétable !

Soubise, de Vienne et de Versailles, recevait des lettres pressantes qui revenaient à dire : « Allons, sois un héros. » Le destin l'accabla. Un autre, Richelieu, eût été battu tout de même. La décadence pitoyable de l'armée (comme de toute chose) arrivait au dernier degré. Nos Français sont terribles aux premières guerres de Louis XV, à Guastalla, au combat de Plélo (1731). A Fontenoy, l'infanterie mollit, percée par la colonne anglaise (1745). Ici tout est dissous (1757). Personne ne se soucie de guerre. « Nos paysans en ont horreur, » dit Quesnay (art. *Fermiers*, dans l'*Encyclopédie*).

L'âme est morte ? Non pas. Avant Mahon, quand on dit qu'on n'embarquerait que les gens de bonne volonté, ils voulurent tous en être. Mais dans cette misérable guerre d'Allemagne, se traînant, embourbés dans la boue, le vol et le pillage, et les jambons de Westphalie, ils se moquaient d'eux-mêmes, méprisaient cette guerre qu'on faisait pour trois femmes, et (sans nul doute usant déjà du mot rude de 92) « pour ces cochons de Kaiserlics. »

L'armée française, chaque matin, à dix heures, offrait un grand spectacle. Devant les tentes, en ligne, on coiffait tous les officiers. Les coiffeurs, l'épée au côté, les tenaient sous le fer, frisaient, poudraient à blanc. Cérémonie essentielle. Comment se montrer décoiffé ? Défrisé, on n'était plus homme. Nul besoin du service, nul danger n'aurait ajourné.

Cela prenait du temps, bien plus que sous Louis XIV. Car la vaste perruque du dix-septième siècle était frisée la nuit, toute préparée pour le matin. L'artiste, au dix-huitième, vous tenait par la tête une heure et plus. Aussi, les perruquiers avaient pris un grand vol. Ils devinrent innombrables. En 89, à Paris, ils étaient vingt ou trente mille.

Ces officiers coquets, quoique assez vifs au feu, de mœurs, d'habitudes, étaient femmes. Aux salons, ils brodaient, découpaient des estampes, etc. Plusieurs étaient très jeunes. Tel colonel avait quinze ans. A l'assaut de Mahon, on en vit un de douze, qui ne savait marcher; ses petits pieds se froissaient aux décombres; un grenadier le prit, lui servit de nourrice.

Ces faibles créatures ne manquaient guère, par vanité, d'entretenir des femmes. Leurs actrices, chanteuses ou danseuses, les suivaient vaillamment dans leurs carrosses, avec leur train, coiffeurs et cuisiniers. L'officier, sa toilette faite, laissait le camp, allait au camp des femmes rire et causer. Le maréchal de Saxe n'en fit-il pas autant ? est-ce qu'il n'avait pas sa Favart pour chanter avant la bataille ? Mais ces dames n'auraient pas marché, si elles n'eussent trouvé à la guerre tout ce qu'on avait à Paris, leurs marchandes de modes, leurs soieries, essences et parfums, parasols et fard, mouches à mettre au coin de l'œil.

L'esprit d'égalité gagnait. Les subalternes, d'après

les officiers, voulaient avoir des filles, les soldats même aussi. On dit que douze mille chariots traînaient à l'arrière-garde. Vaste camp pacifique, qui avait l'aspect d'un bazar.

Pour être juste, il faut, à cette corruption étourdie, en opposer une grossière, celle de l'Autriche. Qui croirait que parmi les fournisseurs de Frédéric, ses marchands de foin et de farine, on comptait l'Empereur lui-même? Oisif, avare, il jouait au trafic; il nourrissait l'armée qui battait celles de sa femme. Vienne était remplie d'espions de Prusse. Les grandes dames, dans leur vie gourmande, molle et voluptueuse, avaient toutes quelque favorite, quelque petite femme de chambre, lui disaient tout. Le bijou ennuyé se consolait par un amant et lui livrait ses confidences. Il les transmettait à Berlin. On put savoir ainsi que le général de l'Empire recevait de l'argent de Vienne, qu'il entraînait Soubise, et le presserait de se battre à la première occasion.

Le 7 novembre 1757, Frédéric, n'ayant que vingt mille hommes, des hauteurs de Rosbach, contemplait l'armée de Soubise et du prince Hildbourghausen, augmentée d'un renfort qu'avait envoyé Richelieu. Soubise hésitait à combattre, disait à son collègue l'attitude réelle du Prussien, caché par ses tentes, et qui derrière s'était mis en bataille.

A ce moment critique, vient un billet de Vienne pour Soubise, billet de Choiseul. Il lui conseille, le presse de se battre (*Duclos*, 646). Conseil impérieux! Soubise y sent l'impératrice, l'ordre absolu.

Que faire? S'il ne combat, c'est fait de sa fortune.

« Je le tiens, disait le sot prince allemand, je vais l'envelopper. » Opération très simple. Il fallait pousser notre armée à droite, cerner leur aile gauche, leur couper la retraite ; et pour cela d'abord faire un long défilé, passer devant le Prussien, sous son artillerie.

On n'est pas à moitié que ses tentes ont tombé. Il apparaît... Sa cavalerie se démasque et s'élance. La nôtre lutte un peu. Mais l'infanterie ne soutient rien ; on travaillait à la mettre en bataille ; dans ces mouvements commencés, trois volées de boulets la troublent, elle fuit à toutes jambes. Soubise amène ses réserves ; trop tard ; on les culbute aussi.

L'affaire ne fut que ridicule. Peu de blessés, très peu de morts, mais d'innombrables prisonniers. La suite aurait été terrible si la nuit, venue de bonne heure, n'eût charitablement couvert le camp des femmes, ce grand troupeau de faibles créatures, de dames qui s'évanouissaient, de filles éperdues qui criaient. Les marchands lachèrent tout, n'eurent le temps d'emballer. Les cuisiniers laissèrent leurs batteries. Loin devant, vrais zéphirs, volaient les perruquiers, jetant l'épée qui leur battait les jambes. Ce tourbillon eût été loin, si l'Instrutt, un méchant torrent, n'eût tout arrêté court. Un seul point ! Un long défilé.... Deux jours, trois jours on fuit de différents côtés. A jeun. On n'a rien emporté. Si par bonheur on trouve, à peine on veut dîner, qu'un cri part : « Voici l'ennemi. »

Le camp abandonné fut pour la sombre armée du

roi de Prusse un surprenant spectacle. Ces moines du drapeau, dans leur vie dure, n'avaient aucune connaissance d'un tel monde de bagatelles, de frivolités parisiennes ; que faire d'un tel butin? Par l'ordre exprès du roi, les blessés furent soigneusement recueillis et soignés. Lui-même il fit manger les officiers avec lui, à sa table, leur en fit les honneurs, s'excusant de n'avoir pas mieux. « Mais, Messieurs, je ne vous attendais pas sitôt, en si grand nombre. » Il dit encore : « Je ne m'accoutume pas à regarder des Français comme ennemis. » Et en effet, entre nos officiers, tous enthousiastes de lui, il avait l'air du roi de France.

Un cri d'admiration partit de l'Angleterre et de la France même. Vingt chansons célébrèrent Soubise.

Cependant Vienne avait repris la Silésie, l'occupait avec cent mille hommes. Frédéric y court. Il en a trente mille, mais si sûrs qu'au moment il dit : « Si quelqu'un flotte, hésite, je lui donne congé ; il peut se retirer, sans blâme et sans reproche. » Pas un ne s'en alla.

Le sot démon d'orgueil qui possédait Marie-Thérèse, avait gagné les siens ; ils déliraient d'avoir repris la Silésie. Ils raillaient Frédéric. La terrible boucherie de Lissa les fit sérieux. Ils payèrent de leur sang. C'était la septième bataille de Frédéric en cette année (4 décembre 1757), et son chef-d'œuvre militaire. Napoléon lui-même en parle avec admiration.

Dès ce jour-là, son sort était changé. Il pouvait désormais largement réparer ses pertes. Pitt, depuis juin, gouvernait l'Angleterre. Frédéric reçut à la fois de l'argent, une armée. L'armée hanovrienne, après Rosbach, déchire sa convention, et elle est mise aux mains des généraux de Frédéric. Quinze millions par an lui sont donnés de Londres. Il peut nourrir, payer les nombreux déserteurs qui de tous côtés lui arrivent, veulent servir le grand Roi de Prusse.

Véritablement grand [1]. Les Autrichiens eux-mêmes, regrettant de lui faire la guerre, dans le Prussien ressentirent l'Allemand. L'admiration d'un homme rouvrit la source vive de la fraternité. Le culte du héros leur refit la *Germania*.

Dans les nobles et simples récits que Frédéric nous donne de cette guerre unique, il n'a daigné rien faire pour en relever la grandeur. Loin d'en marquer l'effet, les résultats moraux, immenses, qu'on entrevoit ici, il s'en tient au technique, dit seulement pourquoi et comment il fit cette manœuvre, livra, gagna cette bataille, très attentif surtout à bien marquer ses fautes pour ne pas tromper l'avenir. Nulle excuse pour ses défaites. Une véracité héroïque. Les succès plutôt amoindris. Sur le nombre des morts, des prisonniers, si les narrations diffèrent, c'est dans celle de Frédéric que le nombre est le plus petit.

On sent en lui une chose très belle, c'est que ses faits de guerre il les a vus d'en haut.

Derrière le capitaine et au-dessus est le *Frédéric*

---

1. Il n'a qu'une tache, sa participation au partage de la Pologne, préparée depuis cent ans. Voy. plus haut Thorn et les Jésuites, auteurs réels de cette ruine. Je l'expliquerai mieux au tome suivant.

roi, dont l'autre Frédéric n'est que le général.

S'il n'eût été ni roi, ni général, il resterait encore un des premiers hommes du siècle. En parcourant la colossale édition de ses œuvres (trente volumes in-quarto), on reconnaît avec tous les critiques, les Villemain et les Sainte-Beuve, ce que le libre esprit des Diderot et des d'Alembert disait sans flatterie : C'est un grand écrivain, excellent prosateur, net, simple, mâle, d'étonnant sérieux, qui, même en face de Voltaire, dans ses très belles lettres, se soutient avec dignité.

Quelques formes bizarres, imprudemment cyniques, dont on abusa contre lui, n'empêcheront pas de déclarer :

Qu'il fut le caractère le plus complet du dix-huitième siècle, ayant seul *réuni à la force l'idée*.

CHAPITRE XXI

Credo du dix-huitième siècle. (1720-1757.)

Le grand coup de Rosbach frappait, non seulement la Pompadour, mais le Dauphin et la Dauphine. Celle-ci avait cru venger sa mère, le Dauphin venger Dieu. C'est par là que l'Autriche les avait pris, par là que l'amie de l'Autriche, gouvernante des enfants de France, Madame de Marsan, née Soubise, avait poussé son frère. Le Dauphin, fort peu Autrichien, le fut dans cette année 1757. Il eut le charitable espoir qu'on avait, en se mettant dix contre un, d'exterminer l'impie.

Voltaire la même année, ainsi que Frédéric, avait sa victoire, son Rosbach. C'est l'*Essai sur les mœurs*. Livre immense, livre décisif, qu'on attendait depuis quatre ans. Frédéric, quand Voltaire le quitta (1757), laissa publier la copie incomplète qu'il avait dans les mains. Elle fut à l'instant réimprimée partout. L'ouvrage ne parut complet, dans sa grandeur, qu'en mars 1757. Tiré du premier coup à un nombre inouï (sept mille), il inonda l'Europe, la remplit de lumière. Mais ce qui est bien plus, ce livre, plein de vie et d'initiative, en donne à tout le monde. Il commence une enquête immense sur l'histoire qui ne s'arrête plus. Le siècle marche dès lors dans un chemin nouveau, toute la grande armée historique, les Mably, les Raynal, les Hume, Gibbon et Robertson, Jean de Müller, etc. D'une part les critiques, et de l'autre les narrateurs, la philosophie de l'histoire, les Turgot et les Condorcet.

La France est loin de se sentir vaincue. Tout au contraire, elle envahit l'Europe. Le cycle varié de ses grands écrivains très harmoniques entre eux, répond aux besoins variés, aux sentiments des nations. Montesquieu gagne l'Angleterre, à ce point qu'il y fait Blakstone. Buffon, dans sa solennité, inaugure en Europe les études de la nature, Diderot la critique inspirée et des arts et de toute chose.

Ce qui prouve le mieux la souveraineté de la France, c'est l'avidité, le respect, j'allais dire la religion, avec laquelle l'Europe l'accueillait dans son œuvre mêlée, énorme et indigeste, de l'*Encyclopédie*. Rien ne donne aujourd'hui l'idée d'une telle chose. Tant de milliers de souscripteurs, pour un livre si lourd, si cher.

Chaque volume est reçu comme un événement, salué avec enthousiasme. Bonne nouvelle ! l'année de Rosbach, le septième volume a paru. L'Europe en est charmée. Outre les articles éclatants de Voltaire,

Diderot, beaucoup d'autres saisissent, commandent l'attention. De l'article *Genève* qu'a donné d'Alembert, une révolution va sortir, le grand schisme encyclopédique.

C'est un sot préjugé, malheureusement fort répandu, qu'avant cette réaction le siècle avait flotté, divagué de côté et d'autre. Erreur. Il a marché très droit.

Qu'on me laisse un moment remonter et marquer depuis 1720 quelle avait été cette voie.

I. *L'Action*. — Montesquieu et Voltaire.

Le point de départ est l'arrêt de Montesquieu (dans la 117º des *Lettres persanes*) sur le catholicisme, « qui ne peut durer cinq cents ans ».

Il n'eut jamais d'éclipse plus forte que sous la Régence. On ne le combattit pas ; on l'oublia.

Le jugement de Dieu, qu'il attestait toujours, avait deux fois prononcé contre lui. Vaincu deux fois, avec Philippe II, avec Louis XIV, il paraissait fini. Il l'était bien plus en lui-même, ayant dans l'*Unigenitus* condamné l'Évangile, et les propres mots de Jésus.

Montesquieu ne s'amuse pas à faire la petite guerre, noter tel scandale, tel abus. Il va à la vraie question : Si le catholicisme meurt, est-ce un effet de ses abus qui l'écartent de l'Évangile ? ou l'effet naturel, nécessaire, du principe chrétien ? — Quel est-il, ce principe, et quelle est sa portée ?

Regardant l'avenir, dédaignant le présent et méprisant ce monde, condamnant toute occupation mondaine, maudissant la nature, il est essentiellement stérile et dépopulateur (*Lettre* 114). — Il est le père des moines, mais il en est le fils, issu du monachisme oriental, si fort en Égypte, en Syrie, avant Jésus, plus fort dans la mort de l'Empire, ce grand tombeau des nations. Au monde défaillant qui n'agissait plus guère, qui n'espérait plus rien, il interdit l'espoir, *défendit l'action*.

Le premier mot qui part, en 1734, le premier cri, c'est : « *l'action* ».

Voltaire, dans ses *Lettres anglaises* et la lettre contre Pascal, dit la grande parole, le moderne Symbole : « *Le but de l'homme est l'action.* »

Nous avons vu Voltaire à ce très beau moment, qu'on pourrait dire son moment stoïcien, quand, pauvre, ruiné, au retour d'Angleterre, il est caché près Paris.

Aux jérémiades amères de Pascal sur les maux de l'homme, il répond noblement : « L'homme est heureux... Je suis heureux. »

Comment heureux? *Par l'action.*

L'action, but souverain de l'homme; avec ce mot il n'était plus besoin d'épigrammes, ni de petits combats. Cela renvoyait au néant les dogmes de l'inaction, de la contemplation stérile.

Le but, entendez-vous? ce n'est pas le plaisir, ce

n'est pas l'intérêt. (A vous ! Helvétius, Holbach ! A vous, les modernes écoles de la matière et du plaisir.)

Voltaire se croit sensualiste et disciple de Locke. Il ne l'est point au fond. Il se sépare très bien de lui et de tous ceux qui croient la morale variable, qui ne reconnaissent pas *une règle identique d'action*.

Il se moque de Locke qui, sur la foi de voyageurs suspects, a la crédulité d'admettre que les Mingréliens s'amusent à enterrer vifs leurs enfants. « Mettons cela, dit-il, avec le perroquet qui tint au Père Maurice ces beaux discours en langue brésilienne, que Locke a la simplicité de redire. »

Et il n'est pas moins ferme contre le fatalisme. Contre Wolf, contre Frédéric, il proclame *la liberté de l'action*.

« La liberté dans l'homme est la santé de l'âme. » Plus on a la santé morale, plus on croit à la liberté. Le fataliste est un malade.

C'est un état artificiel, contre lequel protestent *la conscience et la liberté intérieure*.

Tout cela, beau en soi, l'est encore plus dans la situation. Il soutient cette thèse contre un homme qui va régner, le jeune prince de Prusse (1737-1738). Il tremble de le voir persister dans ce fatalisme qui endurcit le cœur. « *Au nom de l'humanité*, daignez penser que l'homme est libre. »

La morale héroïque se prouve par les actes et les œuvres, la liberté par l'énergie.

Frédéric, qui en fit un si terrible usage dans la Guerre de Sept-Ans, fut converti par la victoire. Déjà vieux, il avoue (1771, 16 septembre) que nos actes sont libres, et que Voltaire avait raison.

Mais il n'est pas moins beau de le sentir par les revers, par l'excès des malheurs. Le jeune et profond Vauvenargues, martyr de la cruelle retraite de Prague (1741), fut le témoin du nouveau dogme par sa vie et par ses écrits.

Voltaire, les recevant (1744), lui écrit : « Beau génie, j'ai lu, j'ai admiré cette hauteur d'une grande âme... Si vous étiez né plus tôt, mes ouvrages en vaudraient mieux. Mais, au moins, sur ma fin, vous m'affermissez... »

A trente ans, le jeune homme avait déjà passé par deux âges. Un de concentration stoïque, dans l'enivrement d'énergie où le jeta la lecture de Plutarque. Il se dépeint lui-même dans une lettre, comme il était alors : *stoïcien à lier*, désirant un malheur pour s'assurer de sa force intérieure. Plus réfléchi, il eut le second âge, celui de la force expansive qui dit : *A tout prix l'action*. Là il est justement l'opposé de Pascal et du christianisme, de la morale d'abstention. Il accepte hardiment toutes les conditions de la vie, les passions comme aiguillons puissants de notre force active.

D'autres aussi, non moins anti-chrétiens, admettent la passion, mais l'emploient au bonheur. Vauvenargues l'emploie, comme degré pour s'élever, un escalier qui monte à la grandeur, aux nobles résultats qui serviront le genre humain.

Cette forte pensée ayant rempli son âme, et devenant lui-même, donnait à sa personne modeste et réservée une autorité singulière. Le plus fougueux des hommes, Mirabeau (père de l'orateur), en écrivant à Vauvenargues (du même âge, ils ont vingt-deux ans), lui parle en fils plutôt qu'en frère. Il l'appelle : « Mon maître. » Ce qui surprend bien plus, c'est que dans ce monde futile de jeunes officiers dissipés et rieurs, nul n'ait ri de la vie recueillie, des mœurs graves et pures de ce singulier camarade. Devant son austérité douce, ils ne sentaient que du respect.

Écoutons-le : « Blâmer l'activité, c'est blâmer la nature. Le présent nous échappe, nos pensées sont mortelles. Nous ne saurions les retenir. Si notre âme n'était secourue par cette activité infatigable qui répare les écoulements de notre esprit, nous ne durerions qu'un instant. Il faut marcher, suivre le mouvement universel. Nous ne pouvons retenir le présent que par une action qui sort du présent... L'activité qui détruit le présent, le rappelle et le reproduit » (II, 94, éd. 1757).

Et ailleurs ce mot si fécond : « Agir n'est autre chose que produire. Qui condamne l'activité, condamne la fécondité. Chaque action *est un nouvel être* qui commence ce qui n'était pas. »

Son destin fut cruel. Il ne put pas agir. Il languit à l'armée. Il languit en Provence. Sa famille pauvre et très serrée lui refuse toute expansion. Il a des ailes et il ne peut voler. Forte épreuve. Eh bien, il se dit : « C'est sur nous que nous devons travailler. Et la grandeur se trouve en ce travail. L'âme est grande par ses pensées et par ses sentiments. Le reste est étranger. Lorsqu'il lui est refusé d'étendre au dehors son action, elle s'exerce en elle-même d'une manière inconnue aux esprits faibles et légers. Semblables à des somnambules qui parlent et marchent en dormant, ces derniers ne connaissent point cette suite impétueuse et féconde de pensées qui forment un si vif sentiment dans le cœur des hommes profonds. »

Ce mot qui, dans le calme, fait sentir le combat, montre aussi fièrement qu'en cette grande morale tout est compris, que l'âme souveraine sait et lancer et retenir le char, créer à l'action refoulée le champ illimité de l'activité intérieure, — qu'elle peut dire au monde : « Je suis un monde aussi. »

Que de coups l'accablèrent! La funeste retraite de Prague lui avait coûté son ami, un jeune élève aimé, créé de sa pensée. Il quitta le service, rechercha un emploi. Par Voltaire il l'obtint. Mais le voilà gisant. Une cruelle petite vérole le dévaste, le défigure. Ses jambes, gelées à la retraite, s'ouvrent, ont des plaies. Et avec cela poitrinaire, presque aveugle! La pauvreté cruelle pèse encore par-dessus ces maux!

Voltaire est ici admirable de bonté, de chaleur de cœur. Il va, vient, court, à Paris, à Versailles. Il intéresse les puissants à la publication nouvelle (1746). Il remue les ministres et la reine elle-même. A ce moment où il entrait en cour, s'agitait tellement, il a du temps pour le malade.

Aucun plus grand spectacle que celui de ce lit et de

cette mansarde derrière l'École de médecine. Plusieurs en profitaient; le jeune, l'aimable Marmontel, Chauvelin, l'âpre chef des batailles parlementaires, venaient voir volontiers ce stoïcien si doux. « Je l'ai vu, dit Voltaire, le plus accablé des hommes, et le plus tranquille. »

Quel était-il dans son for intérieur? Fils du passé, sorti d'une famille catholique (avec une mère très dévote, une sœur carmélite, etc.), d'autre part, ami de Voltaire, ayant adopté son principe (anti-chrétien) de *l'action*, du bon emploi des passions, était-il combattu, avait-il des agitations? Souffrait-il d'être double ainsi? Rien ne l'indique. Ayant peu à donner encore, il crut devoir garder dans son petit volume des exercices de jeune homme, qu'il eût mieux valu supprimer et qui le feraient croire chrétien, donc opposé à sa propre doctrine. Un morceau vigoureux écrit de main de maître, et certes dans son âge de force (l'*Imitation des pensées de Pascal*), dément entièrement cette idée. Il est d'un parfait Voltairien.

Rien de plus vraisemblable que ce qu'on a raconté de sa mort. Voltaire alors n'était pas à Paris, mais il y fut présent par son *alter ego*, l'excellent d'Argental, le même qui avait assisté Mademoiselle Lecouvreur. Un Jésuite arriva, n'en tira rien. Vauvenargues dit après son départ les vers de Bajazet :

>. . . . Cet esclave est venu.
>Il a montré son ordre, et n'a rien obtenu.

Mort à trente-deux ans, moins deux mois, en 1747.

On a dit, non sans vraisemblance, que Vauvenargues qui souvent atteste contre le raisonnement l'autorité du sentiment, de la nature, du cœur, est déjà un Rousseau anticipé. Oui, mais, très grande différence, il est bien moins sensible que Rousseau pour ses propres maux. Sur le grabat de Job, dans ces infirmités déplorables, cette destruction, il gémit, il est vrai, se plaint... des maux d'autrui.

Ce sombre Paris, ruiné par une interminable guerre, ce quartier noir, pauvre et humide, lui révélait un misérable monde qu'il n'avait pas vu au Midi.

Dans un passage ému, touchante vision de malade, il regarde passer le grand torrent, le monde et la foule affairée. Mais de côté et d'autre, aux chemins de traverse, il voit de pauvres solitaires souffrants, muets, étouffant leur douleur. C'est à eux qu'il voudrait aller, eux qu'il voudrait calmer et consoler. Il hésite, craint de les blesser; il les laisse passer à regret.

Ailleurs, un aveu adorable : c'est que, tant malheureux qu'il soit, l'homme n'en sent que mieux toutes les misères des autres hommes... « Comme si c'était sa faute qu'il y eût des hommes plus malheureux encore. Sa générosité s'accuse de tous les maux du genre humain. »

Cette vive sensibilité éclate à chaque instant chez son maître Voltaire, le rieur plein de larmes. Elle alla trop loin même dans son *Désastre de Lisbonne*, l'égara, lui fit croire au désordre de la nature, lui en cacha l'ordre profond.

Mais elle est admirable dans l'*Essai sur les mœurs*. Sous forme légère et critique, elle anime partout ce beau livre. Partout on est heureux d'y retrouver *le sens humain*.

Bien mieux que Montesquieu[1], il pose : que, si la coutume diffère selon les lieux et les climats, *tout ce qui tient au fonds de la nature* est le même et ne varie pas. L'homme a toujours vécu en société, et cette société dure sur deux bases : *justice et pitié*.

Plus vieux, il a mieux dit encore, étendant ce principe de notre petit globe à ceux qu'on voit au ciel, et à tous les mondes possibles. Partout même morale, tout comme même géométrie. Je cite ce qui suit de mémoire, je crois, assez exactement :

« Si, dans la Voie lactée, un être pensant voit un autre être qui souffre, et ne le secourt pas, il a péché contre la Voie lactée. Si, dans la plus lointaine étoile,

---

1. Si je ne parle pas ici de l'*Esprit des Lois*, c'est qu'il n'a pris autorité que tard, dans la seconde moitié du siècle, avec nos Anglomanes, nos Constituants, etc. A son apparition, il eut un grand succès de curiosité (vingt-deux éditions en dix-huit mois, 1748-1749). Mais bientôt on l'oublie un peu (1750). Les razzias d'enfants, la fureur de Paris et le chemin de la Révolte mettent à cent lieues de ce livre si froid des temps endormis de Fleury. — Montesquieu meurt tout seul (1755), à ce point qu'il n'y eut qu'un homme pour suivre son convoi. C'était le bon Diderot. — Le pauvre Montesquieu avait été dupé sur l'Angleterre, mystifié par les Walpole. Ils lui firent admirer la machine, qui est peu de chose. C'est la vie qui est tout. La vie, c'est l'*Habeas corpus* et le jury, la sûreté de l'homme et de la maison bien fermée. La maison ? qu'est-ce ? Le mariage. Une femme sûre, qui ne tient qu'au mari (beaucoup plus qu'aux enfants). C'est ce qui a fait tout le reste, la force du dedans, la grandeur du dehors. Il va au bout du monde; elle suit. Dès lors tout est possible et la colonie durera. — On n'imite pas la liberté, on ne l'importe pas, il faut la prendre en soi. A chacun de la faire par l'énergie du sacrifice ; non le sacrifice d'un jour, mais celui de tous les jours, le fort travail suivi, les mœurs laborieuses.

dans Sirius, un enfant, nourri par son père, ne le nourrit pas à son tour, il est coupable envers tous les globes. »

II. *L'Action universelle*. — Diderot.

L'ouvrier naît au dix-huitième siècle, et la machine au dix-neuvième. Notable différence. Les œuvres industrielles, l'ameublement surtout, les arts de décoration intérieure, portent alors l'empreinte vive de la main de l'homme, souvent exquise et délicate, parfois quelque peu indécise, avec certains légers défauts qui ne sont pas sans grâce, indiquant que la vie a passé là, l'émotion, et que l'œuvre en palpite encore.

Les formes convenues du siècle de Louis XIV s'étaient imposées à l'Europe, mais pour les choses qu'on peut dire *extérieures* : architecture, jardins, costumes officiels. Des arts nouveaux se créent sous la Régence, qui atteignent bien plus *le dedans*. Ils pénètrent, se glissent, semblent des confidents d'amour et d'amitié. Ils ne méprisent rien, donnent aux menus détails d'intérieur, à cent choses d'utilité (fort grossières sous Louis-le-Grand) un charme singulier. Toute la vie en est ennoblie. Au plus caché boudoir des princesses étrangères, l'ameublement intime, le négligé d'amour, la vie mystérieuse, tout est création de la France. Ce génie d'industrie, qui sent et prévoit tout, sert les raffinements solitaires et la coquetterie sociale, les goûts de l'intérieur et l'aimable vie de salon.

En ouvrant les recueils des hommes sortis de la Régence, Oppenord, Meissonier, de Cotte, etc., on voit qu'ils entrevirent, tentèrent une grande chose : *féconder l'art par la nature*, marier avec charme les formes si diverses de la végétation et de la vie marine, les feuilles, oiseaux, coquilles; exploiter mille espèces de fleurs, de coraux (autres fleurs); sortir de la pauvreté sèche des trois ou quatre types maussades où s'est tenu le Moyen-âge. Ils en firent des essais, allèrent (on peut le dire) au bord de la Nature. Ils y seraient entrés avec bien plus d'audace si l'Histoire naturelle, maîtrisée par Buffon, n'eût été immobile dans ses descriptions solennelles, si déjà elle eût eu le génie des transformations qui doit un jour changer les arts. La Marck, Geoffroy, Darwin, s'ils étaient nés déjà, auraient ouvert un champ immense au génie de nos Oppenord.

L'art était jusque-là chose d'Église, se répétant toujours, ou ridiculement bouffi, aux apothéoses royales, aux plafonds de Versailles. Mais tout à coup voilà qu'il est partout. Il devient social. Il crée une société. Il n'est plus une école ou une académie; il est un peuple. Un grand peuple sans nom a poussé sous la terre, de fine main, par qui le métier devient art. Il est même juste de dire que le sculpteur, le peintre, ne sont pas alors en progrès. C'est bien plus en ces arts appelés des métiers que le siècle fleurit de grâce et d'invention.

Notez qu'ici l'ouvrier seul est tout. Il conçoit, exécute. Ce n'est ni Vanloo ni Boucher qui lui enseignent ces merveilles. Dans son cinquième étage il est un créateur. Sans secours, sans machine et presque sans outils, il est forcé d'avoir du génie dans les doigts. Que d'efforts, de pensées, de combinaisons solitaires, avant que le chef-d'œuvre aille au bout de l'Europe faire admirer les arts français !

Mais cet ermite du travail, par moment, voit monter à lui un Esprit, qui aime et sent tout, qui pénètre ses habiletés, ses procédés, qui lui trouve une langue pour cent choses innomées, lui explique son art à lui-même. C'est le pantophile Diderot.

Voltaire l'appelle *Panto-phile*, amant de toute la nature, ou plutôt amoureux de tout.

Il n'est pas moins *Pan-urge*, l'universel faiseur. C'est un fils d'ouvrier (comme Rousseau, Beaumarchais et tant d'autres). Langres, sa ville, fabrique de bons couteaux et de mauvais tableaux, l'inspire aux métiers et aux arts.

De son troisième nom qui lui va mieux encore, c'est le vrai *Prométhée*. Il fit plus que des œuvres. Il fit surtout des hommes. Il souffla sur la France, souffla sur l'Allemagne. Celle-ci l'adopta plus que la France encore, par la voix solennelle de Goethe.

Grand spectacle de voir le siècle autour de lui[1].

---

1. Cherchons le cœur du dix-huitième siècle. Il est double : Voltaire, Diderot. —Voltaire garda très nette l'*unité* de la vie divine; Diderot sa *multiplicité*. Tous deux sentirent fortement Dieu. — Tous deux furent très unis par l'idée identique qu'ils eurent de la Justice. Contre Locke Voltaire,

Tous venaient à la file puiser au puits de feu. Ils y venaient d'argile, ils en sortaient de flamme. Et, chose merveilleuse, c'était la libre flamme de la nature propre à chacun. Il fit jusqu'à ses ennemis, les grandit, les arma de ce qu'ils tournèrent contre lui.

Il faut le voir à l'œuvre, et travaillant pour tous. Aux timides chercheurs, il donnait l'étincelle, et souvent la première idée. Mais l'idée grandiose les effrayait? Ils avaient peu d'haleine? Il leur donnait le souffle, l'âme chaude et la vie par torrents. Comment réaliser? S'il les voyait en peine, de sibylle et prophète, il était tout à coup, pour les tirer de là, ouvrier, maçon, forgeron ; il ne s'arrêtait pas que l'œuvre ne

et Diderot contre Helvétius soutiennent la Justice absolue. — Les hauts génies de cette époque, dont si complaisamment on a exagéré les dissentiments extérieurs, furent d'accord bien plus qu'on ne dit. On n'a pas assez rappelé tant d'expressions fraternelles, de mots d'admiration, de mutuelle tendresse, qui leur ont échappé. — Voyez d'abord avec quelle joie toute apparition nouvelle du génie était reçue. Lorsque Voltaire, au comble de sa gloire, flatté de tant de rois, reçoit les essais d'un jeune inconnu, Vauvenargues, quel attendrissement paternel! quels efforts pour le produire, le faire accepter de tous! Chose touchante! il descend de sa gloire, lui dit : « J'aurais valu mieux, si je vous avais connu. » Ce mot, c'est le destin, c'est le prix de la vie. Qu'il souffre et meure, qu'importe? Il est dans l'immortalité. — Quand l'*Esprit des Lois* apparaît dans son succès immense, Voltaire est ravi, il tressaille. Il en entreprend la défense et lance aux détracteurs un de ses beaux pamphlets. Plus tard, il critiqua. Mais que sont ses critiques auprès de l'éloge excessif : « Le genre humain avait perdu ses titres. Montesquieu les a retrouvés. » — Dans la lettre où Diderot défend contre Falconet l'idée de l'immortalité, il y a un mot, tendre, inquiet, sur Voltaire, qu'il voyait vieillir : « Quoi! faut-il qu'un tel homme meure? » — Diderot, à son tour, trouva en ses pairs la sympathie profonde, l'aveu de son immensité : « L'oiseau de si grande aile! » Voltaire l'appelle ainsi. Et Rousseau : « Génie transcendant! je n'en vois pas deux en ce siècle! » — Grands cœurs! Ils me rappellent le fanatisme de Rubens pour Vinci, et l'accent si fort de Milton dans ce sonnet touchant où il dit : « Mon Shakespeare! » — Cela ne nous ressemble guère... Hélas! pauvres sauvages du dix-neuvième siècle qui marchons si sombres un à un!

surgit, brusquement ébauchée, devant son auteur stupéfait[1].

Les plus divers esprits sortirent de Diderot; d'un de ses essais, Condillac; d'un mot, Rousseau dans ses premiers débuts. Grimm le suça vingt ans. De son labeur immense et de sa richesse incroyable coula le fleuve trouble, plein de pierres, de graviers, qu'on appelle du nom de Raynal.

Un torrent révolutionnaire. On peut dire davantage. La Révolution même, son âme, son génie, fut en lui. Si de Rousseau vint Robespierre, « de Diderot jaillit Danton. » (*Aug. Comte.*)

« Ce qui me reste, c'est ce que j'ai donné. » Ce mot que le Romain généreux dit en expirant, Diderot aussi pouvait le dire. Nul monument achevé n'en reste, mais cet esprit commun, la grande vie qu'il a mise en ce monde, et qui flotte orageuse en ses livres incomplets. Source immense et sans fonds. On y puisa cent ans. L'infini y reste encore.

Dans l'année même (1746) où Vauvenargues publia ses *Essais*, ses vues sur l'*action*, Diderot publia ses *Pensées*, où il dit un mot admirable. Il demande que Dieu ait sa libre *action*, qu'il sorte de la captivité des

---

[1]. Un jeune homme lui apporte une satire contre lui. Il s'excuse : « Je n'ai point de pain. J'ai pensé que vous me donneriez quelques écus. — Las, monsieur, quel triste métier !... Mais vous pouvez tirer de ceci un meilleur parti. Monsieur le duc d'Orléans, retiré à Sainte-Geneviève, me fait l'honneur de me haïr. Dédiez-lui ce livre et qu'on le relie à ses armes. Vous en aurez quelque secours. — Monsieur, l'épître m'embarrasse. — Asseyez-vous là, je vais vous la faire. » Le prince donna vingt-cinq louis.

temples et des dogmes, et qu'il se mêle à tout, remette en tout la vie divine :

« Élargissez Dieu ! »

Combien à ce moment on l'avait étouffé ! combien indignement on l'avait remplacé, ce Dieu de vie, par la Mort même ! Comme on s'en servait hardiment pour sacrer toute tyrannie, arrêter la science, la recherche des causes, au nom de la Cause première ! On voulait qu'on s'en tînt à ce mot : « Dieu le veut ! »

« Qu'est-ce que la Nature ? Adorez, ignorez ! Comprendre, c'est impie. — Qu'est-ce que l'industrie ? la témérité de créer et de faire concurrence à Dieu. — Et la médecine ? défiance et défaut de résignation, l'acharnement de vivre. Guérir est un péché. »

Ainsi, à chaque pas, obstacle et inertie, un monde obscur, épais, coagulé ; rien ne se meut. Pour y ramener le mouvement, la circulation de la vie, le fluide de la Nature, et ses transformations à travers l'espace et le temps, il fallait *écarter le Dieu faux d'inertie, — affranchir le Dieu mouvement.*

Après la longue mort des trente années dernières du règne de Louis XIV, il y eut un réveil violent de toutes les énergies cachées, *Dieu s'élargit*, on peut le dire, il s'échappa. La vie parut partout. Des lettres aux arts, des arts à la Nature, tout s'anima, tout devint force vive. Il n'y eut plus personne de mort. Tous les êtres voulurent monter.

Du plus profond abîme, les madrépores eux-mêmes,

les coraux réclamèrent, dirent qu'ils n'étaient pas simples fleurs, mais de vrais animaux (*Peyssonel*). Les plantes à leur tour, autant que l'animal, dirent aimer et avoir des sexes (*Vaillant*).

Les insectes (par *Réaumur*) prouvèrent qu'ils étaient ouvriers, de merveilleux industriels, qui se faisaient chacun des outils pour son art.

Ainsi la Nature tout entière, devant l'Industrie qui naissait, dit qu'elle aussi elle était industrie, un créateur laborieux. Notre Maillet, qui vécut en Égypte, vit, dans la matrice du Nil, surgir l'animal (non oisif), mais persévérant ouvrier, qui va se fabriquant, va montant dans l'échelle de la métamorphose, se diversifiant, tendant vers chaque' espèce, selon qu'il développe tel organe ou telle fonction.

Pure machine au temps de Descartes, l'animal s'émancipe au dix-huitième siècle, devient animal vrai, une force animée et active, qui se crée, et qui a sa part du Créateur... Et Dieu n'en rougit pas. Animer tous ces simples, ces innocents, pour lui, c'est *s'élargir*, reprendre sa libre action et rentrer dans la vie divine dont les prêtres et les sophistes, ces impies, l'avaient exilé.

Le vertige me vient à regarder la scène prodigieuse de tant d'êtres, hier morts, aujourd'hui si vivants, créateurs... Cela est beau, grand, Dieu partout!

Démocratie immense!... Plus la compression monarchique du Dieu de fer du Moyen-âge fut exagérée jusqu'ici, plus aussi elles brûlent, ces forces délivrées, d'avoir tout leur ressort, de se détendre enfin, de vivre de la vie républicaine. Diderot, leur organe, a un respect si tendre des moindres libertés, des petites activités, qu'il craint de les gêner par un cadre trop fort. Il les relie sans les serrer, les laisse vigoureusement s'épandre en ses systèmes. Il ne les contraint pas, s'efface. Au système du monde, il agit tout à fait de même. Le grand Auteur à peine y paraît. Il n'est pas nié, mais écarté, ajourné ou voilé.

Ah! l'amour contredit l'amour, et il a en lui son obstacle!

Qui aime à ce point toute chose, — par l'amour de la vie locale, — perdra le sentiment de l'Unité centrale.

En douant chaque être d'une âme et d'un esprit divin, y mettant Dieu, on a peine à garder l'harmonie supérieure et la lente Unité d'amour qui liait toute chose.

Cela est triste¹... Le monde en devient sombre. Quel éparpillement de la vie!...

---

1. Il est triste de voir deux ou trois hommes, et des plus éminents, — pleins de la vie divine, — n'en pas bien sentir l'Unité. C'était ma querelle déjà avec notre regrettable Proudhon, qui m'a suivi de près dans mon idée de la *Justice*, de la Révolution, opposé du Christianisme. Son esprit décentralisateur lui a voilé l'*Unité* du grand Tout. — J'ai dit ma pensée là-dessus dans le livre de *la Femme*, dans *la Bible de l'humanité*. — Né fort indépendant de la forme chrétienne, n'ayant jamais communié, quoi qu'en disent d'impudents biographes, j'avais l'esprit très libre, et plus de droit de m'expliquer.

Le vrai soleil du monde, l'Amour qui en est l'âme, n'apparaît pas toujours. La ravissante idée de l'Unité centrale par moments se dérobe pour enhardir la vie locale. C'est un phare à éclipses qui tourne, qui se cache et ne périt jamais. Rassurez-vous donc aux heures sombres. Cette flamme qui fait la joie du cœur, peut manquer par moments, nous attrister de son absence. Toujours elle revient plus vivante, agrandie.

Si l'animal s'élève dans l'échelle des êtres, selon qu'il est centralisé, en montant des mollusques à l'homme, — hélas! l'*animal monde*, s'il n'est centralisé dans l'unité divine, de quelle chute profonde va-t-il tomber, cher Diderot!

Ses *Pensées* sont brûlées (1746). — Sa *Lettre sur les aveugles* (1749) le fait mettre à Vincennes. Regardons-le sur ce donjon.

De là la vue est grande sur la plaine, la Seine et Paris, sur Notre-Dame et la Bastille. Que d'hommes ont regardé du haut de cette tour, mesuré la hauteur! Retz, Condé, Barbès, Mirabeau, mille autres y ont passé. Mais nul oiseau jamais de si haut vol n'y fut que celui que j'y vois, nul plus grand, plus hardi, « nul plus sage et plus fou. »

Lui-même s'est dépeint à merveille. Né à Langres, lieu haut et de vents éternels, qui d'heure en heure va du calme à l'orage, il dit : « Ma tête est le coq du clocher qui va, vient et tourne toujours. » Un coq, disons-le, d'un œil d'aigle qui plane et voit au loin, pressent de tous côtés les vents de l'avenir.

C'est l'an 1749 (juillet), l'avènement de Mesdames, et le triomphe du clergé. Le roi accorde aux prêtres une razzia de gens de lettres. Sous le prétexte d'athéisme, on loge au donjon Diderot.

Cent ans plus tôt cela mène au bûcher. Vallée, Vanini, Théophile furent sans pitié brûlés. Que d'autres, pour des riens, furent enterrés vivants! J'ai dit la cage de Saint-Michel-en-Grève. Je n'ai pas dit les fosses pleines de rats où Renneville eut le nez mangé.

Diderot fut très beau en prison. Tenu au secret le plus dur, il ne livra jamais le nom de son libraire, qui eût été droit à Toulon. Il était décidé à rester là. Et, sans papier ni plume, il charbonnait un drame de la mort de Socrate. L'autorité fléchit et recula.

Dans ce séjour de trois mois à Vincennes, il mûrit son grand plan d'une association universelle des gens de lettres, concentrant leurs travaux dans un Dictionnaire qui contiendrait la science humaine. Pensée folle? on devait le croire.

L'autorité permettrait-elle une si dangereuse entreprise, toutes les sciences exposées, traduites selon l'esprit philosophique (autrement dit contre l'autorité)? Aucun protecteur sûr. La Pompadour et d'Argenson cadet voulaient, ne voulaient pas. Si Diderot n'eût fait qu'un livre, il eût péri. Il emporta l'obstacle à force de grandeur. Dans sa vaste entreprise, au peuple des lettres s'unit le peuple financier. Des fortunes s'y engagèrent. Telle y fut jetée sans retour. Une seule dame y mit cent mille écus.

Plusieurs y mirent leur vie (de Jaucourt et tant d'autres). La générosité de Diderot, qui s'y usa pour rien (y eut son pain à peine), sa générosité gagna. On vit un surprenant spectacle, cesser l'égoïsme et l'envie! Qui aurait jamais cru que *la nation des gens de lettres* (comme l'appelle d'Alembert), nation de rivaux, d'envieux, en viendrait à s'immoler dans un travail commun où chacun brillerait si peu? une

Babel par ordre alphabétique, un monstrueux dictionnaire de trente volumes in-folio ? L'*Encyclopédie* fut bien plus qu'un livre. Ce fut une faction. A travers les persécutions, elle alla grossissant. L'Europe entière s'y mit.

Belle conspiration générale qui devint celle de tout le monde. Troie entière s'embarqua elle-même dans le cheval de Troie.

Tout cela était encore dans le cerveau de Diderot. Il était encore à Vincennes, mais plus libre déjà, quand il eut, en août 1749, la visite vraiment mémorable du musicien Rousseau. Il n'avait pas encore fait le *Devin du village*, et rien ne le recommandait. Diderot, qui l'aimait, ne méditait pas moins d'inscrire Rousseau au titre du grand *Dictionnaire des sciences*, de lui donner l'honneur d'être un des fondateurs de l'*Encyclopédie* (ce qu'il a fait réellement).

Mably, dans cette année, avait donné son livre contre la vie moderne, son éloge de Sparte, etc. Rousseau, protégé de Mably et ami du célèbre auteur, pouvait-il ignorer ce livre ? Il n'en dit rien, mais parle seulement du sujet proposé par l'Académie de Dijon : « Les sciences et les arts ont-ils servi le genre humain ? » Cette question, dit-il, lui ouvrit tout un monde. Il allait à Vincennes quand il la lut, en fut ému, gonflé, ne put plus respirer. Il s'assit sous un arbre, y écrivit une page au crayon pour la montrer à Diderot.

Les trois récits que l'on a de ce moment (par

Rousseau, Diderot, Marmontel) s'accordent aisément. Rousseau entrevit bien la grande place qu'il allait saisir, en attaquant les sciences et le parti de ses amis. Mais il ne l'eût pas fait sans l'avis généreux du capital ami, qui pour lui était tout alors, sans l'autorisation de l'oracle du temps.

Grave question pour Diderot! Au jour où il dressait le monument des sciences, allait-il envoyer Rousseau dans le camp opposé? Ne risquait-on de voir bientôt un encyclopédiste ennemi de l'*Encyclopédie?* Qui sait? ennemi de Diderot?

Celui-ci fut très grand. Il conseilla contre lui-même, contre son œuvre et contre son parti. Il conseilla Rousseau pour Rousseau, selon ses tendances, son talent et sa destinée, et quoi qu'il arrivât, il le lança dans l'avenir.

FIN DU TOME QUINZIÈME.

TABLE DES MATIÈRES

	Pages
Préface. — Source de cette histoire. — La conspiration de famille.	1
— Le *Credo* du dix-huitième siècle.	10
Chapitre Premier. — *Fleury et Monsieur le Duc (1724).*	15
Fleury transmet à Monsieur le Duc un pouvoir limité.	16
Fleury créé par les Jésuites.	19
Il écarte les honnêtes gens de l'enfant royal.	20
Duverney dirige Monsieur le Duc et Mme de Prie.	22
Réforme de Duverney. Son impopularité.	26
Chapitre II. — *Chute de Monsieur le Duc (1725-1726).*	30
Amour de la France pour le petit roi.	31
Ses camarades. — Connivence de Fleury.	33
Monsieur le Duc les chasse.	37
Il marie le roi (septembre 1725).	38
Chute de Monsieur le Duc (juin 1726).	45
Exil et mort de Mme de Prie.	47
Chapitre III. — *Esprit guerrier et provocation du clergé. — France, Pologne, Espagne (1726-1727).*	50
On aggrave la persécution protestante.	51
Cruauté des Jésuites, funestes à la Pologne.	52
Leurs folies d'Espagne, Riperda, nouvelle Armada.	58
L'Anglais corrompt la Farnèse et se joue de Fleury.	63

TABLE DES MATIÈRES

Pages

CHAPITRE IV. — *Chute du siècle.* — *Impuissance des jansénistes et des protestants* (1727-1729) 65

On dit à tort que la France se remit sous Fleury. . . . . *ibid.*
Réaction honnête et libérale du jansénisme 69
Persécutions. Miracles jansénistes 71
Associations des jansénistes, des francs-maçons. 74
Vertus et stérilité des jansénistes, des protestants. 77

CHAPITRE V. — *Voltaire.* — *Mademoiselle Lecouvreur* (1728-1730). 80

Voltaire revenu d'Angleterre (1728). 82
Lettres anglaises et contre Pascal : *Le but de l'homme est l'action.* 84
Tragique destinée de Mademoiselle Lecouvreur 89
Elle est enterrée furtivement. 96

CHAPITRE VI. — *Les Marmousets.* — *La Cadière* (1730-1731). . . . 98

Le roi sous le Pape ! la Bulle loi du royaume. 99
Le roi trahit ses camarades; Fleury le tient sous clé 101
Le procès du Père Girard et de La Cadière trouble la royauté du clergé (1731). 103
Le clergé perd l'espoir de devenir son propre juge. 108

CHAPITRE VII. — *Zaïre et Charles XII.* — *La guerre* (1732-1733) . 113

La chanson de Bonneval, le pacha français. 114
Chauvelin et Bellisle pour la guerre (contre Fleury) 116
Essor des arts lyriques : *Zaïre.* On est amoureux de l'amour . 118
Infirmité de la reine. On achète pour le roi Mme de Mailly (1732). 123
Chauvelin veut rétablir Stanislas, chasser l'Autrichien d'Italie. 125

CHAPITRE VIII. — *La guerre.* — *Fleury et Walpole* (1733-1735) . 127

Fleury, mené par Walpole, retarde et entrave 128
On compromet la Pologne, Stanislas, et on les trahit. 131
Mort héroïque de Plélo 135
L'Espagne profite de la guerre, prend les Deux-Siciles 137
Malgré la trahison de Fleury, Chauvelin exige la Lorraine. . . *ibid.*
L'Angleterre anti-protestante. Elle assure l'Empire à l'Autriche. 139

TABLE DES MATIÈRES

Pages

Chapitre IX. — *Voltaire (1734-1739).* — *Le roi ne fait point ses pâques (1739)*................................. 141

Les *Lettres anglaises* de Voltaire (1734)................ 142
Il se réfugie chez Mme Du Châtelet, en Hollande, etc........ 144
Réaction. Chute de Chauvelin (23 février 1737)............. 147
Influence dévote et galante de Madame de Toulouse........ 149
Contre elle, la Mailly appelle sa jeune sœur la Nesle (déc. 1738). 152
Le roi déclare qu'il ne fera pas ses pâques (avril 1739)..... 154

Chapitre X. — *Guerre d'Autriche.* — *Grandeur et décadence de la Nesle (1740-1741)*................... 155

La chimère du *bon Roi*, du salut par l'amour............. *ibid.*
Mort de l'Empereur, guerre imminente (octobre 1740)..... 161
Apparition de Frédéric................................ 162
La Nesle décide le roi pour Frédéric contre Marie-Thérèse (1741).. 165
Ambassade de Bellisle qui fait élire le Bavarois............ 167
La Nesle ne peut réussir contre Fleury, l'Autriche......... 170
La mort de la Nesle sauve Marie-Thérèse (septembre 1741).. 174

Chapitre XI. — *La Conspiration de famille.* — *La Tournelle.* — *Désastre de Prague (1742)*................. 177

Le Dauphin, gras, dévot, chef du parti jésuite............. 178
La reine et ses filles sont pour l'Espagne et pour Marie-Thérèse.. 179
On veut leur opposer une maîtresse. Concurrence de La Tournelle et de la petite Poisson........................ 182
Fleury nous trahit pour l'Autriche; retraite de Prague (déc.). Mort de Fleury (janvier 1733)......................... 190

Chapitre XII. — *Frédéric-le-Grand.* — *Furie de l'Angleterre.* — *La Tournelle.* — *Le roi malade (1743-1744)*....... 193

Frédéric et Bonaparte.................................. 195
Combien Frédéric fut Français.......................... 197
Brutalité de l'Angleterre, barbarie de Marie-Thérèse...... *ibid.*
Faiblesse du roi pour sa fille l'Infante; pacte de famille.... 203
Mais La Tournelle envoie Voltaire à Frédéric............. 205
Projet de descente en Angleterre........................ 207
Succès en Flandre; le roi malade à Metz (1744)........... 209
Mort de La Tournelle (6 décembre 1744)................. 219
Frédéric, abandonné de la France, sauvé par un coup de génie.. 220

Pages

Chapitre XIII. — *La Pompadour.* — *Fontenoy.* — *Voltaire et l'origine de l'Encyclopédie* (1745-1746) 221

Comment la Pompadour s'imposa au roi malgré lui. 224
Bataille de Fontenoy (11 mai 1745). 225
Descente de Charles-Édouard en Écosse (octobre). 232
La Pompadour, accueillie de la reine, non de ses filles 233
Elle appuie Machault pour imposer les biens du clergé. 236
Voltaire à la Cour. L'*Encyclopédie*. 237

Chapitre XIV. — *Le roi conquis par la famille.* — *Règne de Madame Henriette.* — *Paix de* 1748. 239

Le plan de d'Argenson pour la Pologne et l'Italie, pour donner Milan au Piémont, etc. 240
Velléité du roi, désespoir de sa fille l'Infante 241
Décadence de la Pompadour; influence d'Henriette; il renvoie Argenson (février 1747). 244
La reine refroidie pour Henriette. 248
Voltaire écrit *Sémiramis*. 249
— écrit contre la paix, est disgracié 252
Paix de 1748 (18 octobre) . . . . *ibid.*
Enlèvement du prince Édouard. 253

Chapitre XV. — *Madame Henriette.* — *Les biens d'Église défendus et sauvés* (1748-1751) 255

Le clergé renouvelle la guerre du jansénisme et emploie les filles du roi pour défendre ses biens. 257
Voyage de l'Infante à Versailles, renvoi de Maurepas. 258
Le roi associe ses filles à ses orgies (octobre 1749) 259
Enlèvements d'enfants et révoltes de Paris (mai 1750) 261
Le *Chemin de la Révolte* 264
Le roi abandonne l'idée d'imposer le clergé 266
Entrée du Dauphin au Conseil (octobre). 269
Adélaïde succède à Henriette qui meurt (février 1752) 275

Chapitre XVI. — *Madame Adélaïde.* — *Les biens ecclésiastiques sauvés* (1752-1756). 277

Caractère d'Adélaïde, violemment passionné . . . . *ibid.*
Guerre imminente, lutte intérieure du Parlement et du clergé. 281
Règne d'Adélaïde (septembre 1752), abaissement de la Pompadour. 283
Discours contre les sciences, Devin du village; divisions du parti encyclopédique. 285
Violences, enlèvements. Le Parlement attaque les Lettres de cachet 286
Enlèvement du Parlement (9 mai 1753) 287

TABLE DES MATIÈRES

Pages

CHAPITRE XVII. — *Suite d'Adélaïde.* — *Fourberie du roi.* — *Déception du Parlement* (1753-1755).............. 289

Fluctuations du roi. Adélaïde s'établit chez lui. (27 décembre 1753)..................................... 292
Le clergé obtient que Machault sorte des Finances (4 août 1754).. 294
L'archevêque sauvé par le roi des poursuites du Parlement.. 295
Le roi flatte le Parlement, fait enregistrer les impôts 296
Bruits publics sur Adélaïde (juillet 1755)............. 297
Le roi se moque du Parlement, le subordonne au Grand-Conseil.. 299

CHAPITRE XVIII. — *Guerre de Sept-Ans* (1756)............. 301

La Pompadour très bas en août 1755, et très haut en septembre.. ibid.
Elle gagne le roi et la famille à l'Autriche par l'espoir que l'Infante aura les Pays-Bas........................ 303
Fourberie de l'Autriche. Marie-Thérèse se fait Française.... 305
Conférence de Babiole (22 septembre 1755)............ ibid.
Union de la Prusse et de l'Angleterre (16 janvier 1756)..... 308
La Pompadour règne. Plus d'hommes en France......... 309
Richelieu emporte Mahon (mai 1756)................. 311
Mais Frédéric enlève la Saxe au père de la Dauphine 313
Le roi irrité se jette dans la guerre, brise le Parlement (décembre 1756)... 315

CHAPITRE XIX. — *Damiens* (janvier-mars 1757)............. 318

Légendes du Pacte de famine, du Parc-aux-Cerfs.......... 319
Le viol du 17 février 1756........................... 320
On croit que le roi sera tué.......................... 321
Origines de Damiens. — Les domestiques au dix-huitième siècle... 322
Ni jésuite, ni janséniste, mais parlementaire. Son idée fixe d'*avertir* le roi.................................... 329
On lui jette un sort. Il vole.......................... 332
Il retourne à Arras, voudrait se tuer.................. 333
Il revient pour *avertir* le roi, le frappe, 5 janvier 1757 336
Ses premières réponses.............................. 337
On veut lui faire accuser le Parlement................. 340
La Pompadour renvoyée reste, fait renvoyer Argenson et Machault (1er février 1755)................................. 344
Elle négocie avec le Parlement, fait espérer l'expulsion des Jésuites.. 346
Le procès étouffé. — Tortures et exécution de Damiens (28 mars).. 351

TABLE DES MATIÈRES

	Pages
Chapitre XX. — *Frédéric.* — *Rosbach* (1757).	355
Proscription de Frédéric et des philosophes de l'*Encyclopédie*.	ibid.
Napoléon, Voltaire, et tous, ont trop ravalé Frédéric.	356
Sa grandeur dans la paix.	358
Son danger entre trois géants et sa défense de l'Europe.	359
Sept batailles en un an : victoire de Prague (6 mai)	361
Frédéric perd son unique allié (la petite armée de Hanovre).	365
Les agents de l'Autriche (Choiseul) diffament Frédéric.	366
Vie de Louis XV; petit Parc-aux-Cerfs intérieur	367
Vie de Frédéric; ses vers à Voltaire	368
Il se sent nécessaire au monde; sa gaieté héroïque	369
Marie-Thérèse le croit accablé, ordonne (par Choiseul) qu'on l'achève à Rosbach	370
Le favori Soubise, l'armée des filles, coiffeurs et cuisiniers	371
La déroute de Rosbach (3 novembre 1757).	374
L'admiration de Frédéric refait la patrie allemande	377
Roi, général, philosophe, historien.	378
Chapitre XXI. — *Credo du dix-huitième siècle* (1720-1757).	379
La France fait la conquête morale de l'Europe	ibid.
I. *L'Action.* — Montesquieu et Voltaire	381
Montesquieu prédit la *mort du catholicisme* (1720)	ibid.
— déclare le christianisme improductif et *inactif*.	ibid.
Voltaire déclare : *Le but de l'homme est l'action* (1734).	382
— *L'action est libre, non fatale.*	383
— *La règle de l'action est invariable* (1738)	ibid.
Ses disciples, Frédéric et Vauvenargues (1746).	384
Son *Essai sur les mœurs* (1740-1757). *Unité morale du monde.*	389
II. *L'Action universelle.* — Diderot.	390
Les arts-métiers.	391
Diderot Panto-phile, Panurge et Prométhée	392
Il émancipe la Nature.	395
Il crée l'*Encyclopédie*.	400
Il lance Rousseau.	401

FIN DE LA TABLE DES MATIÈRES DU TOME QUINZIÈME.

IMPRIMERIE E. FLAMMARION, 26, RUE RACINE, PARIS.

ŒUVRES COMPLÈTES

DE

J. MICHELET

ÉDITION DÉFINITIVE, REVUE ET CORRIGÉE

DÉTAIL DE L'ŒUVRE COMPLÈTE

Histoire de France. *Moyen âge.* .... 6 vol.
— *Temps modernes* (Renaissance. — Réforme. — Guerres de religion. — Henri IV. — Richelieu. — Louis XIV et la Révocation de l'Édit de Nantes. — Louis XIV et le duc de Bourgogne. — La Régence. — Louis XV. — Louis XV et Louis XVI). .... 10 vol.
— *Révolution.* .... 7 vol.
— *XIXᵉ Siècle.* .... 3 vol.
Vico .... 1 vol.
Histoire romaine .... 1 vol.
L'Oiseau. — La Mer .... 1 vol.
Luther (Mémoires) .... 1 vol.
Le Peuple. — Nos Fils .... 1 vol.
Le Prêtre. — Les Jésuites .... 1 vol.
La Montagne. — L'Insecte .... 1 vol.
L'Amour. — La Femme .... 1 vol.
Précis d'histoire moderne. — Introduction à l'Histoire universelle .... 1 vol.
La Bible de l'Humanité. — Une année du Collège de France (1848) .... 1 vol.
Les Origines du Droit. — La Sorcière .... 1 vol.
Les Légendes du Nord. — La France devant l'Europe .... 1 vol.
Les Femmes de la Révolution. — Les Soldats de la Révolution .... 1 vol.
Lettres inédites adressées à Mˡˡᵉ **Mialaret (M**ᵐᵉ **Michelet)** .... 1 vol.

TOTAL .... 40 vol.

Prix de chaque volume 7 fr. 50.
(Envoi franco contre mandat ou timbres).

IMPRIMERIE E. FLAMMARION, 26, RUE RACINE, PARIS.

www.ingramcontent.com/pod-product-compliance
Lightning Source LLC
Chambersburg PA
CBHW052133230426
43671CB00009B/1225